KB120451

기업시민,
미래경영을
그리다

나남
nanam

나남신서 2069

기업시민, 미래경영을 그리다

2020년 12월 8일 발행
2022년 7월 5일 5쇄

지은이 곽수근 · 송호근 · 문형구 외
발행자 趙相浩
발행처 (주) 나남
주소 10881 경기도 파주시 회동길 193
전화 (031) 955-4601(代)
FAX (031) 955-4555
등록 제 1-71호(1979.5.12)
홈페이지 http://www.nanam.net
전자우편 post@nanam.net

ISBN 978-89-300-4069-3
ISBN 978-89-300-8001-9 (세트)

책값은 뒤표지에 있습니다.

나남신서 2069

기업시민, 미래경영을 그리다

곽수근 · 송호근 · 문형구 외 지음

프롤로그

네트워크 시대, 기업시민을 불러내다

김용학

최근 기업의 경영이념으로 기업시민이 새롭게 부각되는 것은 우연한 결과가 아니라 문명사적 필연이다. 나는 지난 40여 년 동안 진행된 문명의 흐름을 되짚어 보면서, 왜 기업이 직접 사회적 문제 해결에 동참하거나 인류의 번영에 기여해야 하는지에 대해서 말하려고 한다.

20세기 후반부터 인류의 가치관에서 도도한 변화의 흐름이 나타나고 있다. 그 하나가 바로 '공감문명'의 발전이고, 또 다른 하나는

김용학
미국 시카고대에서 박사학위를 받았으며, 연세대 제 18대 총장을 역임했다. 현재 삼성생명공익재단 이사로 재임 중이며, 대통령 자문 정책기획위원회, 교육부 대학설립위원회, 교육부 BK 기획위원회 등에서 활동하였다. 주요 저서로는 《사회연결망분석》(2011), 《네트워크 사회의 빛과 그늘》(2009), 《비교사회학》(2000) 등이 있다.

'탈물질주의Post-Materialism'의 확산이다. 미국의 미래학자 제러미 리프킨Jeremy Rifkin은 《공감의 시대*The Empathic Civilization*》에서 문명사를 새롭게 해석하면서, 인류의 문명과 경제체제가 '경쟁과 적자생존'이 아닌 '협력과 공감'의 원리로 진화하는 시대에 들어섰다고 선언했다. 그는 글로벌 공동체가 더욱더 촘촘하게 연결된 네트워크 사회가 공감문명이 발달하는 토대라고 보았다. 지난 한 세기 동안 비약적으로 발달한 교통과 소통 수단은 사회의 각 영역을 연결하면서 네트워크의 범위를 혁명적으로 증폭시키고, 연결되는 속도를 엄청나게 배가했다. 특히 정보통신기술의 발전은 인터넷이라는 거대한 네트워크를 탄생시키면서 지리적인 거리를 소멸시켰다.

네트워크의 확장은 경제, 정치, 문화 등의 영역에서 인류를 하나의 공동체로 엮어 주었다. 그에 따라 사람들은 본인과 직접적 관련이 없고 지리적으로도 멀리 떨어져 있는 타인의 희로애락에도 공감할 수 있게 되었다. 오랜 기간 성별, 인종, 민족, 종교 등의 장벽으로 차별받던 이른바 '다른 사람'이나 '외부인'을 관용tolerance하고 그들과 공감할 수 있게 된 것이다. 그 결과 인류 구성원은 공감을 바탕으로 서로 배려하고 협력하면서 공존해야 한다는 유대감을 갖기 시작했다. 이스라엘 정부가 팔레스타인 사람들의 COVID-19 치료와 방역에 우선적으로 나선 것도 자신을 위해서라도 다른 사람을 보호해야 한다는 인류 공동체 의식을 깨우쳐 준 좋은 예이다.

탈물질주의적 가치의 확산은 산업혁명 이후 물질적 성취를 우선시해 온 자본주의 시장경제를 크게 변화시키고 있다. 사람들은 물질적 성취를 지고의 가치로 여기던 물질주의 가치관에서 벗어나 삶의 질을 추구하고, 남에 대한 배려와 나눔을 실천하며, 사회 다양성(소수자)을 존중하고, 환경문제 해결에 참여하며, 자기표현 욕구를 실현하는 등 비물질적 가치를 추구하게 된 것이다.

탈물질적 가치가 확산되면서 사람들의 소비행동에도 많은 변화가 생겼다. 점점 더 많은 사람들이 자신들이 구매하는 상품과 서비스가 아동노동과 같이 인권을 침해하지는 않았는지, 환경오염을 유발하고 자원을 낭비하지는 않았는지, 공정한 경쟁을 통해서 생산된 것인지 등을 판단하고 있다. 이처럼 '윤리적 소비자'들이 탈물질적 혹은 윤리적 판단에 근거하여 소비를 결정하는 움직임이 확대되면서 기업들의 변화로까지 이어지고 있으며, 이는 새로운 기업경영 원리의 탄생을 예고하는 것이기도 하다.

현대 자본주의 체제에서 사람들은 더 나은 문명과 더 부유하고 풍족한 사회를 만들어 갈 수 있는 인간의 본성을 이기심이라고 믿어왔다. 경제학의 아버지로 불리는 영국의 정치경제학자 애덤 스미스Adam Smith는 《국부론*The Wealth of Nations*》에서 경제활동의 근원적 동인을 이기심self-interest이라고 규정했다. 사람들이 각자 자기의 이익을 추구하면 '보이지 않는 손'이 이기적 행동의 결과들을 화합하여 개인 그리고 사회의 부와 복지를 촉진한다고 본 것이다. 즉, 이기심에서 출발하는 개인들의 사익 추구활동이 개인의 이익을 넘어 공공선으로 전환되고, 궁극적으로 경제를 발전시킨다는 것이다. 스미스 이래로 자본주의는 인간 본성의 한 측면인 이기심에 기초하여 물질적인 부와 자본을 축적하면서 인류문명을 발전시켰다.

하지만 공감문명이 도래하고 탈물질주의가 확산됨에 따라 과연 이기심만이 인간의 본성인가에 대한 의문이 제기되고 있다. 더욱 촘촘하고 밀접하게 연결된 세상에서 살면서 '우리'와 '남'을 구분 짓는 경계가 모호해지고, 인간의 다른 본성으로서 공감과 상징과 의미를 추구하는 인간 본성이 새롭게 조명되고 있다. 사실 애덤 스미스 역시 《국부론》보다 먼저 쓴 《도덕감정론*The Theory of Moral Sentiments*》이라는 저술에서 공감의 원리를 주장한 바 있다. 스미스는 인간은 자신의 이해관계와 무관한 타인의 감정을 함께 나눌 수 있는 공감sympathy 능력이 있다면서, 나의 행복을 위해 남을 불행하게 해서는 안 된다고 주장했다. 그동안 시장의 행위자들은 스미스가 주장한 인간 본성 중 이기심이라는 측면만을 강조했지, 공감이라는 다른 측면은 무시해 온 것이다. 최근에 기업이 이윤만 추구하는 것이 아니라, 기업이 속해 있는 공동체의 이익을 함께 추구하게 된 것은 애덤 스미스의 제 2의 인간 본성을 재발견한 것이라고 할 수 있다.

왜 이러한 변화가 발생하는 것일까? 그동안 이윤이나 효용 극대화를 우선시하는 자본주의 체제는 물질적으로 풍요로운 세상을 만드는 과정에서 소득 양극화, 불평등, 환경오염 그리고 기후변화 등과 같이 다양한 부작용도 함께 만들었다. 이러한 문제들은 점점 전 세계적 차원으로 거대해지면서 특정 개인, 특정 시민사회, 특정 국가 혼자서는 해결할 수 없게 되었다. 모든 사람들이 참여해도 해결하기 어려운 지구적 차원의 문제들이 나날이 쌓여 가는 상황이다.

이러한 문제들을 극복하고 더 나은 세상을 만들기 위해서는 이기적이고 경쟁적인 방식이 아니라 서로 공감하고 협력하는 문명-문화가 필요하다는 인식이 전 세계인, 특히 경제주체들에게도 확산되고 있는 것이다.

국제사회에서도 글로벌 공동체 차원의 협력을 통해 인류가 직면한 문제를 해결하려고 노력한다. 유엔이 발표한 '지속가능한 발전을 위한 17개 목표SDGs; Sustainable Development Goals'에서는 빈곤 퇴치, 기후변화 대응 등 인류가 해결해야 할 문제와 목표를 제시한다. 이는 세계시민들이 참여하는 연합체만이 해결할 수 있는 것들이다. 유엔 SDGs 17번은 '목표 달성을 위한 파트너십'을 강조하는데, 이는 결국 국가, 공공, 민간, 시민사회 등 모든 영역에 걸친 참여자들이 함께 공감하고 그를 통해 협력하는 것이 중요하다는 것을 의미한다.

인류는 산업혁명 이래 오랜 기간 시장과 국가의 역할을 놓고 대립했다. 자본주의와 사회주의의 대립도 시장 중심과 국가 중심 정치경제체제 사이의 대립이었다. 시장을 부정한 사회주의는 역사의 뒤안길로 사라졌다. 자본주의 내에서는 시장에서 성장한 기업의 역할과 책임에 대한 논의가 새롭게 시작됐다. 이전에는 국가 영역으로 여겨졌던 공공재를 창출하거나 시장실패를 보완하는 노력을 시장 스스로 해야 하는 시대가 도래했다는 주장이 설득력을 얻고 있는 것이다. 환경오염, 해양생태계 파괴, 빈곤, 정보격차, 교육 양극화와 같은 다양한 사회적 문제들을 해결하는 데 있어서 국가나 시민사회와 더불어 기업들도 적극적으로 나서야 한다는 시대적 요구가 강해지고 있다. 자기 선택적이고 단발적인 사회공헌 같은 별도의 활동을 통해서가 아니라, 기업 본연의 업무를 수행하면서 이 업무가 동시에 사회적 가치 창출에 기여해야 한다는 기업시민 정신이 생겨난 것이다.

이에 부응하여 이미 많은 기업들이 사회적 가치를 창출하려는 상징적 활동을 확대하고 있다. 기업들은 '친환경 기업', '윤리적 기업' 등 탈물질적 가치에 기반한 상징적 스토리와 정체성을 정립하려고 노력하는 것이다. 가령 석탄, 석유 등 화석연료 기반 사업을 영위해 온 일부 기업들은 풍력이나 태양광과 같은 재생에너지 기반 사업으로 정체성을 바꾸기도 한다. 이를 통해 기후변화와 같은 글로벌 난제 해결에 기여하는 동시에 새로운 성장동력을 찾아 나가는 것이다. 포스코나 SK와 같은 국내 대기업을 위시해 애플, 나이키와 같은 수많은 글로벌 기업들이 자신들의 친환경 전략을 소비자들에게 호소하며 차별화된 경쟁력으로 삼고 있다. 또한 온실가스 배출과 환경오염을 줄이기 위해서 재생에너지를 사용하거나 플라스틱 재활용을 늘리고 생분해가 가능한 친환경 플라스틱 소재로 교체하는 등의 노력을 확대하고 있다.

기업시민 정신이 중요하다는 것은 최근 빠르게 확대 중인 ESG Environmental, Social, Governance 투자에서도 확인할 수 있다. 과거에는 기업의 가치를 평가할 때 재무적 성과만을 고려했지만, 최근에는 ESG와 같은 비재무적 요소도 고려하는 것이다. 탈물질주의적 가치관이 확산되면서 ESG 성과가 우수한 기업이 소비자들로부터 더 많은 사랑을 받게 되고, 궁극적으로 더 많은 수익을 창출할 것이라는 기대감이 높아진 것이다. 따라서 기업도 이러한 가치변화에 부응하지 못하면 소비자나 투자자로부터 외면을 받아 지속가능한 성장이 어려워질 것이다.

특히 2020년 현재 전 세계가 겪고 있는 COVID-19 사태는 기업들로 하여금 지역공동체, 공급사, 협력사, 직원 등 이해관계자들과 얼마나 밀접하게 연결되어 있는지, 따라서 이들과 함께 공존하는 것이 얼마나 중요한지를 깨닫게 해주었으며, 생존이 위협받는 상황에서도 공생이라는 가치를 한층 부각시켜 주었다. 일부 자동차 기업들은 COVID-19로 가동이 중단된 자신들의 유휴설비를 이용해 인공호흡기, 마스크 등 부족한 의료보건 장비를 생산해서 공급하기도 했는데, 이는 기업이 이윤창출을 떠나 인류가 직면한 위기를 극복하기 위해 자신들의 자원과 역량을 활용한 사례라고 할 수 있다.

'인간'(人間)은 사람(人)과 사이(間)라는 글자가 합쳐진 합성어이다. 인간의 본질은 사람에 내재한 것이 아니라, 사람들 간의 관계, 즉 네트워크에 있다는 뜻으로 해석된다. 기술의 발전에 힘입어 네트워크는 더 빠르게, 더 촘촘하게 확장되고 있고, 그로 인해 인류는 과거 그 어느 때보다 인종, 민족, 국가라는 장벽에 상관없이 지구공동체의 구성원으로 모두가 연결되어 있다는 것을 공감하고 있다. 이러한 연대감은 우리 모두가 세계시민으로서 지속가능한 내일을 만들어 가기 위한 협력의 원동력이다.

기업 역시 주주, 고객, 공급사, 협력사, 지역사회 그리고 임직원 등 다양한 이해관계자들과의 관계 속에서 존재한다. 지역사회를 넘어 국제사회의 일원으로 인류가 직면한 문제에 공감하고 해결하기 위해 변화하고 있다. 기업들은 경제적 이윤 극대화를 추구하는 것을 넘어, 이타적 협력을 통해 공익을 창출할 수 있는 해법을 찾아 나서고 있다. 이러한 고민을 안고 있는 한국의 모든 경영자와 리더들에게 이 책을 추천한다. 이 책에서는 다양한 분야의 전문가들이 이론적 배경과 실제 사례를 분석하여 경제적 가치와 사회적 가치를 동시에 창출하는 것이 가능하다는 점을 자세히 설명하며, 지구 공동체의 번영과 기업의 발전을 어떻게 연결할 수 있는지, 그리고 사회와 조화롭게 성장한다는 것이 기업에게는 어떤 의미인지를 제시한다.

배려와 공존, 공생의 가치는 공감문명이 도래한 네트워크 사회에서 기업이 필연적으로 추구해야 할 시대정신이다. 일례로 포스코는 기업시민으로서 '인류의 번영과 더 나은 세상을 만들어 가는 데 기여'한다거나 '모든 이해관계자와 소통하고 공감하면서 더 큰 기업가치를 창출'하겠다는 등의 지향점을 명확히 선언하였다. 어쩌면 포스코의 기업시민 정신은 다양한 이해관계자들과의 공감 범위를 확장하고, 그것을 통해 사회에 긍정적인 변화를 만들어 내겠다는, 이 시대의 필연적인 외침이라 할 것이다.

이 책이 더 많은 기업들과 학자들이 기업시민을 이해하고 실천할 수 있는 계기가 되어, 기업시민경영이 포스코 등 대표적 기업을 넘어 대한민국 사회 전반의 문화로 확산될 수 있기를 기대한다. 그리고 이를 통해 더욱더 진일보한 사회를 만드는 데 기업들이 주도적인 역할을 수행해 나가기를 희망한다.

기업시민, 미래경영을 그리다

차 례

제 1 부

기업경영의 뉴 패러다임, 기업시민

제 2 부

기업시민의 사회적 관계 맺기

제 3 부

창의적 혁신과 기업성장의 길, 기업시민의 문화화

총론

기업시민

21세기 기업의 새로운 좌표

1. 기업이란 무엇인가?

기업은 매우 다양한 모습을 띤다. 우리가 소비하는 제품의 생산자, 노동을 제공하고 대가를 받는 일자리 공급자, 국가 재정을 담당하는 법인세 납부자 등 기업의 역할과 위상은 실로 다양하다. 자유시장경제에서 기업은 투자를 통해 성장하고 생산물 판매를 통해 소비자와 연결됨으로써 국가경제와 개인을 잇는 중요한 고리다.

네덜란드에서 300여 년 전 시작된 기업의 대표적 형태인 주식회사는 인류 역사상 가장 위대한 발명품 중 하나로 지칭되며 자본주의 발전의 핵심적인 역할을 담당해 왔다. 현대 경영학을 위시해 사회과학은 기업의 지배구조, 자금조달, 조직관리, 성과측정 등의 기법을 개발하고, 그를 통해 사회적 가치를 창출하는 방법에 대해 많은 학문적 관심을 기울였다. 산업혁명과 더불어 탄생한 기업은 20세기 대량생산 추세에 맞추어 대형화·독과점화의 길을 걸어 왔는데, 국가는 기업이 적정 이윤을 추구하면서 동시에 국가경제에 기여하도록 법적 규제를 강화하여 상호 호혜관계를 유지하고자 노력했다. 사적 이윤을 추구하는 기업은 자주 공적 이익에 반하는 행위를 할 수 있기 때문이다.

기업은 탄생하는 순간부터 생존경쟁의 연속이라고 할 수 있다. 끊임없는 제품 혁신을 통해 경쟁에서 이겨야 이윤을 창출하고 생존을 구가할 수 있다. 하지만 중장기적으로 보면 새로운 경쟁력으로 무장한 강력한 경쟁자가 출현하기 때문에 지속적 이윤창출의 지위를 유지하기는 어렵다.

기업이 이윤 극대화를 추구한다는 것은 경영학을 위시해 모든 사회과학이 인정하는 공통된 가설이다. 1960년대 밀턴 프리드먼Milton Friedman은 그의 저서 《자본주의와 자유*Capitalism and Freedom*》에서 기업의 유일한one and only 사회적 책임은 규정 내에서 이윤을 극대화하는 것이라 설파하였다. 그의 가설은 경영학의 중심축이 되었고, 특히 기업은 주주가치를 극대화해야 한다는 주주 자본주의Shareholder Capitalism의 이론적 기반이 되었다. 이윤추구에 비중을 둔 이런 견해는 경영자의 대리인 문제에 대한 해법과 맞물려 지배구조 강화와 주주이익 극대화로 이어졌으며, 오늘날 상법은 이사회 의사결정이 주주이익에 반하는 경우 페널티를 주는 방향으로 수렴되기에 이르렀다.

그러나 신자유주의 시장경제에 대한 비판과 함께 기업의 역할에 대한 새로운 성찰이 생겨나기 시작했다. 주주shareholder뿐 아니라 기업을 둘러싼 이해관계자stakeholder들에 대해서도 관심을 기울여야 한다는 주장이 힘을 얻기 시작하였는데, 이런 새로운 각성이 2000년대 초반 이래 자본주의의 구조변화와 함께 글로벌 차원으로 확산됐다. 주지하다시피 전 세계 기업들은 동아시아 국가에서 발생한 IMF 사태를 계기로 금융자본의 시장지배가 혹시 자본주의의 질적 변화와 내적 모순을 촉발하는 것은 아닌지 의구심을 품게 되었으며, 당시 확산일로에 있던 세계경제의 양극화와 불평등 구조에 불안감을 표명하기에 이르렀다. 이런 불안감은 급기야 10년 후 세계금융위기로 현실화되었는데, 결국 월스트리트 금융기관의 비윤리적, 비도덕적 자본운영과 글로벌 차원의 투기를 원인 중 하나로 볼 수 있다.

'월스트리트 자본주의Wall-Street Capitalism'는 IT기술을 활용한 자본의 무분별한 투기와 증식의 대명사로 불리게 되었다. 이른바 제조업 중심의 고전적 행위자를 밀어내고 시장의 지배자로 떠오른 금융자본의 횡포를 지칭하는 개념인 것이다. 그것은 곧 자본주의의 부패decay of capitalism를 의미한다. 제조업 중심의 자본주의도 글로벌 분업에 의한 노동착취와 부패의 요소를 증식하기는 했지만, 금융자본처럼 이윤추구를 위해 세계 규제망을 넘나들며 종횡무진하지는 않았다. 결국 전 세계적 반성과 함께 기업과 자본의 역할과 본질에 대한 세계적 차원의 성찰이 이뤄질 수밖에 없었다.

2019년 8월 미국의 비즈니스 라운드테이블BRT; Business Roundtable[1]이 해법을 들고 나섰다. 자본가와 기업가로 구성된 이 회의체는 주주 우선주의가 아닌 이해관계자 모두를 위한 새로운 기업경영을 선언했다. '고객들에게 가치를 전달하고, 직원들에 대한 투자를 강화하며, 공급업체를 공정하게 대하고, 지역사회를 지원하며, 마지막으로 주주를 위한 장기적 가치를 창출'하는 것이 기업의 본질적 사명mission이라는 데에 합의를 이뤄 낸 것이다.

영국의 〈파이낸셜타임스〉도 최근 자본주의 재정립과 미래기업의 조건에 대한 특집기사를 연재한 바 있다.[2] 여기서는 프리드먼 독트린에 기반한 지금까지의 기업경영은 심각한 외부불경제[3]를 초래할 수 있기 때문에 이제는 기업이 존재목적의 재정의를 전제로 한 '목적자본주의Purposeful Capitalism'를 추구하려면 기업의 역할, 구조, 행태에 변화가 불가피하다는 점을 직시했다.

이 책의 주제인 '기업시민'은 기업의 역할에 대한 전 지구적 각성 내지 질적 변화를 기반으로 하며, 미국과 유럽에서는 상당히 오랫동안 사용된 개념이다. 기업시민은 영어로 Corporate Citizen 혹은 Corporate Citizenship이다. 이는 서구사회의 주요한 구성요소인 시민사회에서 시민이 고유의 역할을 수행하는 것과 같이 기업도 이윤추구뿐 아니라 사회에 대한 기여를 해야 하며, 더 나아가 기업 본

---

1 아마존, 애플 등 미국의 200개 주요 대기업 CEO로 구성된 협의체.

2 *Financial Times*, "The company of the future: Profit and purpose", 2019. 9. 23 ~10. 10.

3 한 경제주체의 행동이 다른 경제주체에게 금액으로 환산하기 어려운 피해를 입히는 경우를 지칭한다. 공해, 소음 등이 이에 해당한다.

연의 비즈니스가 사회에 대한 기여로 연결되어야 한다는 것이다.

사실 기업시민이란 용어는 1957년 미국 포드자동차에서 사내 변호사로 일하던 윌리엄 고셋William Gossett이 출간한 *Corporate Citizenship*이란 책에서 비롯됐다. 이 책은 당시 대량생산체제로 전환한 포드자동차의 사회적 기여 및 역할에 대한 내용을 고찰했다. 하지만 기업시민 개념이 본격적으로 글로벌 기업들의 비전이나 미션으로 사용되기 시작한 것은 1990년대 말부터라고 할 수 있고, 기업시민 개념이 글로벌 기업의 관심을 촉발한 결정적 계기는 2001년 발생한 엔론 사태였다.

가장 혁신적인 에너지 기업으로 존경받던 엔론이 대규모 회계부정을 저지르고 파산한 사건은 엄청난 사회적 파장을 일으키고 기업의 사회적 책임에 대한 관심을 유발했다. 그리고 이는 2002년 뉴욕에서 개최된 세계경제포럼에서 세미나의 핵심 의제로 기업시민을 설정한 배경이 되었다. 최근의 BRTBusiness Roundtable 선언과 유사하게, 2002년 세계경제포럼에서 코카콜라, 맥도날드 등 34개 미국 대기업 CEO들은 "Global Corporate Citizenship: The Leadership Challenge for CEOs and Boards"라는 공동선언을 발표하기도 하였다. 그 후 엑슨모빌, 휴렛패커드, 마이크로소프트 등 수많은 대기업들이 연차보고서를 'Global Citizenship Report'로 명명하며 기업시민 개념은 기업정신과 가치의 중심으로 이동하기 시작했다〔Scherer & Palazzo(Eds.), 2008: 25~49〕.

초창기 기업시민 개념은 기업의 자선활동에 국한되어 사용되었으나 그 이후 이해관계자들이 기업에 부과한 경제적·법적·윤리적·재량적 책임을 수행하는 것으로 정의되었다. 최근에는 '시민'이란 개념에 좀더 방점을 찍으면서 '사회가 부과한 책임을 다하는' 수동적 존재로서 기업이 아니라 '사회의 안녕과 복지를 향상시키기 위해 행동하는 적극적 존재'로서 기업의 역할이 더 강조되고 있다(Matten & Crane, 2005: 166~179).

최근의 BRT 선언, 〈파이낸셜타임스〉의 "Capitalism: Time for a Reset" 캠페인 등은 지난 20년간 진행되어 온 기업시민활동이 시대적 여건이 성숙되면서 다시 표출된 것이다. 다만, 과거의 기업시민활동이 기업의 사회적 책임CSR을 강조하는 것에 머물렀다면, 최근에는 환경훼손의 최소화, 심지어는 탄소배출 넷 제로Net-Zero라는 목표로 이동했다. ESG, 책임투자responsible investment가 금융계를 넘어 기업경영의 핵심요소로 부각되면서 기업시민 개념은 비즈니스 모델을 사회적 가치로 연결하는 핵심 개념으로 자리 잡았다.

전통적 관점에서 보자면 기업경영의 무게중심이 투입자본에 대한 이윤확보, 즉 금융자본financial capital에 대한 보상이었기 때문에 주주와 투자자가 가장 중요한 이해관계자이고 이들에게 이윤을 돌려주는 것이 경영목표가 되는 게 당연했다. 그러나 이제는 금융자본을 포함해서 인적자본human capital, 자연자본natural resources, 사회자본social capital을 보호하고 배양하는 것 또한 기업 경쟁력의 중요한 한 축이 되었다. 따라서 직원, 환경, 사회 등 내·외부 이해관계자 전체가 모두 중요하며, 기업은 이들 모두를 위한 상호 호혜적 솔루션을

〈그림 1〉 미래 기업은 무엇이 다른가

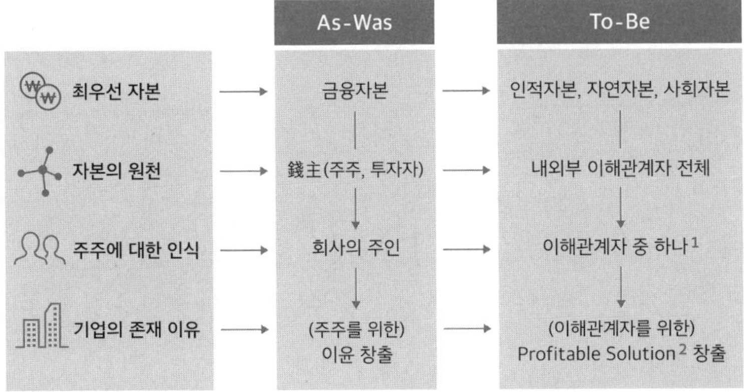

창출하는 것을 경영목표로 삼아야 한다는 주장이 힘을 얻기에 이르렀다. 2020년 다보스포럼이 연도 주제를 "결속력 있고 지속가능한 세계를 위한 이해관계자들Stakeholders for a Cohesive and Sustainable World"로 정해 지속가능한 이해관계자 자본주의에 대한 상호 책임을 강조하려는 의도도 엿보인다. 〈그림 1〉은 지금까지의 설명을 요약한 것으로, 자본주의의 상호 호혜적 본질과 사회적 가치 증대를 위해 21세기 기업이 어떻게 변모해야 하는지를 집약한다.

2. 기업은 어디로 가야 하는가?: 기업의 존재목적과 기업시민의 길

기업시민이란 용어를 직접 언급하지 않았지만, 옥스퍼드 경영대학원SAID Business School의 콜린 메이어Colin Mayer 교수는 저서 *Prosperity*[4]에서 기업의 존재목적purpose의 중요성을 강조한다. 구체적인 존재목적은 기업의 현재와 미래를 이끌어 주는 나침반 역할과 함께, 여러 이해관계자들의 마음과 행동을 견인해야 한다는 주장이다. 존재목적은 조직의 전략을 이끌고, 구성원에 동기를 부여하며, 고객의 충성과 지역사회의 신뢰를 얻는 기반이 된다는 것이다. 또한 그는 이윤profit은 존재목적을 충실하게 구현하는 과정에서 자연스레 따라온다고 강조했다.

장기적으로 우수한 경영성과를 보이는 선진기업들은 대부분 회사의 본업과 밀접하게 관련된 존재목적을 설정하였다. 이러한 존재목적은 〈그림 2〉와 같이 크게 세 가지 유형으로 분류할 수 있다. 첫 번째는 본업이 속한 산업계의 미래를 주도적으로 이끄는 산업계 미래

---

4 *Prosperity: Better Business Makes the Greater Good*. 유사한 연구로서 Henderson (2020)은 자본주의를 재설계하고 세상을 구하는 기업을 만들기 위해서 기업이 단순한 이익창출을 넘어 사회발전에 기여하는 존재목적을 추구해야 하며, 이를 위해서는 기업 스스로의 노력과 함께, 공생가치 창출, 목적 지향적 조직 구성, 자본시장과의 관계 재정립, 협력 네트워크 형성, 사회적 인식과 제도의 재구축 등 5단계가 필요하다고 주장하였다.

〈그림 2〉 선진기업들의 존재목적 유형

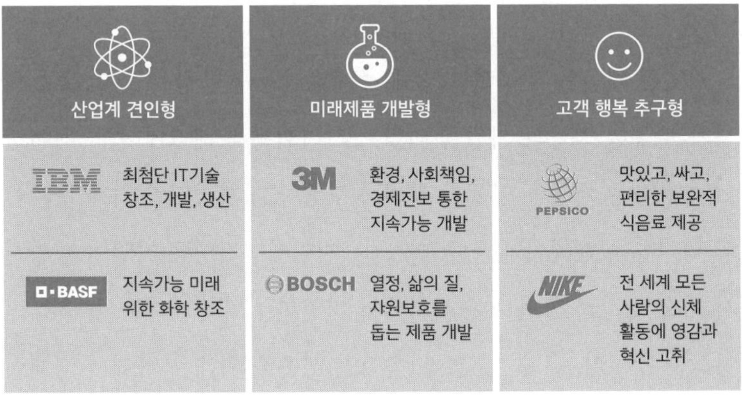

산업계 견인형	미래제품 개발형	고객 행복 추구형
IBM 최첨단 IT기술 창조, 개발, 생산	3M 환경, 사회책임, 경제진보 통한 지속가능 개발	PEPSICO 맛있고, 싸고, 편리한 보완적 식음료 제공
BASF 지속가능 미래 위한 화학 창조	BOSCH 열정, 삶의 질, 자원보호를 돕는 제품 개발	NIKE 전 세계 모든 사람의 신체 활동에 영감과 혁신 고취

견인형, 두 번째는 미래를 위한 제품을 개발하는 미래제품 개발형, 그리고 세 번째는 고객의 행복과 건강을 생각하는 고객행복 추구형이다. 이들 선진기업들은 업의 특성과 자사의 핵심역량을 반영한 구체적 목적을 설정하였음을 볼 수 있다.

이른바 세계적 존경과 신뢰를 받는 선진기업들은 공통적으로 기업이 인류의 경제적 번영과 시장경제 발전을 견인한 이면에 환경문제, 사회적 격차 등과 같은 부작용도 발생시켜 경제적 가치 창출 추구만으로는 더 이상 기업의 지속성장이 불가능한 시대가 도래했다는 점을 인식하고 있다.

그동안 사회의 자원을 활용하여 성장해 온 기업이 이제는 사회 공동체의 일원으로서 사회적 가치를 창출하는 능동적 주체가 되어야 한다. 사회가 성장해야 기업이 함께 번창하고 지속가능한 발전을 이룰 수 있기 때문이다. 따라서 기업이 사회적 가치 창출을 통해 건강한 사회를 조성하는 데 앞장서는 것은 더 이상 선택이 아닌 필수적인 생존전략이다.

기업은 이윤을 추구하는 경제 주체로서의 역할에 머물지 않고 회사가 보유한 역량과 자원을 바탕으로 사회문제 해결에 적극 참여하고, 더 나은 세상을 만들기 위해 선도적이고 자발적인 자세로 자신의 역할을 수행해야 할 것이다. 즉, 기업시민경영은 기업이 앞장서서 가꾼 건강하고 윤택한 사회에서 다양한 이해관계자들이 함께 번영하는 것이라 할 수 있다. 지속적인 생존을 위해 본업에서 경제적 가치를 창출하는 것, 지속가능한 발전을 위해 사회적 가치 창출에 적극 나서는 것, 더 나아가 사회적 가치 창출이 더 큰 경제적 가치로 이어지는 선순환 과정을 통해 지난 세기 자본주의가 봉착한 최대 약점인 '공생가치'를 재창출하고 견고하게 만들 수 있다.

사회와의 공동체 의식을 바탕으로 사회적 가치와 경제적 가치의 선순환을 통한 기업가치 제고는 자연스럽게 기업의 평판과 신뢰도를 높이고 더 우수한 경영자원의 유입을 이끌어 낸다. 또한 기업 경쟁력 향상뿐 아니라 지속가능한 기업으로 성장하는 데 긍정적 영향을 미친다. 나아가 사회문제 해결과정에서 새로운 비즈니스를 창출할 수도 있어 지속가능한 미래 성장기반을 마련할 수 있다. 로사베스 캔터Rosabeth M. Kanter 하버드대 교수가 "위대한 기업들은 재무적 성과와 사회적 성과를 조화시킴으로써 영속적인 존재가 되기 위해 노력한다"는 연구결과를 발표한 바 있는데, 여기에는 이러한 문제의식이 바탕에 깔려 있다(Kanter, 2011).

한편 기업시민 행동이 효과를 내고 사회적 성과를 창출하기 위해서는 기업시민 행동을 하는 기업이 사명과 연계하면서 진정성을 가져야 한다. 만약 기업시민 행동이 진정성을 의심받게 되면 기업시민 행동을 할지라도 이해관계자들은 그러한 행동을 더 많은 이익창출을 위한 전략적 마케팅 방안으로 생각하기 십상이다. 일종의 연기演技다. 기업시민을 연기하는 기업들은 사회적 책임을 이행하기 위한 기업시민활동을 대대적으로 홍보하지만 실제로 이와는 거리가 먼 기업들이다.[5]

기업시민 행동에 진정성이 느껴진다면 기업의 내부구성원들은 자발성과 참여의식을 갖고 기업시민의 일원으로서 책무를 수행하기 위한 동기부여를 갖게 된다. 그러한 구성원들은 회사에 대한 신뢰감과 애사심이 형성되어 업무 효율성과 직무 만족도가 증가하는 등 긍정적인 업무태도를 갖게 되며, 이는 궁극적으로 기업성과와도 직결된다.

기업시민 행동이 기업의 목적과 사명에 연계되고 내부구성원들의 역할에 자발성이 더해질 때 자연스럽게 진정성이 내재된 기업시민으로 표출되는 것이다. 그리고 자신의 사명에 따른 정체성을 기반으로 생태계 내 이해관계자들과 더불어 '한 발 더 나가는Go an extra mile' 모습으로 기업시민의식을 실천하고 공생가치를 창출함으로써 지속

---

5 Reich(2020)는 현재 미국에서 사회적 책임을 광고하는 일부 초대형 기업들이 미국 재계의 구조적인 문제로 왜 대중의 신뢰를 잃어가는지 보여 준다.

가능한 생명력을 얻게 되는 것이다.

기업은 기존에 없던 방식으로 새로운 가치를 창출하는 혁신을 통해 지속성장할 기회를 얻을 수 있다. 비즈니스 모델의 혁신은 더 큰 윈-윈Win-Win의 공생가치를 창출하기 위한 핵심요건이자 새로운 경쟁력의 원천이 된다. 기존보다 더 큰 차원의 경제적·사회적 가치를 추구하고, 기업범위를 넘어선 사회문제 해결에 적극적으로 나서는 것, 기업이 보유한 기술역량과 인프라를 사회와 공유하고 다양한 이해관계자와 협력관계를 맺고 실천하는 것이 그런 혁신의 방식들이다.

3. 기업이 시민이 되기 위한 성공 공식

그간 경영계에서는 기업의 사회적 책임CSR; Corporate Social Responsibility과 공유가치 창출CSV; Creating Shared Value이 주요 화두로 부상했다. CSR과 CSV는 둘 다 사회에 기여하고 사회를 이롭게 한다는 점에서 공통적이나, 근본 메커니즘에 차이가 있다. CSR은 기업이 이미 창출한 이익의 일부를 사회문제 해결에 활용하는 형식으로 사회적 책임을 다하는 것인 반면, CSV는 사회적 가치 창출을 통한 사회문제 해결 시 기업 본연의 비즈니스와 연계하여 접근하며 경제적 가치를 동시에 창출하는 것을 의미한다.

최근 글로벌 기업들이 추구하는 경영이념은 'CSR'과 'CSV'에 중심축을 두고서 여기에 기업윤리, 사회공헌, 사회기여, 도덕성 같은 규범적 가치가 실천 개념으로 수반되는 양상을 보인다. 기업시민은 CSR, CSV를 포괄하며 진일보한 개념으로, 자발적인 가치를 지향하며, 경영진뿐만 아니라 일반직원도 자발적으로 동참하는 가치창출적 기업행위를 말한다. 또한 기업시민은 Business, Society, 그리고 People을 포괄하며, 사회와의 조화를 통해 경제적 가치 창출을 기본으로 하면서 이해관계자와 공존공생의 가치를 창출하는 것을 의미한다. 따라서 기업시민은, 기업이 지향할 가치영역이 훨씬 넓어지고 임직원 모두의 자발적 공감과 참여를 필요로 한다는 점에서, CSR과 CSV 모델을 넘어선 개념이다.

기업시민 선도기업들은 비즈니스 파트너와 협력하여 공생가치를 창출하는 강건한 산업생태계 조성을 위해 얼마나 진정성을 갖고 노력했는지를 중요시한다. 즉, 자신의 목적을 구현하는 과정에서 비즈니스 파트너와 윈-윈할 수 있는 방향의 공생가치를 창출하고 서로가 서로를 도와 성공하는지에 중점을 둔다. 다시 말해, 산업생태계를 공생가치 창출을 위한 플랫폼으로 생각하고 혁신적인 선도기업으로서 생태계 내 비즈니스 파트너들의 역량강화를 지원하기 위해 끊임없이 노력한다. 아무리 뛰어난 기술과 혁신적인 비즈니스 모델이 있어도 생태계 구성원들로부터 협력을 이끌어 내지 못하면 공생가치를 창출하는 강건한 생태계 조성은 불가능하다.

또한 기업이 시민으로서 효과적·효율적으로 활동하기 위해서는 내부구성원의 역할이 크고 중요하다. 내부구성원이 기업시민활동의 실행주체이면서 기업시민활동의 직접적인 이해당사자이기 때문이다. 실제로 CSR 활동에 대한 인식이 조직몰입, 조직동일시, 직무만족, 조직에 대한 신뢰 등과 같은 태도와 조직시민행동, 배려 등과 같은 행동, 그리고 정서적 웰빙Well-being 등에 긍정적 영향을 끼친다(최병권 · 문형구 · 주영란, 2017: 1247~1302). 동시에 조직이 다른 사람들을 공정하게 대우하는 상황을 경험한 직원일수록 조직이 자신도 공정하게 대우할 것이라는 기대감으로 조직에 대한 긍정적 감정을 갖게 된다. 이러한 기대감이 실제 이루어지도록 내부구성원을 공정하게 대우하는 것도 기업시민활동의 중요한 과제이다.

기업시민으로 존경받고 지속가능한 성장을 이어가는 기업들은 시대변화를 반영해 자신의 사명을 적절하게 진화시키면서 더 나아가 공생가치 창출을 위한 생태계 조성에 기여했다는 공통점이 있다. 일례로, 펩시는 기업시민 관점에서 인류의 건강을 높이고 사회적 가치를 창출하는 건강음료를 생산 · 판매하며, 협력 · 공급 · 고객사와의 협업으로 매출을 향상시키는 데 성공한 대표적인 기업시민이다. 또한 존슨앤드존슨, 유니레버, 바스프 등은 기업이 지향하는 목적과 사명을 연계하며 이해관계자들과 함께 공생가치를 구현하는 방식을 통해 경영성과에 기여했다.

이러한 관점에서 최근에는 새로운 경영화두로 환경Environmental, 사회Social, 지배구조Governance를 뜻하는 ESG가 부각되고 있다. ESG 관련 활동의 성과가 기업의 경영성과에 미치는 영향이 지속적으로 확대되고 있기 때문이다. 최근 투자기관 등 이해관계자들도 ESG 이슈에 주목하고 있다. 이해관계자 자본주의를 충실히 대응하는지를 ESG라는 렌즈로 평가하겠다는 것이다. 사회적 책임을 다하며 모든 이해관계자들이 환영하는 수익을 창출해 내는 기업의 가치를 높게 평가하겠다는 시대적 요구사항이 표출되고 있다.

세계 최대 자산운용사인 미국 블랙록BlackRock의 CEO 래리 핑크Larry Fink는 2020년 초 연례서한에서 ESG 요인을 자산운용에 적극 반영하며, ESG 펀드 규모를 지속 확대할 예정이라고 표명했고, 글로벌 연기금 역시 ESG 이슈를 소홀히 하는 기업에는 투자하지 않겠다고 경고성 메시지를 던지고 있다. 우리나라 국민연금도 기금운용 원칙에 '지속가능성의 원칙'을 추가하고 내년부터는 국내 주식 및 채권 투자결정 시 ESG 기준을 적용하겠다고 천명했다. 재무적 요소뿐 아니라 사회적 책임을 다하고 환경이나 지배구조 측면에서 사회에 이익을 주는 기업인지 여부를 투자에 고려하겠다는 것이다.

기업의 투자순위가 '돈 잘 버는 기업'에서 '사회문제 해결 기업', '세상에 도움을 주는 기업', 그리고 '살아남을 기업'으로 바뀌고 있다. 따라서 기업은 경영활동을 통한 이윤창출 과정에서 사회적 문제를 해결하며 사회에 긍정적인 변화를 만들어 내고 사회와 조화롭게 성장하려는, 즉 모든 이해관계자들을 배려하고 공존하려는 노력이 필요하다. 비즈니스를 넘어 환경, 사회, 지배구조 등에 관심을 가지고 경제적 가치와 사회적 가치를 동시에 추구하는 ESG 중시 경영은 기업시민경영의 테두리 안에 들어온다.

4. 기업시민을 향한 국내 기업들의 움직임

기업시민 하면 제일 먼저 떠오르는 기업이 국내 최초로 기업시민을 경영이념으로 내세운 포스코다. 2018년 7월 최정우 회장 취임 이후 '더불어 함께 발전하는 기업시민'을 변화의 키워드로 제시하면서, '기업시민'을 Next 50년을 이끌어 갈 경영이념으로 선포했다.

한국의 경제발전과 함께한 국민기업 포스코는 제철보국製鐵報國의 정신으로 좋은 철을 만들어 국가경제 발전에 기여하면서 세계 최고의 경쟁력을 보유한 글로벌 기업이 되었다. 이처럼 창업기의 사명을 바탕으로 성장해 온 포스코가 시대적 요구의 변화에 따라 기업의 존재이유를 돌아보고, 기업시민을 100년 영속기업으로 재도약하기 위한 새로운 경영좌표로 정한 것이다.

포스코의 경영이념인 기업시민은 기업이 지속가능한 기업으로 거듭나기 위해 경제적 가치 창출을 기본으로, 사회문제 해결에도 적극적이고 자발적으로 참여하여 사회구성원으로서 역할을 다함으로써 경제적 가치와 사회적 가치를 동시에 추구하여 궁극적으로는 기업 가치를 제고하는 것을 말한다. 이를 위해 포스코는 Business, Society, People 등 3개 영역에서의 추진방향을 설정했다. 비즈니스 파트너와 함께 강건한 산업 생태계를 조성하고, 사회문제 해결로 더 나은 사회를 구현하며, 신뢰와 창의의 기업문화를 만들어 가는 것이다.

포스코는 기업시민 구현을 위한 전담 조직도 만들었다. 이사회에 기업시민 자문기구로 '기업시민위원회'를 설치하였고, CEO 직속으로 '기업시민실'과 그 산하에 ESG 그룹을 신설했다. 2019년 7월에는 기업시민 포스코의 지향점과 가치를 담아 모든 임직원이 공감할 수 있는 '기업시민헌장'을 제정했고, 2020년 7월 기업시민 경영이념 선포 2주년을 맞이해서는 전사 업무단위별로 기업시민이 추구하는 가치와 지침을 담은 기업시민 실천가이드 CCMSCorporate Citizenship Management Standards를 발표했다. 기업시민헌장이 임직원들에게 기업시민 목표에 대한 방향을 알려 주는 '나침반'이라면, CCMS는 기업시민이라는 목적지로 안내할 '지도'라고 할 수 있다.

포스코는 기업시민 실천을 위해 기업시민헌장과 CCMS를 활용하여 먼저 업무에서 일하는 방식을 변화시켜 이해관계자들이 변화를 체감할 수 있도록 하고, 업의 특성을 고려한 환경, 동반성장 등의 분야에서 사회적 임팩트를 높이기 위한 활동을 추진해 나가고 있다. 또한 SK도 사회적 가치 중시 경영으로 포스코와 함께 기업시민 가치를 추구하는 트렌드를 선도하고 있다.

다양한 사회구성원들이 기업에게 사회적 역할 확대를 요구하는 시대적 상황에서 SK는 사회적 가치를 중심으로 이해관계자의 행복을 추구하는 방향으로 경영전략을 설정한 것이다. 이러한 경영전략 실행을 위한 방법론으로 사회적 가치와 경제적 가치를 동시에 추구하는 DBLDouble Bottom Line을 추진하고 있다. 지속가능한 사회적 가치 창출을 위해 생태계 조성 차원에서 사회적기업가 육성, 사회적 가치의 측정에 초점을 맞추고 있다. 2017년에는 사회적 가치를 정관에 반영하였으며, 사회적 가치 경영 추진을 독려하기 위해 임원 핵심성과지표KPI에도 사회적 가치 창출 성과를 반영하고 있다.

이해관계자의 행복 추구를 목표로 사회문제 해결에 동참하고, 이해관계자들과 함께 발전한다는 방향성, 그리고 경제적 가치와 사회적 가치를 동시에 추구한다는 SK의 경영철학은 포스코의 기업시민 경영과 맥이 닿아 있다고 할 수 있다.

금융계도 기업시민 가치를 추구하는 대열에 합류하고 있다. 재무성과만을 중시하던 과거와 달리 사회적 책임이 주요 가치로 부각되면서 금융계가 ESG 경영을 강화하고 있으며, 특히 신한금융과 KB금융이 ESG 경영을 위한 전략수립을 본격화하고 있다.

신한금융은 친환경, 상생, 신뢰 등 세 가지 방향성을 설정하고 그룹의 ESG 경영을 추진하고 있다. 저탄소 경제로의 전환에 기여하기 위해 신한금융은 2030년까지 20조 원을 친환경 녹색산업에 투자하고 그룹의 온실가스를 2012년 대비 20% 감축하는 탄소경영 계획을 수립했다. 또한 SK와 함께 사회적 금융생태계 조성과 활성화를 통해 사회적 가치 창출에 나서고 있다.

KB금융도 최근 지속가능경영 보고서에서 2030년까지 그룹의 탄소 배출량을 2017년 대비 25% 감축하고 현재 20조 원 규모의 ESG 관련 상품·투자·대출을 50조 원까지 확대하기로 했다. 이를 위해 KB금융은 금융권 최초로 이사회 내 'ESG위원회'를 신설하였고, 환경을 위한 기후변화전략 고도화, 사회를 위한 책임경영 내재화, 투명한 기업지배구조 확산이라는 3대 전략방향을 제시하였다.

이제 기업시민의 가치는 많은 기업들이 지향해야 하는 가치이자 다 같이 걸어가야 할 지향점이 되고 있다. 국내의 많은 기업들이 함께 동참하여 변화를 만들어 내는 것이 중요한데, 이 책이 도움이 되기를 바란다.

이 책은 기업시민포럼에 참여한 여러 전문가들의 '기업시민'에 대한 연구결과를 전반적으로 담았다. 기업시민경영의 개념과 필요성에서부터 Business, Society, People 측면에서 기업시민을 경영에 어떻게 접목하여 실천해 나가야 할지까지를 총정리한 책이다.

1부는 기업시민을 비즈니스와 연계하여 전략적인 차원에서 조망한다. 2부는 지속가능한 사회를 위한 사회구성원으로서의 기업의 역할과 주요 활동을 논의한다. 3부는 기업시민활동의 주체이자 객체인 조직 구성원들을 위한 바람직한 조직문화에 대해 살펴본다. 아울러 글로벌 전문가의 특별기고를 통해 성공적인 기업시민을 위해서 어떻게 해야 할지에 대한 식견을 들어보고, 에필로그에서는 앞으로 기업시민이 가야 할 방향을 제시하고 정리한다.

이 책에 서술된 내용들이 기업시민경영에 공감하는 많은 경영자들에게 미래경영을 그리는 데 도움이 되고, 새로운 가치와 행동양식, 비전과 포부를 새롭게 하는 기회가 되기를 희망한다. 기업의 임직원들과 학계 전문가들이 함께 협업하며 나아갈 때 더 많은 기업들이 기업시민경영을 통해 영속기업으로 발전해 나갈 것이다. 이 책이 기업시민경영의 실천과 학술연구에 불을 지피는 작은 불씨가 되기를 조심스럽게 기대해 본다.

기업시민경영에 대해 연구하고 전파할 기회를 가질 수 있도록 전폭적으로 지원해 준 포스코 최정우 회장님과 관계자 여러분, 그리고 기업시민포럼에 참여해 주신 모든 교수님들께 깊은 감사의 마음을 전한다.

저자들을 대표하여

곽수근 · 송호근 · 문형구

제 1 부

기업경영의 뉴 패러다임, 기업시민

Editor's Notes

기업경영의 뉴 패러다임, 기업시민

곽수근

기업의 존재이유는 무엇인가?

기업은 왜 존재하며 어떠한 사회적 역할을 담당해야 하는가에 대해서는 많은 논의가 이루어져 왔다. 전통적인 관점에서는 기업이 본원적 경영활동을 잘하면 이윤이 창출되고 다양한 가치가 만들어진다. 경영활동에 참여하는 많은 사람들의 일자리를 만들고, 협력업체의

곽수근
미국 노스캐롤라이나대에서 박사학위를 받았으며, 현재 서울대 명예교수로서 국제회계기준재단 이사와 포스코 기업시민위원회 위원장으로 재직 중이다. 한국경영학회와 한국학술단체총연합회 회장을 역임하였다. 주요 저서로는 《Cross Border M&A 사례집》(공저, 2008), 《회계학원론》(공저, 2006), 《사회경제회계》(공저, 1991) 등이 있다.

제품도 구매하고, 나라에 세금도 낼 수 있다. 기업이 주주의 이익을 원활하게 창출하기만 하면 기업의 존재이유를 충족할 수 있다는 것이다. 여기에 더해 법까지 잘 준수하면 정말 좋은 기업으로서 사회가 요구하는 것들을 충족할 수 있다는 것이다. 그런데 이 당연한 답변이 틀렸다는 듯이 '기업의 목적'을 묻는 일이 많아졌다.

기업시민은 이런 기업의 존재론적 질문에 대한 답을 줄 수 있는 가장 적합한 개념이다. 기업시민 관점에서 기업의 경영활동은 사회를 기반으로 이루어지며, 사회와 조화를 통해 성장하고 영속할 수 있음을 전제한다. 이는 기업들이 추진하는 단순 공헌활동이나 동반성장활동을 넘어 기업가치를 창출하는 과정에서 공존, 공생과 같은 생태계 관점을 고려해야 함을 의미한다.

기업경영을 통해 장기적인 이윤을 얻기 위해서는 이제 사회에도 도움이 되어야 한다. 즉, 기업이 제공하는 최종 제품과 서비스만이 아니라 경영의 전 과정에서 사회에 이로운 가치를 제공해야 한다는 것이다. 이렇게 노력할 때 기업에게는 크게 두 가지 혜택이 주어진다고 할 수 있다.

먼저 위험요소를 제거할 수 있다. 경영을 하는 과정에서 기업은 수많은 리스크를 접하게 된다. 과거에는 재무적, 법률적, 인적 리스크 등이 고려되었다면 앞으로는 보다 다양하고 복합적인 리스크를 대면하게 될 것이다. 하지만 기업시민이라는 이념하에 다양한 이해관계자를 배려하고 그들과 함께 공생가치를 창출하려 노력하면 자연스럽게 리스크의 발생을 사전에 막을 수 있다.

또 다른 혜택은 기회의 창출이다. 치열한 경쟁과 저성장, 무역갈등 등 경영환경과 관련해서 그 어느 때보다 좋은 소식을 접하기 어렵다. 하지만 기업시민 경영이념하에서 기업이 사회와 다양한 이해관계자들이 접하게 되는 문제에 관심을 갖다 보면 자연스럽게 새로운 비즈니스 기회를 발굴할 수 있다. 예를 들어, 최근 환경에 대한 관심이 높아지면서 그린 뉴딜 정책 추진이 본격화되고 있는데, 이로 인하여 전기차, 수소 비즈니스 등에서 새로운 성장기회를 발견하는 기업들이 나올 것으로 예상된다. 한때 임팩트 벤처기업이었던 테슬라가 환경을 고려한 전기차 개발로 자동차업계 전체에 엄청난 변화를 일으키고 있듯이, 기업시민 이념을 본업에 접목한 기업들 중에서 이런 새로운 패러다임을 창출할 기업이 나오지 말란 법이 없다.

최근 사회 전반적으로 과거에는 경험하지 못했던 많은 문제들이 나타나고 있다. 저출산, 고령화, 이민가구 증가, 각종 환경훼손, 지구온난화 등 매우 다양한 사회적 문제가 발생하면서 세상은 점점 더 양극화되고 있지만, 정부조차도 이를 해결할 방법을 찾지 못하고 있다. 과거보다 물질적으로는 더 풍요해졌지만, 더 행복해졌는지는 누구도 자신할 수 없다. 이것이 기업이 속한 사회 전체가 직면한 현실의 문제다.

기업은 사회라는 바다 위에 떠 있는 배와 같아서, 사회의 지지를 받지 못하면 유지나 존속이 불가능하다. 때문에 기업은 사회문제로부터 자유로울 수 없다. 또한 기업이 사회문제의 해결에 적극적으로 참여하는 것은 사회적 가치 창출은 물론 기업의 성장을 위해서도 절대적으로 필요한 요소로 부각되고 있다. 이러한 관점에서 기업이 보다 적극적 관점에서 사회문제를 바라보고, 문제 해결을 위해 보다 폭넓은 역할을 수행해야 한다는 주장이 급속하게 대두되고 있다.

그러나 아직은 구체적으로 어떻게 사회적 역할을 수행하는 것이 바람직한지에 대한 명확한 해답, 그리고 그것이 장기적으로 기업의 생존에 도움이 된다는 증거나 실제 사례는 부족한 상황이다.

기업시민과 경영의 접목

따라서 1부에서는 기업시민을 기업전략에 접목하는 방법을 고민해 보고자 한다. 기업시민이라는 개념이 그저 막연한 구호에 머물러서는 성과를 창출해야 하는 기업에게는 전혀 도움이 되지 않는다. 따라서 기업시민 이념을 경영전략에 녹이는 방법이 필요한데, 이를 김동재 교수가 "전략경영의 관점에서 본 기업시민"에서 설명한다.

전략경영에는 전략을 추진하는 기본적인 프로세스가 존재한다. 먼저 기업의 존재이유와 정체성인 미션을 정의하고, 미래 일정시점에 도달하고자 하는 비전을 제시해야 한다. 그리고 환경과 내부자원 및 역량분석을 통해 적절한 전략을 선택하고 실행하는 과정이 이어진다. 이러한 프로세스에 기업시민을 접목하는 방법을 제시함으로써 기업시민이 궁극적으로 기업가치를 높이는 방향으로 활용될 수 있는 길임을 명확히 한다.

기업시민에서 추구하는 변화는 하던 것을 일부 개선하는 것도 있지만, 궁극적으로는 5~10년을 내다보고 변화에 선제적으로 대응하려는 전략적 차원의 노력이 필요하다. 그런 의미에서 공유경제, 4차 산업혁명, 빅데이터Big Data 등의 개념과 함께 거시변화 트렌드를 같이 살펴볼 필요가 있다.

그렇다면 최근 변화 트렌드 중 가장 이슈가 되는 것은 무엇일까? COVID-19 상황에서 K-방역이 어느 정도 성공을 거두는 이유로 디지털 트랜스포메이션digital transformation에 강한 한국의 IT환경을 빼놓을 수 없다. 이처럼 환경변화의 가장 대표적 요인 중 하나인 디지털 트랜스포메이션은 오늘날 사회의 초연결성을 강화하여 전통적인 산업이 갖고 있던 한계를 극복하도록 돕고 있다. 예를 들어, 다양한 이해관계자를 고려하면 비용이 증가한다는 과거 통념은 디지털 트랜스포메이션을 통해 제공할 수 있는 다양한 소통방식으로 인해 더 이상 들어맞지 않는다.

김용진 교수는 "디지털 트랜스포메이션 시대 기업시민 전략"을 통해 4차 산업혁명 시대에 제공되는 다양한 기술과 서비스는 기업시민과 접목될 때 효과가 극대화될 수 있음을 설명한다. 과거에는 불가능했던 요구형 서비스On-demand service 확대를 통해 다양한 이해관계자의 요구를 고려하면서도 경제성 있는 서비스를 제공할 수 있고, 디지털 플랫폼은 기업시민 전략을 추진하려는 기업들에게 새로운 기회를 제공해 준다는 것이다.

그렇다면 기업시민활동은 구체적으로 어떻게 기업가치 창출에 도움을 줄 수 있는가를 생각해 보게 된다. 또한 기업에게 제한된 자원과 시간을 투자함에 있어서 기업시민활동에도 우선순위가 필요하다고 볼 수 있다. 이를 이경묵 교수가 "기업시민활동 유형분석을 통한 기업가치 창출전략"에서 설명한다.

기업시민활동을 유형화해 보면 가치나눔형, 가치개선형, 가치창출형 활동으로 구분할 수 있다. 가치나눔형은 기업시민활동을 통해 필요에 따라 기존과 다른 이해관계자로 가치를 이동시키는 역할을 하며, 이때 창출된 가치에는 큰 변화가 없다. 가치개선형은 가치를 획기적으로 키우지는 않지만, 여러 가지 개선활동을 통해 재분배 기능을 강화하는 활동이다. 마지막으로 가치창출형은 기업과 이해관계자 모두에게 제공하는 가치의 총합을 키우는 이상적 활동이다. 따라서 향후 기업시민을 전략에 연계하여 실행할 때 가치창출형 기업시민활동에 우선순위를 둘 필요가 있음을 강조한다.

최근 국제회계기준IFRS재단이 지속가능보고기준위원회Sustainability Standard Board의 설립을 제안하는 등 전 세계적으로 기업의 지속가능성을 평가하기 위한 다양한 노력이 진행되고 있고, 향후 규제로도 이어질 것으로 보인다. 이로 인해 곧 국내 금융시장에도 상당한 파장이 예상된다. 기업들은 ESG와 같은 비재무적 성과에 대한 측정과 보고를 준비하는 등 시장에서의 지속가능성 평가에 대해 선제적으로 대응할 필요가 있다.

국내외 ESG의 최근 동향은 예상보다 빠르게 우리 기업들에게도 영향을 줄 것으로 보인다. 이에 대하여 한종수 교수가 "국내외 ESG 트렌드와 기업의 대응"에서 최근 ESG 관련 트렌드를 자세히 설명한다. 그리고 ESG의 의미, 중요성과 함께 국내 기업들이 이런 변화에 대응하기 위해 어떤 선택을 해야 하는지 가이드를 제공한다.

ESG 트렌드에 대응하기 위해 기업시민을 경영에 접목하여 추진하더라도 지배구조에 따라 지속성에 대한 의문이 들 수 있다. 일부 국내 기업은 사회적 가치와 같은 기업시민 관련 내용을 정관에 담아서 실천 의지를 표명하기도 하나, 단순히 보여 주기 식이 아닌 경영에 내재화되고 체질화되기 위해서는 어떠한 거버넌스 체계가 필요한지에 대한 논의가 필요하다.

박경서 교수가 "기업시민 실행의 제도적 기반"에서 이를 다루었다. 그는 과거에는 상대적으로 관심이 낮았던 기업의 외부효과, 즉 노동착취, 환경파괴 등으로 인한 사회적 비용을 회사가 부담하지 않는 현상에 대한 관심이 높아지고 있다고 설명한다. 따라서 부정적 외부효과를 해결하기 위해 기업은 다양한 이해관계자를 고려해야 하는데, 이때 자칫 이해관계자 간 충돌과 경영자의 대리인 이슈가 발생할 수 있다. 이를 보완하기 위한 제도적 차원의 기반을 마련하여 기업가치를 더 높일 수 있는 방안으로 추진할 필요가 있다.

기업시민으로 미래를 여는 기업들

국내의 대표적 기업들 사이에서도 사회적 역할 확대와 시민으로서의 기업의 역할에 주목하고 일상 경영에서 이를 실천하려는 움직임이 서서히 나타나기 시작했다. 최근 기업시민을 경영이념으로 내세운 포스코, 사회적 가치와 함께 이해관계자 행복을 강조하는 SK, 그리고 아직 본격적이지는 않지만 기업시민을 기업의 지향점으로 언급하는 몇몇 기업들의 노력을 보면 반갑다. 하지만 기업시민을 통한 기업의 역할 정립은 한두 기업들의 참여만으로는 한계가 있다. 많은 기업들이 함께 참여하고, 기업시민의 가치를 중심으로 새로운 형태의 연대가 만들어져야 할 것이다. 여러 저자들과 함께 작성한 1부 내용이 기업시민에 공감하는 많은 기업인, 이해관계자, 일반 시민들이 함께 힘을 모을 수 있는 계기가 되기를 소망한다.

1

전략경영의 관점에서 본 기업시민

김동재

자본주의가 진화하고 있다. 자본주의의 핵심 역할을 하는 기업에 대한 개념도 바뀌어 가고 있다. 주주가치의 극대화를 목표로 내달려 온 기업경영에 대하여 근본적 성찰을 하면서, 기업과 사회의 관계에 대한 개념의 재정립이 시도되고 있다. 한국 기업들도 예외가 될 수 없다. 적지 않은 한국 기업들이 정도의 차이는 있지만 많은 고민을 하고 있다. 최근에 포스코는 '기업시민'의 화두를 가지고 이와 같은 맥락에서의 대대적 변화를 시도하고 있고, SK는 '사회적 가치'를 강조하며 기업의 사회적 역할을 강화하기 위해 노력하고 있다. 향후

김동재
미국 펜실베이니아대 와튼스쿨에서 박사학위를 받았으며, 현재 연세대 국제학대학원 교수로 재직 중이다. 미국 일리노이 어바나-샴페인대 경영학과 교수와 맥킨지 경영컨설턴트로 근무한 바 있으며, 한국전략경영학회 회장을 역임하였다.

기업시민은 특정 기업의 경영 화두를 넘어서는 세기적 개념이 될 수 있다. 즉, 기업시민은 진화하는 세상에서 기업의 의미와 역할에 대한 일반론적 시사점을 제공할 수 있다.

이를 위해서, 이 장에서는 '전략경영'의 관점에서 기업시민을 풀어보고자 한다. 전략은 변화하는 세상에서 방향을 잡아가는 것이다. 나아가, 전략경영은 체계화된 방법론을 가지고 시스템적으로 문제를 접근함으로써 일시적이 아닌 지속가능한 해결대안들을 개발하는 것이다. 세상이 급변하고 있고, 자본주의의 근본적 주제들에 대한 논의가 활발해지고 있다. 이른바 생각의 패러다임 시프트가 일어나고 있는 것이다. 전략경영의 관점은 기업시민을 개념적 차원을 넘어 구체적인 행동을 유발하는 실천적 주제로 다루게 해줄 수 있다.

1. 전략경영 구성요소와 기업시민

먼저 전략경영은 미션Mission, 비전Vision, 환경분석 및 내부분석, 전략선택, 실행의 구성요소로 이루어져 있다. 또한 존재이유와 스스로의 정체성을 정의하는 미션부터 선택된 전략의 실행까지 논리적 흐름으로 체계화되어 있다.

미션 (기업의) 존재이유와 스스로의 정체성에 대한 정의를 의미한다.

비전	미래 일정시점에 (기업이) 도달하고자 하는 이미지의 형상화이며, (기업의) 의지치aspiration가 반영된 내용을 담고 있다.
환경분석 및 내부분석	(기업이) 처한 사업환경을 거시적, 미시적으로 분석하고, 내부적인 여건, 즉 구체적으로 우리가 가진 자원과 역량을 분석적으로 고찰한다.
전략선택	앞에서 제시한 비전을 달성하기 위해 구체적으로 어떠한 길을 선택할 것인가에 대한 내용으로, 흔히들 말하는 성장전략의 대안들을 어떻게 조합해서 제시할 것인가를 의미한다.
실행	앞에서 제시한 구체적인 전략대안을 행동으로 구현하는 단계를 의미한다. 결국 조직과 사람에 대한 내용들이 주된 흐름을 형성한다.

1) 미션: 기업의 정체성 규정

전략경영의 관점에서 본 기업시민은 '우리 회사는 과연 무슨 회사인가?', '우리 회사는 왜 존재하는가?'라는 본질적인 질문에 대답을 시도하는 노력이다. 다시 말해서, 전략경영의 관점에서 근본적인 출발점이라고 할 수 있는 이른바 '미션'(존재이유)에 대한 철학적 고민을 정리해 내는 수준의 노력이다. 따라서 기업시민은 일회성 구호에 그치는 경영 슬로건이 아니라, 21세기에 들어선 기업의 정체성을 규정짓는 매우 깊이 있는 성찰의 주제라고 할 수 있다.

2) 비전: 나아가야 할 방향의 제시

비전은 미래 일정시점에 조직이 달성하고자 하는 바를 이미지화한 것이다. 포스코의 사례에서 보면, 기업시민 경영이념에 대한 비전으로 'With POSCO"를 강조하고 있는데, 이는 주주 중심의 경영을 넘어서 고객, 구성원, 사회 등의 이해관계자들과 함께 발전하겠다는 점을 분명히 함으로써 21세기 기업의 역할에 대한 비전을 담고 있다. 또한 기업시민헌장의 경영원칙에 담겨 있듯이, 산업생태계 활성화와 사회문제 해결, 그리고 조직문화 혁신 등을 제시함으로써 향후 도달하고자 하는 이미지를 보여 준다.

3) 환경분석과 내부분석

2019년 '비즈니스 라운드테이블 선언'은 자본주의의 중심이라고 할 수 있는 미국에서 자본주의가 나아가야 할 새로운 방향을 제시한 것이다. 이어진 〈파이낸셜타임스〉의 "Capitalism: Time for a Reset" 캠페인까지 2008년 글로벌 금융위기가 촉발한 자본주의의 위기의식을 반영한 것으로 볼 수 있다. 이는 한마디로 더 나은 자본주의로의 진화를 도모해 보자는 것으로, 기업 사업환경의 근본적이고 혁명적인 변화를 시사한다.

기업의 내부 조직 여건에도 많은 변화가 있다. 창업 초기에 형성된 강력한 조직문화가 시간이 흐름에 따라 자연스럽게 약해지고, 새로운 세대 구성원들이 요구하는 다양한 변화에의 요구가 존재한다. 더구나, 디지털 기술의 급격한 발전으로 인한 환경변화와 최근의 COVID-19 사태로 인한 일하는 방식의 변화 등으로 인해 유연성flexibility, 회복성resilience 등이 키워드로 떠오르는 등 조직 내부상황이 많이 바뀌어 가고 있다. 요컨대, 기업문화가 엄청난 속도로 변화하는 사업환경에 제대로 대응하면서 지속적인 성장을 해나갈 수 있는가의 문제이다.

4) 전략의 선택과 실행

그럼, 현재 우리 회사의 전략은 한마디로 무엇인가? 다시 말해서 우리가 현 시점에서 나름대로의 미래에 대한 예상을 기반으로 선택한 방향은 무엇인가? 이에 대한 답을 들여다보면, 우리는 과연 앞에서 논의한 세상의 변화에 어떻게 대응하고 있는가를 알 수 있다. 우리 회사의 조직 내부적 여건이 충분히 반영된 방향으로 나아가고 있는가에 답함으로써 우리 회사의 전략적 선택이 내부적 적합성을 가지고 있는지 판단할 수 있다.

아무리 개념적으로 구호를 외쳐도 결국 사람들이 조직적으로 움직여 실행하지 않으면 성과로 이어질 수 없다. 기업의 조직문화는 초기부터 면면히 이어지는 전통적 조직문화와 격변하는 새로운 환경변화에서 요구되는 변화 및 새로운 세대의 구성원들로부터 나오는 세대적 치이 등 복합적 요소들이 결합한 화학적 복잡성을 띠고 있다. 기업시민은 이러한 맥락에서 격변하는 사업환경에 적합한 전략의 선택뿐만 아니라, 조직 내부의 변화관리change management 측면에서 매우 효과적인 화두가 될 수 있다. 기업시민은 조직 구성원들에게 자신이 어떤 조직에 몸담고 있는지에 대한 자부심을 불러일으킴으로써 개인의 삶에 대한 의미를 찾게 해줄 수 있기 때문이다.

2. 기업시민과 전략경영, 그리고 기업가치

이러한 논의의 연장선상에서 기업시민이 구체적으로 어떻게 기업의 성장 및 혁신 전략에 내재화될 수 있고, 기업의 조직문화를 진화시켜 나갈 변화관리의 계기momentum를 형성할 수 있는가에 대한 제언을 하고자 한다. 이러한 논의는 결국 기업가치를 어떻게 혁신적으로 높일 수 있을지에 대한 시사점 도출과 연계된다.

1) 기업시민과 성장 및 혁신 전략

먼저 기업시민은 기업의 성장 및 혁신 전략에 내재화될 수 있는 매우 강력한 전략적 개념이라고 할 수 있다. 기업시민은 자사의 정체성에 대한 근본적인 시각을 제공하기 때문에, '우리는 어떤 회사인가'에 대해 혁신적인 관점을 줄 수 있다. 구체적인 내용을 상상해 보기 위해서 최근 경영전략의 중요한 내용인 디지털 혁신digital transformation을 논의해 보자.

하버드 경영대학원 수닐 굽타Sunil Gupta 교수는 그의 저서 *Driving Digital Strategy*(2018)에서 다음과 같이 디지털 전략을 5단계 진화 과정으로 설명한다.

1단계 디지털 맥락에서 사업 영역과 경쟁우위를 재정의하는 단계. 아마존Amazon의 공세에 고전하던 베스트바이Best Buy가 경쟁을 지양하고 아마존의 쇼룸 역할을 하는 방향으로 발상을 선회한 사례를 제시.

2단계 가치를 창출하고 수익으로 전환하는 새로운 방식을 발굴하는 단계. 모빌Mobil의 "go-and-fill service"(방문주유)와 주차서비스, 아우디Audi의 AR(증강현실)을 활용한 런던 도심의 딜러숍 등을 사례로 제시.

3단계 고객의 가려운 곳에서 출발하여 새로운 비즈니스 모델을 개발하는 단계. 미쉐린Michelin의 "Tire as a service"(서비스로서의 타이어, pay-as-you-go)와 루이비통 모엣 헤네시 그룹LVMH의 "New bag every month"(매달 새로운 백을 사용하게 해주는 구독 모델)를 사례로 제시.

4단계 서비스로서의 제품Product-as-a-service으로의 이행 단계. 네스트Nest가 실내 온도조절기를 단순한 제품이 아니라 집안의 모든 것을 작동시키는 허브로 구상한 것과 다양한 AI 스피커들이 실내 서비스 허브를 지향하는 것이 이러한 단계의 발상.

5단계 플랫폼으로서의 제품Product-as-a-platform 단계. 궁극적으로 플랫폼화를 지향함으로써 광범위한 확장성을 추구.

국내 기업들 중에서 현대차그룹은 어쩌면 가장 변화가 심한 자동차산업에서 다소 늦게 시작했지만 디지털 전략을 본격적으로 추진하는 사례라고 할 만하다. '자동차 제조' 개념을 넘어서 'Mobility' 사업의 관점으로 전환하고 있는 현대차그룹은 2020년 초에 열린 CES 2020에서 '스마트 모빌리티 솔루션'을 제공하겠다는 비전을 내세우면서 다양한 혁신적 노력을 선보였다. 그 일례로, 우버Uber와의 협업을 통해 '도심항공 모빌리티Urban Air Mobility' 구상을 제시하였다. 또한 SK그룹도 디지털 시대에 맞게 일하는 방식의 혁신은 물론, 최근 SK텔레콤의 사명도 플랫폼 기업을 의미하는 'T스퀘어T Square'로 변경할 것을 검토하는 등 파격적 시도를 하면서 디지털 시대에 걸맞은 새로운 비전을 만들어 가고 있다.

디지털 전략의 핵심은 다음과 같은 내용으로 요약할 수 있다. 디지털 전략에서는 핵심적인 개념들이 기존의 통념을 넘어서야 한다. 제품 위주의 발상으로는 새로운 환경을 헤쳐 나가기 힘들다. 여전히 제품을 만들어서 파는 제조업체들도 제품을 만들어 파는 것에 자신의 정체성을 두면 발상의 제약을 벗어나지 못한다. 제품보다는 서비스 혹은 솔루션의 개념이 발상을 유연하게 유도할 수 있다. 결국은 플랫폼을 전면 혁신하게끔 생각의 틀을 바꿔야 한다. 플랫폼을 다양하게 정의할 수 있지만, 이 장에서는 수요와 공급을 아우르면서 개방적 협업의 가능성을 열어 주는 사업의 기반 정도로 이해하기로 한다.

앞에서 설명한 디지털 전략을 제대로 수행하기 위해서는 기존의 자원과 역량만으로는 한계가 있다. 제조업에서 전통적으로 중요시되어 온 장치, 설비 등의 하드웨어의 중요성은 여전하겠지만, 이러한 하드웨이를 빅데이터, AI 등 디지털 기술발전과 연계해서 스마트하게 변화해 나가야 한다. 예를 들어서, 독일의 지멘스Siemens는 "Digital Enterprise"라는 이름으로 공장의 자동화와 스마트화를 본격적인 사업으로 추진하고 있다.

그렇다면 우리 회사의 디지털 전략은 어떠한가? 각자 나름대로의 디지털 전략을 수행해 왔을 것이다. 그렇지만 굽타 교수의 디지털 전략 5단계에 대입하면 우리 회사의 현황을 보다 분석적이고 객관적으로 점검해 볼 수 있다. 우리는 무엇을 하는 회사인지 구성원들에게 묻는다면 어떠한 답이 돌아올까? 적지 않은 경우, "우리는 세계에서 가장 품질이 좋은 제품을 합리적인 가격으로 제공한다"는 식의 답을 할 것이다. 여전히 제품 위주의 생각을 한다는 의미이다. 서비스 혹은 솔루션 식의 용어를 사용하고 있을 수 있다. 하지만, 근본적으로 우리 회사의 정체성을 서비스나 솔루션, 나아가 플랫폼으로 정의하고 있는지 냉정하게 자문해 보라. 디지털 기술의 가능성을 자사의 비즈니스 모델에 충분히 담은 기업이 아직은 그리 많지 않을 것이다.

2) 디지털 전략과 기업시민

기업시민은 디지털 전략의 맥락에서도 매우 효과적인 화두일 수 있다. 기업시민의 핵심은 결국 기업이 사회의 시민으로서 여러 이해관계자 및 사회 전반에 도움이 되는 가치를 창출하고자 하는 것이다. 이러한 사고방식은 단순히 좋은 제품을 제공하고자 하는 제품 위주의 발상에서 벗어나서, 이해관계자들과 사회가 필요로 하는 서비스와 솔루션을 제공하고자 하는 방향으로 생각을 진화시켜 나갈 수 있다. 나아가, 한 기업 단독으로서가 아니라 수요와 공급 측면의 다양한 협력업체들과의 개방적 협업관계open collaboration를 구축하여 더욱 의미 있는 솔루션을 제공하는 플랫폼으로 진화해 나갈 수 있는 수준의 발상을 유도할 수 있다. 즉, 이해관계자와 공생하는 강건한 산업 생태계를 조성해 나가는 것이다.

또한 기업시민은 내부 조직 변화관리 측면에서도 효과적일 수 있다. 전통적인 위계적 조직문화로는 21세기에 요구되는 유연성flexibility, 회복성resilience 등을 적절히 갖추기 어렵다는 점에 대해 한국 기업들은 적극 고민해야 한다. 앞에서 살펴본 바와 같이 급변하는 디지털 기술변화에 제대로 적응하고 나아가 이를 활용하려면 제품 위주의 조직문화에서 서비스, 솔루션, 그리고 궁극적으로 플랫폼적 발상을 유발하는 조직문화로의 변화가 요구된다. 기업시민은 이러한 방향으로 조직의 변화를 관리해 나갈 수 있는 변화관리의 효과적 개념이 될 수 있다. 21세기의 조직 구성원들은 의미 있는 삶을 찾고 싶어 한다. 기업시민은 담대한 비전과 함께 시대가 요구하는 폭넓은 생각을 수용하고 이를 적극적으로 담아내어 활력 있는 조직문화를 만들어 가는 데 매우 유용할 것이다.

3) 기업가치

이제까지 언급한 모든 내용들이 결국은 '기업가치'로 요약된다고 할 수 있다. 기업가치란 무엇인가? 다양한 견해가 있겠지만, 전략경영의 관점에서 기업가치란 결국 해당 기업에 대한 시장의(즉, 세상의) 기대감을 숫자화한 것이라고 할 수 있다. 물론 이제까지의 실적을 기반으로 한 것이다. 하지만 이제까지의 실적만이 아니라 미래의 예상실적이 중요하다.

미래의 실적은 결국 해당기업이 장기적으로 얼마나 성장해 나갈 것인가가 관건이다. 즉, 미래의 성장 스토리다. 기업가치를 높게 평가받는 기업들의 공통점은 설득력 있는 그들만의 독특한 이른바 '성장 스토리'를 가지고 있으며, 이러한 스토리를 세상에 각인시켰다는 점이다. 예를 들어서, 테슬라Tesla는 스스로를 자동차기업이라고 하지 않고 '기술회사'라고 정의한다. 창업자이자 CEO인 일론 머스크Elon Musk는 관계사인 스페이스 XSpace X를 통해서 우주로 나아가는 매력적인 비전을 세상에 내놓고 있다. 도미노피자Domino's Pizza의 CEO인 리처드 앨리슨Richard Allison은 "피자는 IT다"는 메시지를 던지면서 자신만의 성장 스토리를 설파하고 실제로 디지털 주문과 배송에 집중적 투자를 하고 있다. 시장은 이에 열광하면서 이 회사의 기업가치를 높이 평가해 준다.

4) 기업시민과 성장 스토리

기업시민 경영이념은 바로 이러한 맥락에서 성장 스토리를 만들어 가는 데 매우 중요한 개념이다. 기업시민은 시의적절한 경영화두이다. 이미 세상은 새로운 국면으로 접어들고 있다. COVID-19 사태를 겪으면서 아마도 더욱 가속화되는 시나리오가 가능하다. 단순히 경제적 이윤을 추구하는 주주 이익 극대화의 전통적 자본주의를 넘어서 다양한 이해관계자와 사회 전반을 위한 가치를 창출하겠다는 기업시민 이념은 우리가 어떤 회사이며, 앞으로 세상에 어떠한 도움을 줄 것인가에 대한 미래의 성장 스토리를 구성해 낼 수 있는 탄탄한 개념이라고 생각한다.

3. 기업시민과 기업의 미래

기업시민은 최근의 가장 중요한 환경변화인 이해관계자 중심 자본주의로의 이행에 선제적으로 대응하는 개념이다. 또한 디지털 기술을 포함한 급변하는 사업환경에서 효과적인 전략을 선택할 수 있게 하는 혁신적인 사고방식의 변화를 가져올 수 있다. 그리고 기업시민은 조직 내부여건의 변화에 따른 기업문화의 혁신적 변화를 가져올 수 있는 변화관리에도 매우 적절하며, 기업의 미래에 대한 설득력 있는 스토리를 제시함으로써 궁극적으로 기업가치를 높이 평가받을 수 있게 한다.

2

디지털 트랜스포메이션 시대 기업시민 전략

김용진

1. 디지털 트랜스포메이션의 이해

4차 산업혁명은 디지털 트랜스포메이션을 통해 기존의 오프라인 중심 사회를 온라인과 오프라인의 완벽한 연계를 통해 어떠한 행위도 제한받지 않고 자유롭게 실행할 수 있는 디지털 사회로 변화시키고 있다. 다시 말해, 항상 연결되어 있어 무슨 일이 어디서 벌어지는지를 감지할 수 있는 초연결성hyper connectivity과 어떻게 거기에 대처할

김용진
미국 뉴욕주립대에서 박사학위를 받았으며, 현재 서강대 경영대학 교수로 재직 중이다. 한국경영정보학회와 아시아중소기업학회 회장으로 활동하고 있으며, 혁신과 디지털트랜스포메이션이 전공이다. 주요 저서로는 《온디맨드비즈니스혁명》(2020), 《사람중심기업가정신》(공저, 2018), 《서비소베이션》(2015) 등이 있다.

수 있는지를 파악할 수 있는 초지능성hyper intelligence을 기반으로 사람들이 자신이 원하는 것을 원하는 시간에, 원하는 장소에서, 원하는 형태로 해결할 수 있는 사회로 변해 가고 있다.

산업구조 측면에서 보면, 디지털 트랜스포메이션은 전통적 산업구조에서 기업들이 봉착해 있던 가치와 원가의 딜레마, 즉 고객가치를 높이려 하면 원가가 증가하는 딜레마를 해결하면서 차원이 다른 산업구조를 만들어 내고 있다. 여기서 고객의 가치는 기업이 고객의 문제를 해결하기 위해 제시한 솔루션에 대해 고객이 인지하는 가치를 말하는데, 고객이 원하는 시점에 원하는 장소에서 원하는 형태로 고객 개인의 문제를 해결하면, 즉 요구형 서비스On-demand service를 제공하면 극대화된다.

문제는 고객들이 개인화된 서비스에 많은 가치를 부여하지만, 기업이 개인화 서비스 제공전략을 추구하는 순간 원가가 기하급수적으로 증가한다는 것이다. 따라서 지금까지 기업들은 제품이나 서비스를 대량생산하여 원가를 낮추고, 여기서 만들어진 자금으로 새로운 솔루션에 투자하는 포트폴리오 전략을 사용해 왔다. 하지만 이러한 전략은 더 이상 유효하지 않다. 현재 전 세계 기업 시가총액 순위 1위부터 10위까지가 거의 디지털 서비스 기업(애플, 구글, 마이크로소프트, 페이스북, 아마존 등)인 데서 알 수 있듯이 디지털적인 방식으로 경쟁을 하는 기업들이 시장을 주도하고 있다. 디지털 트랜스포메이션은 결국 고객의 가치를 극대화하면서도 원가를 낮출 수 있는 수단을 기업들에게 제공하여 기업경쟁력에 결정적 영향을 미친다.

〈표 2-1〉 미국 기업 시가총액 순위표 (2020년 8월)

기준: 미 달러 (USD)

순위	티커	회사명	시가총액	8월 11일 종가	전월 대비 시가총액
1	AAPL	애플	1,927,926,016	446.91	18.98%
2	AMZN	아마존	1,576,881,920	3,151.02	-1.31%
3	MSFT	마이크로소프트	1,575,963,648	207.17	3.36%
4	GOOGL	알파벳 Cl A	1,018,083,072	1,506.07	-0.55%
5	GOOG	알파벳 Cl C	1,017,593,344	1,505.44	-0.33%
6	FB	페이스북	749,238,592	264.63	9.44%
7	BABA	알리바바그룹	631,340,736	252.12	3.39%
8	BRK.B	버크셔 해서웨이 B	516,576,832	214.29	16.34%
9	BRK.A	버크셔 해서웨이 A	516,504,608	321,530.50	16.34%
10	TSM	타이완 세미콘	414,211,904	78.65	7.77%

자료: S&P 500.

소비자가 원하는 요구형 서비스를 제공하기 위해서는 기존의 아날로그적 기업구조를 디지털적인 형태로 변혁하여야 한다. 기존의 기업은 자신들이 주도하여 고객 수요를 예측하고, 제품이나 서비스를 디자인하여 제조한 다음 고객에게 전달해 왔다. 고객이나 기업 모두의 입장에서 매우 비효율적인 이러한 거래방식이 오랫동안 유지되어 온 이유는 고객이 원하는 시점에 원하는 형태로 기업이 가진 자원을 통합하여 솔루션을 제공하는 요구형 서비스가 기술적으로 거의 불가능했기 때문이다. 자원을 고객이 원하는 시점에 원하는 형태로 통합해서 전달하기 위해서는 모든 자원을 표준화·모듈화해야 하며, 이를 통합하는 과정 또한 표준화·모듈화해야 한다. 하지만 기존의 아날로그형 기업에서는 이러한 표준화나 모듈화가 거의 불가능했고, 설령 모듈화와 표준화가 가능하다 하더라도 자원의 세부 내용을 추적하여 관리하는 것이 매우 어려웠으며, 필요한 시점에 자원을 빠르게 통합하는 것은 많은 시간과 노력을 요구했다.

일례로 운동화를 만들어 파는 과정을 생각해 보자. 운동화를 만들기 위해서 기업은 고객의 수요를 예측하고, 예측된 수요에 맞춰 디자인을 만들고, 이를 충족하기 위해 안창, 중창, 겉창, 뒷축, 내 패딩 등 최소 10가지 이상의 다양한 부품들을 사용하여 제품을 만든다. 그리고 창고에 보관하며 수요자에게 판매한다. 그런데 만약 모든 부품을 표준화, 모듈화하고 고객이 디자인하게 한 후 바로 만들어 제공하는 형태로 바꾼다고 가정해 보자. 아날로그 방식으로는 불가능할 것이다. 혹 가능하다 하더라도 실제로 만들어서 배송하는 데까지 많은 시간이 걸릴 것이다. 아디다스는 스피드팩토리라는 시범 공장을 통해 신발생산 과정과 자원에 대한 정보를 디지털화하고 표준화·모듈화하여 기존에 1년 6개월이 걸리던 전 과정을 10일 이내에 끝낼 수 있게 했다. 디지털 트랜스포메이션을 통해 고객이 원하는 운동화를 고객이 원하는 시점에 만들어 제공할 수 있는 기반을 갖추게 된 것이다.

이처럼 디지털 트랜스포메이션은 기업들에게 자신들의 사업에 대해 재정의하도록 강요할 뿐만 아니라 그 기업이 공유하는 산업생태계를 완전하게 재구축할 것을 요구하고 있다. 하지만 아이러니하게도 디지털 트랜스포메이션 시대를 맞아 기업들에게 가장 중요한 것은 기업경영의 근본으로 돌아가는 것이다. 첫째, 고객의 문제를 정확하게 이해하여 솔루션을 요구형으로 제공하는 것, 둘째, 조직 구성원이 가진 지식과 경험을 극대화하여 이들이 고객의 문제해결에 창의적으로 나서게 하는 것, 셋째, 요구형 서비스를 가장 효율적으로 함께할 수 있는 파트너를 찾고 이들을 이해하는 것이 그것이다. 비즈니스에 가장 기본적인 이 세 가지의 공통점은 '사람'이다. 고객의 문제를 이해하고 푸는 것, 직원의 역량을 극대화하고 이들을 통해 고객의 문제를 푸는 것, 그리고 파트너 사의 역량을 극대화하여 고객에게 가장 적합한 솔루션을 제공함으로써 고객의 문제를 푸는 것 모두 사람을 이해하고, 사람의 역량을 극대화하며, 서로 신뢰를 쌓아야 가능하다. 이것이 바로 디지털 트랜스포메이션 시대의 기업 운영 방식이라고 볼 수 있다.

디지털 트랜스포메이션이 요구하는 기업경영 방식은 최근 부각되는 이해관계자 자본주의와도 맥을 같이한다. 기업들의 사회적 책임이 기업 생존과 성장에 있어 중요한 이슈로 부각되면서 기업들은 ESG 리포트를 기존의 재무제표에 포함시켜 보고하고 있다. 이러한 모든 흐름은 결국 기업이 사회와 별개로 존재하는 것이 아니라 사회 속의 존재, 혹은 기업시민으로서 사회의 지속가능성에 기여해야 한다는 사회적 명령이라고 할 수 있다.

문제는 이해관계자 자본주의를 실천하기 위한 비용이다. 일반적인 아날로그 방식의 기업경영으로는 비용 문제를 해결하는 데 한계가 있어, 기업 채산성에 문제가 생기게 된다. 다양한 이해관계자들의 참여와 이해관계자들의 후생을 증진시키면서도 비용문제를 해결하는 방법으로 디지털 트랜스포메이션을 이해할 수 있다.

2. 기업시민 이념과 비즈니스 전략

시민이란 특정 국가의 법적 구성원으로 인정받는 개인의 상태를 말한다. 사회계약 이론에 따르면, 시민은 권리와 의무를 가진다. 시민이라는 개념은 사회에 따라 그 사회가 가진 문화적 특수성을 포괄하기 때문에 그 권리와 의무가 확정되거나 고정된 것이 아니며 사회적 속성의 변화에 따라 지속적으로 변화한다. 이런 특성으로 인해 시민의 역할에 관해서는 다양한 논의가 있고 통일된 견해가 없지만, 많은 학자들에게 지지받는 개념 중 하나는 적극적 시민active citizenship의 역할이다. 적극적 시민의 개념은 시민들이 경제적 참여나 공공자원봉사 등의 활동을 통해 자신들이 속한 공동체를 개선하고 모든 시민들의 삶을 향상시켜야 한다는 철학이다. 다시 말해, 적극적 시민은 사회구성원들과의 연대감을 바탕으로 공동체의 이익을 위해 자발적으로 참여하는 주체를 의미한다. 최근에는 시민의 범위가 개인뿐만 아니라 법인으로서 사회 속에서 사업활동을 영위하는 기업까지를 포괄하는 것으로 확대되고 있다.

기업을 둘러싼 사회적 환경이 주주 자본주의에서 이해관계자 자본주의로 급격하게 변화하면서 기업이 사회 속의 존재로서 사회의 지속가능성에 보다 적극적으로 기여해야 한다는 요구가 커지고 있다. 기업이 과거처럼 재화나 서비스를 생산해서 판매만 하는 주체가 아니라, 개별 시민처럼 공동체를 개선하고 시민들의 삶을 개선하는 데 적극적 역할을 수행해야 하는 주체로 인식되고 있다는 것이다.

기업시민을 기업의 근본 철학으로 삼은 예로는 포스코가 있다. 포스코는 2018년 '더불어 함께 발전하는 기업시민'을 경영이념으로, 이에 따른 경영비전을 'With POSCO, We're the POSCO'로 정하고, 개혁방향을 'Business with POSCO', 'Society with POSCO', 그리고 'People with POSCO'로 삼았다. 포스코 설립 이후 50년간 '제철보국'을 기업정신으로 삼았다면, 앞으로 50년을 이끌어 갈 경영이념은 '기업시민'으로 설정한 것이다.

포스코의 기업시민을 적극적 시민이라는 관점에서 보면, 생산활동을 통해 이익을 추구하는 경제적 구성체의 일원으로서의 기존 역할을 공동체의 이익을 위해 자발적이고 적극적으로 참여하는 시민사회 일원으로서의 역할로 바꾸겠다는 철학적 변화이다. 본연의 기업활동을 적극적이고 자발적인 시민의 관점에서 수행하여, 경제적 가치와 사회적 가치를 선순환적인 방식으로 추구하겠다는 것이다. 다시 말하면, 기업시민 이념의 핵심은 사회가 가진 다양한 문제를 기업적 방식으로 해결하여 가치를 창출하고, 시민들의 삶의 질을 높이면서 기업의 성장도 추구하겠다는 것이다.

기업시민 이념이 이념 혹은 철학으로만 존재하지 않고 기업활동에 실질적 영향을 미치기 위해서는 기업시민활동으로 구체화될 필요가 있다. 개념적으로 기업시민활동은 기업 구성원들이 수행하는 시민활동의 집합이다. 기업 구성원들의 입장에서 보면, 기업의 사회적 활동에 참여하는 부가적 활동을 수행하는 것이 아니라 기업 본연의 업무를 수행하는 과정에서 기업시민 관점으로 적극적으로 사회적 문제를 찾고, 이 문제를 해결하기 위한 솔루션을 고민하고, 의사결정을 해야 하는 것이다. 이러한 점에서 적극적 기업시민활동은 기업들이 기존에 수행해 온 장학재단 설립, 나눔재단 설립, 사회봉사단 구성, 대학 설립 등을 통한 사회적 책임 활동과는 조금 다른 성격을 가진다. 사회적 책임 활동이 거시적으로는 기업의 평판을 높임으로써 경쟁력에 도움을 줄 수 있지만 단기적 성과에 크게 영향을 미치기 어렵기 때문에 대부분 수동적이고 방어적인 성격을 가지고 있는 반면, 적극적인 기업시민활동은 자발적으로 기업의 경제적 가치와 사회적 가치를 동시에 추구한다는 점에서 차이가 있다.

다시 포스코의 예로 돌아가 보자. 포스코의 기업시민 이념은 조직의 개혁방향이라는 틀로 구체화되어 있다. 조직 구성원들의 활동에 방향성을 주기 위해 포스코는 앞서 소개한 바와 같이 조직의 개혁방향을 고객, 공급사, 협력사 등 비즈니스 파트너와 함께 가치를 만들어 가는 'Business With POSCO', 더 나은 사회를 함께 만들어 가는 'Society With POSCO', 신뢰와 창의의 기업문화를 함께 만들어 가는 'People With POSCO'로 설정했다. 이러한 포스코의 개혁방향은 앞으로 포스코라는 조직의 활동을 근본적으로 개혁할 것으로 예상된다.

만약 다른 기업들이 기업시민 이념을 Business, Society, 그리고 People이라는 관점에서 실행하고자 한다면 어떻게 해야 할까? 기본적으로 이 세 가지 개혁방향의 관계를 기업시민이라는 관점에서 이해하고, 기업전략이라는 틀 속에서 묶어 내야 한다. 〈그림 2-1〉은

〈그림 2-1〉 기업시민 이념 실천을 위한 개혁방향과 기업전략

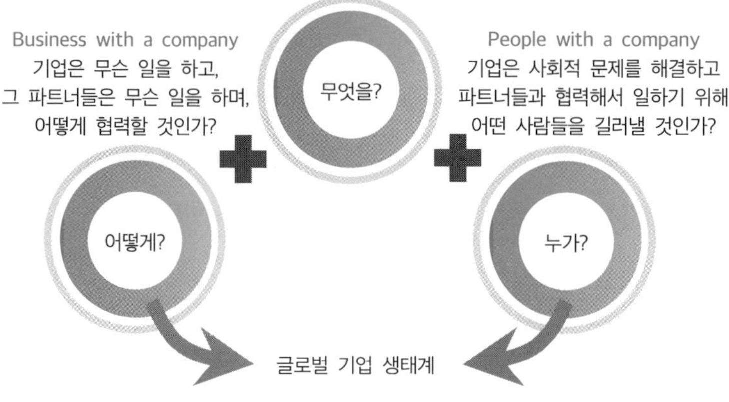
Society with a company
사회적 문제해결을 중심으로
기업의 사업영역을 고민한다.
Business with a company
기업은 무슨 일을 하고,
그 파트너들은 무슨 일을 하며,
어떻게 협력할 것인가?
무엇을?
People with a company
기업은 사회적 문제를 해결하고
파트너들과 협력해서 일하기 위해
어떤 사람들을 길러낼 것인가?
어떻게?
누가?
글로벌 기업 생태계

세 가지 개혁방향과 전략의 관계를 설명한다.

기업시민이라는 관점에서 바라본 기업의 전략은 무엇을, 어떻게, 누가 수행하는가로 정의될 수 있다. 우선 전략의 핵심적 영역인 비즈니스 영역 문제를 보자. 기업시민의 관점에서 특정 기업이 어떤 산업에 진출하고 어떤 비즈니스를 할 것인가는 비교적 명확하다. 기업시민은 사회적 문제를 적극적으로 해결하고자 하는 주체이기 때문이다. 사회를 중심으로 기업의 사업영역을 바라보면, 현재 인류가 직면한 다양한 문제들, 지구 자원의 유한성에 대비하기 위한 우주자원 개발, 상당한 위험으로 나타나고 있는 우주쓰레기 처리 문제에서부터 기후변화 대처, 적정한 가격의 청정에너지 개발, 건강한 삶, 빈곤 퇴치, 깨끗한 물과 위생, 복원력 높은 사회기반시설, 지속

가능 도시, 범죄예방 등 다양한 영역의 문제를 중심으로 사업영역을 확대할 수 있다.

이러한 사업영역의 확대는 기업들이 지금까지 중점을 두어 온 우수한 품질의 제품과 서비스 제공과 배치되는 것이 아니라, 사회적 문제를 중심으로 사업의 내용을 재구조화하고 새로운 솔루션을 고민하는 방향으로 진화하는 것이다. 포스코가 사회적 기여가 높은 제품인 전기차용 강판 등 친환경 제품을 개발하여 서비스를 제공하고, 안전과 환경가치를 추구하며, 자원과 에너지가 선순환되는 생산체제 구축 등의 활동으로 사업영역을 적극적으로 확장하는 것은 좋은 사례라 할 수 있다.

다음 이슈는 어떻게 이러한 사업을 수행할 것인가이다. 기업이 사업을 수행하기 위해서는 다양한 파트너들과의 협력이 필수적이다. 특히 디지털 트랜스포메이션 시대에는 다양한 역량을 지닌 기업 간 수평적 협력이 반드시 필요하다. 각 참여자들과 어떻게 협력하고 성과를 공유하는지가 명확하게 정의되고 실행되어야 한다. 여러 국내 대기업들이 다양한 동반성장 프로그램 운영을 통해 중소기업에 자신들만의 혁신 노하우를 전파하고 이들이 경영성과를 향상할 수 있도록 지원해 왔다. 하지만 기업시민의 관점에서 보면 조금 더 다양하고 역동적인 협력관계를 만들어 내야 한다.

사회문제 해결을 위해 새로운 솔루션을 만들고 사업영역을 확장하고자 한다면 이 사업에 필요한 기술개발, 자원확보, 생산, 전달, 판매 등의 활동을 해야 하는데, 이 과정에서 어떤 기업(그 기업이 벤처든 기존의 중소기업이든 상관없이) 을 발굴하고 어떻게 협력하며 어떻게 성과를 나눌 것인지에 대한 새로운 방안을 만들어야 한다. 예를 들면, SK이노베이션은 최근 환경부와 함께 지속가능한 환경을 위한 기술과 제품을 가진 소셜벤처와 사회적경제 기업을 발굴하는 '환경분야 소셜 비즈니스 발굴 공모전'을 개최하였다. 단순히 소셜벤처를 지원하는 데 그치는 것이 아니라, 여기서 발굴되는 아이디어를 자신들의 제품과 서비스에도 반영할 계획이다.

마지막으로는 사회적 문제를 이해하고, 솔루션을 만들 수 있으며, 새로운 협력관계를 설계할 수 있는 다양한 인력들을 길러내는 문제가 있다. 물론 구성원들을 보다 행복하게 만들고, 동기를 부여하며, 이들의 역량을 극대화하는 것도 매우 중요하다. 하지만 창의적이고 자발적으로 사회문제를 인지하고 솔루션을 만들어 낼 수 있는 인력을 키워 내는 것은 훨씬 더 중요하다. 기업이 혼자서 새로운 일들을 하기 위한 인력을 키워 내는 것은 불가능하다. 대학, 연구소, 협력업체, 정부 등과의 다양하고 역동적인 협력체계를 구축해야 가능한 일이다.

3. 디지털 트랜스포메이션과 비즈니스전략의 실행 방안

사회문제 발굴, 새로운 솔루션 개발, 솔루션 구현을 위한 기술개발, 실행 등을 위해서는 완전한 사고의 전환이 필요하다. 기존의 사업방식을 그대로 사용해서 새로운 비즈니스 모델을 실행하는 것은 불가능하다. 비용이 많이 들기 때문이다. 디지털 트랜스포메이션이 필요한 이유가 그것이다. 디지털 트랜스포메이션은 두 가지 측면에서 기업시민 기반 전략을 실행할 수 있는 핵심적인 수단이다.

첫째로, 다양한 이해관계자들의 원활한 참여를 통해 지속가능성에 기반한 새로운 기업전략을 실행하기 위해 반드시 필요한 수단이다. 예를 들어, 한 소재기업이 스마트 도시를 추구하는 곳에 복원력 높은 사회기반시설을 요구형 서비스로 제공하는 것을 새로운 사업영역으로 선정했다고 가정해 보자. '복원력 높은' 소재와 이를 사용하여 만들어지는 '사회기반시설'이 기술의 핵심이고, 이를 만들어내기 위해서는 막대한 투자가 필요하다. 더구나 이를 요구형으로 제공하기 위해서는 생산·운영 시스템, 전달 시스템 등 모든 시스템이 표준화, 모듈화, 그리고 디지털화를 통해서 유연하고 탄력적으로 변해야 한다.

요구형 생산전략은 디지털 플랫폼 위에서 실행되는데, 이 디지털 플랫폼은 디지털트윈Digital Twin을 활용하여 디지털 디자인과 디지털 운영을 가능하게 하고, 축적된 데이터를 통해서 고객의 문제를 이해하고 생산 프로세스의 문제점을 이해할 수 있도록 하며, 디지털을 통해서 물리적 현실을 통제할 수 있도록 한다. 따라서 이 사업에 필요한 기술과 소재를 개발하고 시스템화하며 솔루션으로 제공할 수 있도록 전체적인 전략 로드맵이 먼저 만들어져야 한다.

또한 새로운 사업의 진행을 위해 기존의 자원과 프로세스는 어떤 형태로 활용할 것인지, 어떤 형태로 변혁할 것인지를 동시에 결정해야 한다. 이 과정에서 이 소재기업이 모든 프로세스를 단독으로 진행할 것인지, 공동으로 개발할 것인지, 혁신적인 기업으로부터 구매할 것인지를 결정해야 한다.

또한 이 모든 활동들은 디지털에 기반하여 이루어져야 한다. 특히 디지털 디자인은 고객의 참여를 가능하게 하고 모든 물적, 공학적 특성에 대한 사전 검토를 정밀하게 할 수 있도록 지원한다. 이런 방식으로 새로운 사업을 개발하면 'Society with a company', 'Business with a company', 그리고 'People with a company'라는 전략을 자연스럽게 달성하게 된다.

둘째로, 디지털 트랜스포메이션은 기업시민으로서 비즈니스 파트너들의 경쟁력을 높일 수 있는 강력한 수단이다. 기업들이 수행하는 기존 사업이 되었든, 기업시민 이념에 따라 만들어진 새로운 사업이 되었든, 한 기업은 비즈니스 파트너들과 같이 성장해야 한다. 그렇다면 비즈니스 파트너들의 경쟁력을 높이는 문제는 매우 중요하다. 이것이 Business with a company 전략의 핵심이기도 하다. 디지털 트랜스포메이션은 여기에 강력한 수단을 제공한다.

〈그림 2-2〉 기업시민 이념 달성을 위한 디지털 플랫폼 전략

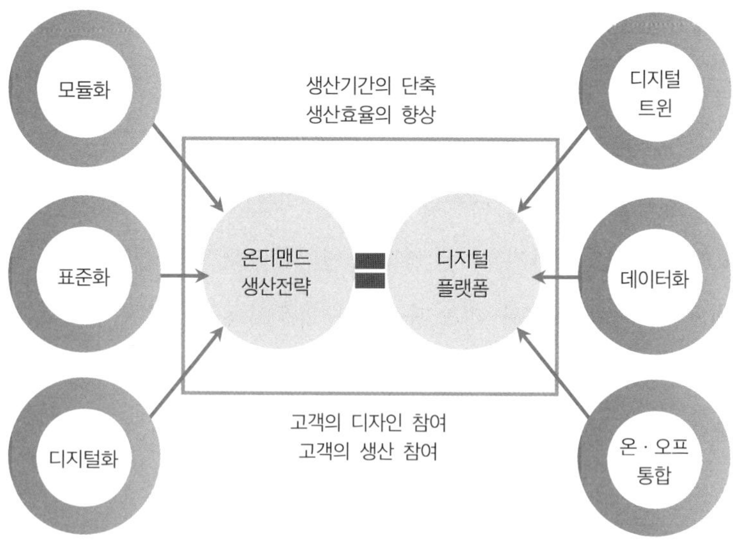

예를 들어, 기업시민 전략을 추진하는 기업이 먼저 자신의 디지털 트랜스포메이션을 달성하고 이를 확장하여 비즈니스 파트너들에게 제공한다면, 비즈니스 파트너들의 디지털 트랜스포메이션을 지원하고 자원과 프로세스의 유연성, 확장성, 신뢰성을 확보하여 산업생태계 전반의 경쟁력을 높이게 된다. 다시 말해서, 이 기업이 온라인과 오프라인이 결합되어 있고, 온라인을 통해 오프라인을 통제할 수 있으며, 표준화 · 모듈화 · 디지털화된 자원과 프로세스를 만들어 낼 수 있다면, 이를 기반으로 비즈니스 파트너나 중소기업들에게 강력한 플랫폼을 제공할 수 있다는 것이다. 이 플랫폼 서비스는 클라우드 컴퓨팅 서비스를 기반으로 제공되며, 고객들의 필요에 따

라 수시로 변경될 수 있다. 물론 비즈니스 파트너들이 이러한 서비스를 도입하고 사용하기 위해서는 정밀한 비즈니스 분석과 전략수립이 필요하다. 이 부분 또한 이 기업이 서비스로 제공하거나 지원해 줄 수 있다.

여기서 이야기하는 디지털 트랜스포메이션은 기존의 정보시스템과는 궤를 달리한다는 점을 기억해야 한다. 기존의 시스템이 통합적 관리를 기본으로 한다면, 디지털 플랫폼은 유연하고 확장 가능성이 높으면서도 맞춤화가 가능한 서비스로 구성되어야 한다.

4. 디지털 트랜스포메이션을 통한 사회문제 해결 사례

기업들이 직면한 가장 협의의 사회문제는 협력업체나 파트너들의 문제이다. 협력업체나 파트너들의 경쟁력을 높이기 위해 디지털 플랫폼을 구축하고 다양한 서비스를 제공하는 것이 필요하다. 광의의 사회문제로는 식량문제나 환경문제, 사회시스템 변화문제, 그리고 COVID-19 이후 확산되는 비대면 무역확대 등을 들 수 있다.

식량문제 해결은 소재산업과 관련 있다. 퀀텀 컴퓨팅이나 3D 바이오프린팅, AI를 활용하여 육류나 생선을 제조하는 것을 말한다. 인구의 급격한 증가로 인해 대두된 식량문제가 COVID-19 사태 이후 더욱더 중요한 문제로 부각되었으므로, 식량문제의 디지털적 해결방안을 제시하고 스타트업들이 이 영역에 뛰어들게 하는 것은 매우 시의적절하고 중요한 과세이다. 임파서블 푸드Impossible Food, 모사 미트Mosa Meats, 그리고 멤피스 미트Memphis Meats 등은 육고기를 생산하고, 핀리스 푸드Finless Foods는 참치를 인공으로 생산하며, 무프리Muufri는 우유를 생산한다. 과거에는 높은 가격으로 인해 이러한 사업들이 매우 비효율적인 것으로 인식되었으나, 기술이 급격하게 발달하면서 가격이 현저하게 낮아지고 이에 따라 상용화 가능성이 매우 높아지고 있다. 식량문제를 해결하기 위한 기술들로는 디지털 디자인, 3D 바이오프린팅, 디지털 컨트롤 기술 등이 있는데, 이러한 기술들을 대기업이 디지털 플랫폼 위에서 제공하고 스타트업들이 이를 활용하여 다양한 형태의 새로운 식품산업을 만들어 갈 수 있도록 지원할 필요가 있다(〈그림 2-3〉 참조).

환경문제 해결을 위해서는 앞서 언급한 육류나 생선의 디지털적 생산뿐만 아니라 수소 에너지의 생산과 활용 등 에너지 패러다임의 변화까지 적극적으로 수용해야 한다. 퀀텀 컴퓨팅의 활용을 통한 신소재 개발, 탄소저감 기술의 개발과 활용, 컴퓨터 비전 기술, 디지털 디자인, 그리고 AI를 통한 공기질 관리 등과 같은 환경이슈들을 대기업이 적극적으로 연구하고 디지털 서비스화함으로써 스타트업들이 그 기반을 활용하여 새로운 비즈니스에 뛰어들 수 있도록 지원할 필요가 있다.

아울러 새로운 소재를 활용한 3D 프린팅 제조, 도심 모빌리티 산업의 활성화로 인한 도심 재구조화 이슈 해결 등의 다양한 신산업

〈그림 2-3〉 스타트업 지원을 위한 디지털 플랫폼의 예

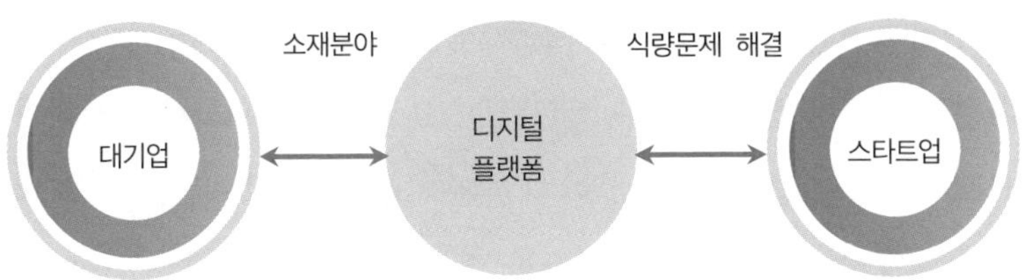

- 퀀텀 컴퓨팅 활용 기반 구축
- 3D 바이오프린팅 기술 활용
- AI 등 디지털 인프라 구축
- 디지털 디자인
- 디지털 컨트롤

- 육류, 참치 등 생선 배양기술
- 고객 개인에 맞는 제조기술
- 3D 프린터를 이용한 제조기술
- 품질관리 기술 등

또한 기업들이 관심을 가져야 하는 영역이다. 물론 이러한 다양한 사업을 대기업이 직접 할 필요는 없다. 창의적인 아이디어를 가진 스타트업들이 대기업의 디지털 인프라를 활용하여 사업을 시작할 수 있도록 지원하면 된다.

새로운 소재를 이용한 3D 프린팅 사업은 제조업을 완전히 다른 차원으로 탈바꿈시켜, 도심에서도 제작소를 통해 누구나 무엇인가를 만들 수 있는 새로운 산업구조를 만들어 낼 것이다. 모빌리티 산업의 활성화는 도심 구조나 건축물 구조에 있어 획기적인 변화를 예고하고 있는데, 이는 건축을 위한 새로운 소재를 고민하는 대기업에게도 상당한 도전과 기회를 제공할 가능성이 매우 높다. 스타트업들에게 새로운 소재, 건축물, 시설 등에 대한 아이디어를 묻고 대기업이 공동으로 개발하여 사업화한다면 글로벌 경쟁력을 가지게 될 것으로 보인다.

마지막으로, 증강현실AR, 가상현실VR, 디지털트윈, 사물인터넷,

컴퓨터비전 기술, 핀테크, 무역지식을 엮어서 새로운 무역 플랫폼을 만들고 이를 클라우드 서비스로 제공함으로써 비대면 시대 무역 환경을 선도할 필요가 있다. COVID-19로 인해 오프라인 전시회가 취소되고 기업들의 해외출장이 제한된 지금, 개발 중인 디지털 플랫폼을 확대하여 무역활동에 사용할 수 있도록 지원함으로써 다양한 효과를 얻을 수 있다. 이 사이버 무역 플랫폼은 오프라인 박람회를 그대로 디지털로 재현한 것으로, 물리적 환경에서 경험할 수 있는 모든 것들을 경험하면서도, 제품이나 서비스의 질 확인, 무역거래 프로세스, 자금의 교환 등의 활동 또한 세밀하게 수행할 수 있다. 이를 통해 정보기술기업들은 시장을 만들 수 있고, 수출기업들은 장소와 시간의 제약 없이 무역거래를 할 수 있어, 새로운 산업생태계를 만들어 낼 수 있다.

5. 디지털 기업시민을 향하여

기업시민은 현재 변화하는 사회환경에 기업들이 적극적으로 대응하기 위한 철학적 기반이고, 향후 기업의 경쟁력을 결정하는 중요한 전략적 선택이 될 것이다. 기업에 대한 사회의 기대가 바뀌고 있고, 사회적 평판이 기업의 가치를 결정하고 있기 때문이다. 하지만 기업시민이라는 철학적 방향을 선택하는 것만으로는 부족하다. 이를 구체적으로 실천하기 위한 실행 원칙과 문화의 구축이 반드시 뒤따라야 한다.

기업시민을 경영이념으로 선언한 대표적 기업인 포스코는 기업시민을 구체화하기 위해 기업시민헌장을 제정하고, 기업시민으로의 지향점과 실천원칙을 만들었다. 기업시민 실천원칙은 비즈니스 파트너와 함께 강건한 산업생태계를 조성하고, 사회문제 해결과 더 나은 사회 구현에 앞장서며, 신뢰와 창의의 조직문화로 임직원들이 행복하고 보람 있는 회사를 만들기 위한 구체적인 행동준칙들을 포함한다. 또한 SK는 사회적 가치를 지향하며, 정관 서문에도 "회사는 경제 발전에 기여함은 물론, 사회적 가치 창출을 통해 사회와 더불어 성장한다"는 내용을 명시하여 실천 의지를 강조하고 있다.

향후 기업시민 전략을 추진하는 기업들이 이를 조직에 체화시키고 자연스럽게 실천하기 위해서는 물리적인 실천 노력도 중요하지만, 이를 조직에 내재화하는 디지털 트랜스포메이션이라는 강력한 도구가 필요하다. 물론 디지털 트랜스포메이션이 모든 문제를 해결하거나 기업시민 기반 전략을 실행하는 단 하나의 수단일 수는 없다. 하지만 앞서 논의한 것처럼, 사회문제를 중심으로 새로운 비즈니스를 계획하고 실행하는 것은 엄청난 투자를 필요로 한다. 모든 사업을 관통하여 가치를 만들어 내고 원가를 낮출 수 있는 수단이 필요하고, 비즈니스 파트너들과 생산적이고 협력적인 생태계를 구축할 수 있도록 지원하는 수단이 필요하다. 디지털 트랜스포메이션이 그 강력한 수단 중 하나이고, 이러한 디지털 트랜스포메이션에 기반한 기업활동은 기업시민이라는 아날로그적 개념을 디지털 기업시민이라는 보다 진화된 그리고 실천적인 형태의 개념으로 탈바꿈시킬 것이다.

결론적으로 디지털 트랜스포메이션을 통한 기업의 디지털 플랫폼화는 기업들이 적극적인 기업시민으로서 디지털 기술을 활용하여 사회적 문제를 해결하면서도 기업 자체의 성장을 견인할 수 있는 핵심전략으로 작동할 것이다. 디지털 기업시민으로서 한국 기업들이 힘차게 도약하기를 기대해 본다.

3

기업시민활동 유형분석을 통한 기업가치 창출전략

이경묵

최근 전 세계적 차원에서 기업의 역할 변화에 대한 요구가 증대되고 있다. 유엔에서는 지속가능발전목표Sustainable Development Goals를 제시하면서 기업들이 단기적 이익이 아닌 인류의 지속가능한 발전을 위해 기여하라고 요구하고 있다. 블랙록BlackRock을 비롯하여 주주 중심주의 성향이 가장 강한 미국의 대표적인 자산운용사들에서조차 투자기업에 대한 평가기준이 바뀌고 있다. ESG 활동을 잘하는, 즉 환경보호 활동을 잘하고, 사회를 위해 기여하고, 좋은 지배구조를

이경묵
미국 펜실베이니아대에서 박사학위를 받았으며, 현재 서울대 경영전문대학원 교수로 재직 중이다. 대한리더십학회장과 한국인사조직학회장을 역임했으며, 조직이론 전공이다. 주요 저서로는 《사회가치경영》(공저, 2018), 《삼성웨이》(공저, 2013) 등이 있다.

가진 기업에 대한 투자를 늘리고, ESG 측면에서 낮은 점수를 받은 기업의 주식에는 투자하지 않겠다는 것이다.

이런 사회적 변화에 선도적으로 대응하는 포스코, SK 등 국내 일부 대기업들은 사회적 가치 창조나 기업시민을 기업의 목적으로 삼고 있다. 이런 사명을 실천하기 위해 대규모 집단에서는 계열사, 사업부, 기능부서들에게 사회적 가치나 기업시민에 대한 실행계획을 수립하도록 요구한다. 제출된 계획을 평가해서 좋은 방안을 채택하고, 채택된 활동을 위해 자원을 투자하도록 한다.

그런데 무엇을 기준으로 좋은 방안인지를 평가해야 하는가? 사회적 가치 창출 또는 기업시민활동으로 제시되는 방안들이 모두 목적에 부응하는 것은 아니다. 사명 실천에 반하는 활동이 있을 수도 있다. 사회적 가치 또는 기업시민이라는 사명을 제대로 실천하기 위해서는 활동의 옥석을 가려 적은 자원으로 큰 사회적 가치를 창출할 수 있는 활동에 투자해야 한다. 기업이 보유한 자원은 유한하기 때문이다. 이 장에서는 다양한 사회적 가치 창출 또는 기업시민활동 대안을 어떤 기준으로 평가하고, 어떤 활동을 우선시할 것인가에 대해 논의한다.

1. 기업이 창출하는 사회적 가치를 어떻게 개념화할 것인가?

기업이 설립되어 해체될 때까지 창출하는 사회적 가치는 다음의 수식과 같이 개념화할 수 있다.

$\sum_{t=1}^{m}\sum_{i=1}^{n}$ 〔W_i × 이해관계자 i가 해당 연도 t에 해당 기업과의 관계에서 경험하는 가치〕

W_i: 이해관계자 i가 해당 기업에게 중요한 정도

i: 특정 이해관계자

t: 특정 연도

n: 해당 연도의 이해관계자 수

m: 해당 기업의 존속기간

고객, 임직원, 협력업체, 지역사회, 주주, 정부 등 해당 기업의 경영에 의해 영향을 받는 모든 주체가 이해관계자이다. 기업이 존속하는 동안 더 큰 사회적 가치를 창출하려면 더 오랜 기간, 더 많은 세상 사람들에게, 더 큰 가치를 제공해야 한다.

개별 이해관계자가 특정 기업과의 교환을 통해 얻는 가치는 두 가지 방식으로 생각해 볼 수 있다. 첫째는 소비자 잉여처럼 교환을 통해 얻는 재화가 주는 총효용에서 지불비용을 뺀 것이다. 둘째는 차선의 기업과 교환하는 대신 해당 기업과 교환함으로써 얻을 수 있는

추가적인 가치이다. 소비자가 갑이라는 기업에서 제품을 구매해서 100이라는 가치를 경험하는데, 차선의 기업인 을이라는 기업에서 90이라는 가치를 경험할 수 있다면 갑이 해당 소비자에게 제공하는 가치를 10이라고 보는 것이다. 주주가 해당 기업에 투자해서 연간 투자수익률 5%를 얻는 데 비해 가장 유사한 특성을 갖는 기업에 투자해서 4%를 얻을 수 있다면 1%의 추가 수익률을 해당 기업이 해당 주주를 위해 창출한 가치로 보는 것이다.

앞의 식에서 *Wi*는 가중치로서 해당 기업이 이해관계자 *i*가 추구하는 가치를 얼마나 중시해야 하는지를 나타내는 것이다. 기업에 대한 사회적 기대가 바뀌면 *Wi* 값도 바뀐다. 주주의 가치를 중시할 때는 주주들을 위해 창출하는 가치에 대한 가중치가 크다. 비즈니스 라운드테이블에서 기업이 공헌해야 할 이해관계자의 우선순위를 고객, 임직원, 협력업체, 지역사회, 주주로 바꾼 것은 고객을 위해 창출하는 가치에 가장 높은 가중치를 주고 주주들을 위해 창출하는 가치에 가장 낮은 가중치를 주어야 한다는 것이다. 대기업에 대한 사회적 기대는 주주 중심에서 해당 기업과 직접적인 교환관계에 있는 고객, 임직원, 협력업체로 확대되었고, 다시 지역사회, 생태환경, 미래의 시민 등으로 확대되었다. 따라서 기업시민활동을 제대로 수행하려면 이러한 사회적 기대의 변화에 맞추어 가중치를 조정해 가면서 집중적으로 투자해야 할 기업시민활동을 선별해야 한다.

2. 가치나눔형, 가치개선형, 가치창출형 기업시민활동

기업의 경쟁력을 높이기 위한 대부분의 혁신활동을 기업시민활동으로 볼 수 있다. 혁신을 통해 생산성을 높이면 미래 인류가 활용할 수 있는 자원을 절약하는 것이고, 가격을 낮추면 고객들이 경험하는 가치를 높이는 것이고, 이익을 늘려 배당을 많이 주면 주주들에게 더 많은 가치를 제공하는 것이다. 혁신을 통해 세상 사람들이 안고 있는 중대한 문제를 세계에서 처음으로 해결한다면 엄청난 사회적 가치를 창출하고 기업시민으로서의 역할을 제대로 수행한 것이다.

〈포춘〉지가 2020년에 '세상을 변화시키는 기업Change the World'으로 선정한 백신 제조업체들, 알리바바Alibaba, 페이팔PayPal, 엔비디아NVIDIA, 블랙록, 줌Zoom 등은 본업에서의 혁신을 통해 세상에 크게 기여한 기업들이다. 애플, 아마존, 마이크로소프트 등 가장 존경받는 기업으로 선정된 기업들도 마찬가지이다.

하지만 통상적으로 기업들이 본업에서 경쟁력을 높이고 수익성을 높이기 위해 수행했던 전통적인 활동을 기업시민활동이라고 하지 않는다. 주주 이외에 다른 이해관계자나 세상 사람들이 경험하는 가치를 높이기 위한 한발 더 나아간 활동을 기업시민활동이라고 하는 것이 보통이다. 이 장에서도 이런 사회적 통념에 따라 기업시민활동을 정의한다.

사회에 더 큰 가치를 제공하겠다는 의도를 가지고 시행하는 기업시민활동이 결과적으로는 기업이 창출하는 사회적 가치를 높이지 못할 수도 있다. 기업이 보유한 자원은 유한하므로 그런 활동에 투자하기 위해서는 기존에 해왔던 본업에서의 경쟁력을 높이기 위해 투자하는 자원을 줄여야 하기 때문이다. 이런 기회비용 관점에서 기업시민활동을 가치나눔형, 가치개선형, 가치창출형으로 구분할 수 있다.

가치나눔형 기업시민활동은 해당 활동의 수혜자들에게는 가치를 창출해 주지만, 다른 이해관계자들이 향유할 수 있는 가치가 같은 크기로 줄어드는 활동이다. 단순한 기부활동, 임직원의 핵심역량을 활용하지 않는 단순한 사회봉사활동 등이 가치나눔형 기업시민활동에 해당할 가능성이 높다. 따라서 더 필요한 수혜자에게 가치가 전달될 수 있도록 수혜자 선정에 신중을 기해야 한다.

가치개선형 기업시민활동은 이해관계자들에게 제공하는 가치의 총합을 획기적으로 키우지는 않지만, 여러 가지 개선활동을 함께하여 재분배 기능을 강화하는 기업시민활동이다. 기업은 소득을 재분배하는 기능을 하기도 한다. 전년도에 비해 더 큰 이익을 냈을 때 잉여현금으로 주주들에게 배당을 줄 수도 있고, 임직원에게 보너스를 줄 수 있고, 협력업체들에게 동반성장 기여금을 줄 수도 있다. 수혜자들이 추가적으로 얻는 가치와 다른 이해관계자들이 희생하는 가치가 동일하다면 앞에서 설명한 가치나눔형 활동과 같다고 볼 수 있다. 하지만 분배과정의 공정성을 개선하거나, 이해관계자의 행동변화를 유도할 수 있도록 효과적으로 배분한다면 가치개선형 기업시민활동이 될 수 있다. 예를 들어, 대기업 임직원들이 비용과 시간을 들여 중소기업에 혁신 노하우를 전수했는데 이를 통해 중소기업의 제품과 서비스 경쟁력이 개선되었다면 이는 가치개선형 기업시민활동에 속한다.

가치창출형 기업시민활동은 세상 사람들에게 제공하는 가치의 총합을 키우는 이상적이고, 가장 지향해야 할 기업시민활동이다. 특정 이해관계자 집단에게 추가적인 가치를 창출해 주면서도 기업의 본원적 경쟁력을 키우는 기업시민활동이 여기에 해당한다. 획기적인 환경오염물질 저감설비 개발을 통해 회사의 오염물질 처리비용을 줄여 본원적 경쟁력도 키우고 오염 배출량을 줄여 지역주민들의 만족도도 높이는 활동, 독자적인 R&D에 투자하는 대신 더 투자효율성이 높은 협력업체와의 공동 R&D를 통해 본원적 경쟁력도 높이고 협력업체의 경쟁력도 높이는 것이 그 예가 될 수 있다. 이런 활동을 통해 기업의 본원적 경쟁력이 높아지면 수혜 대상으로 삼지 않았던 이해관계자들에게도 혜택을 줄 수 있다. 높아진 경쟁력으로 확보한 추가적 자원들은 이해관계자들과 함께하는 또 다른 가치창출활동에 투자될 수 있기 때문이다.

특정 기업에 대한 여러 이해관계자들의 만족도를 살펴보면, 고객들의 만족도가 높은 기업에서 주주들의 만족도와 임직원들의 만족도도 높게 나온다. 반대로 경쟁력이 떨어져서 적자가 나는 기업의 이해관계자들은 대부분 회사에 대해 불만을 갖는다. 본원적 경쟁력이 높아 수익을 많이 내면 경쟁기업에 비해 많은 것을 베풀 수 있다.

부잣집 곳간에서 인심이 나는 것이다. 결국 기업시민활동은 본업의 경쟁력을 함께 높이는 가치창출형 활동을 지향할 때 궁극적으로는 더 큰 사회적 가치를 창출할 수 있다.

3. 기업시민활동 선정기준

다양한 부서에서 제시하는 기업시민활동 과제를 어떤 기준을 활용하여 선별할 것인가? 면밀하게 검토하지 않고 과제를 선정하면 가치나눔형, 가치개선형 기업시민활동에만 머물러 있을 수 있다. 이를 극복하고 가치창출형 기업시민활동을 선별하기 위해 기업의 사회적 가치 관련 문헌에서 제시하는 다음의 5가지 기준을 활용할 필요가 있다.

1) 세상 사람들에게 제공하는 이로움의 크기

앞에서 제시한 기업이 세상 사람들을 위해 창출하는 가치를 계산하는 공식을 바탕으로 세상 사람들에게 제공하는 이로움의 크기를 추정해 보아야 한다. 더 오랜 기간 더 많은 이해관계자들에게 더 큰 이로움을 줄 수 있는 과제를 우선적으로 선정해야 한다. 많은 사람들이 기존의 기술로는 해결할 수 없는 고통을 당하고 있다고 가정해 보자. 이런 고통을 근본적으로 해결할 수 있는 혁신방안을 협력업체나 대학 등과 함께 찾아낸다면 세상 사람들에게 엄청난 이로움을 줄 수 있다.

COVID-19로 인해 많은 사람들이 큰 고통을 당하는 상황에서 백신을 개발한다거나, 원격으로 강의와 회의를 할 수 있는 플랫폼을 개발하는 것이 좋은 예가 될 수 있다. 〈포춘〉지에서 백신 개발업체나 줌Zoom을 세상을 변화시키는 기업에 올려놓은 이유가 여기에 있다. 철강회사가 대학, 경쟁기업, 협력업체들과 함께 고로보다 훨씬 생산성이 높고 이산화탄소CO_2 배출이 적은 새로운 철강 제조공법을 개발한다면 세상 사람들에게 큰 공헌을 할 수 있다. 경쟁기업들도 살아남기 위해 혁신을 하도록 자극하여 철강산업 자체를 바꿀 수 있기 때문이다.

2) 기업활동 과정에서 스스로 만들어 낸 사회적 문제

기업은 사업을 영위하는 과정에서 다양한 사회적 문제를 유발한다. 자신이 유발한 문제를 해결하는 것은 사회의 해당 기업에 대한 기본적인 요구사항이다. 기업은 생산과정에서 요구되는 희소자원 사용량 혹은 배출하는 환경오염물질 배출량을 줄이거나, 유통과정에서 유발하는 사회적 문제를 줄이거나, 소비자가 사용하는 과정이나 사용 후 폐기하는 과정에서 유발하는 사회적 문제를 해결하는 것에 높은 우선순위를 둘 필요가 있다. 특정 기업이 유발한 문제를 다른 기업이 해결해 주려고 하지 않으며, 자신이 유발한 문제는 방치하고 다른 기업시민활동을 하겠다고 하면 세상 사람들에게 위선적인 기업이라는 평가를 받을 가능성이 크다.

코카콜라는 인도의 케랄라 공장에서 지하수를 과다하게 사용하여 해당 지역에서 식수부족 문제를 유발하자 전사적 차원에서 제조과정에 사용되는 물 사용량을 대폭 줄인 바 있다. 월마트는 폐기하기 직전의 음식물을 기부하거나 유통과정에서 발생하는 포장재 사용량을 대폭 감축하여 쓰레기나 배송과정에서 배출하는 이산화탄소 발생량을 크게 줄인 바 있다. 네슬레는 캡슐커피 사용 후에 발생하는 폐기물 문제를 해결하기 위해 사용한 캡슐을 수거하여 재활용하는 활동을 벌이고 있다. 이처럼 본업과 연관된 기업시민활동이 우선될 필요가 있다.

3) 기업의 핵심역량 활용 여부

기업의 핵심역량을 활용하지 않는 단순한 기업시민활동은 가치창출형 기업시민활동이 되기 어렵다. 특정 이해관계자 집단에게도 혜택을 주면서 기업의 본원적 경쟁력도 높이려는 영역에서는 기업 간 경쟁이 치열하다. 다른 기업들도 본원적 경쟁력을 높이기 위해 노력하기 때문이다. 더 많은 사람들에게 더 오랜 기간 더 큰 혜택을 주기 위해서는 자신의 핵심역량을 바탕으로 기업시민활동을 해야 한다. 그래야만 성공할 가능성이 높고 투자비용 대비 효익도 크다.

사회적 문제를 해결하면서 대규모의 경제적 가치도 창출한 대부분의 사례가 여기에 해당한다. 세계 2위 이동통신 사업자인 영국의 보다폰Vodafone은 케냐의 무선통신 사업자인 사파리컴Safaricom과 협력하여 케냐에서 개인 간 송금 및 출금의 어려움을 풀어주기 위해 문자서비스 기술을 활용한 모바일 뱅킹 시스템인 M-Pesa 서비스를 2007년에 출시했다. M-Pesa 서비스는 이제는 개인 간 송금 및 출금뿐만 아니라 일반소매점의 지불수단으로 사용되고, 전기료, 수도료, 도시가스비, 학비를 결제하는 데도 사용되며, 은행과 연계하여 저축을 하고 대출을 받는 데도 사용된다. 핵심역량인 이동통신 기술을 활용해 금융 낙후국을 모바일 뱅킹 선진국으로 발돋움시켜 많은 사람들의 삶을 편리하게 해준 것이다. 이 서비스는 이후 탄자니아, 남아프리카공화국, 아프가니스탄 등 금융시스템이 발달하지 않은 10여 개국으로 확대되었다.

4) 해결해야 할 문제의 사회적 중요성

국가나 사회마다 중시하는 사회적 문제가 다르고, 사회가 변하면서 중시하는 가치도 달라진다. 소득수준이 높은 나라에서는 환경오염을 매우 중요한 사회적 문제로 여기지만 소득수준이 낮은 국가에서는 환경오염을 덜 중시한다. 물 사용량을 줄이거나 재활용하는 것은 물이 풍족한 나라에서는 중요하지 않지만, 사막이 많은 나라에서는 생존의 문제이다. 해당 국가나 지역사회의 핵심적인 사회적 문제를 해결하는 것에 대해 사회에서는 더 큰 박수갈채를 보낸다.

현재 우리 사회에서는 높은 청년 실업률, 초저출산율, 초고령화, 경제성장률 저하, 대기업과 중소기업의 국제경쟁력 격차, 미세먼지, 온난화 등을 중요한 사회적 문제로 본다. 이런 문제를 해결하기 위한 기업시민활동을 우선적으로 추진할 필요가 있다.

사회적 영향social impact을 중시하는 기업들은 해당 사회의 핵심문제를 해결하는 것을 우선시한다. 예를 들어 노르웨이의 화학·비료회사인 야라 인터내셔널은 아프리카 탄자니아 및 인접 내륙국 농가들의 비료부족으로 인한 생산성 향상의 어려움, 물류 인프라 부족으로 인한 농산물 유통의 어려움, 그 결과로 나타나는 낮은 농가소득이라는 문제를 풀기 위해 현지 정부, 농민 협력체, 비정부기관 등과 협력하여 도로, 철도, 항만, 터미널 등 종합 물류 인프라를 구축하기 위해 대규모 투자를 감행했다. 이를 통해 자사의 매출액과 시장점유율도 높였지만, 해당 지역의 농업생산성과 농가소득 또한 획기적으로 높였다. 이들은 그 사회의 다수를 차지하는 농민들의 낮은 소득수준이라는 매우 중요한 사회적 문제를 푸는 데 기여했기 때문에 찬사를 받았다.

5) 범위확장의 원칙

기업시민활동 과정에서 다양한 이해관계자 집단 중 어떤 집단을 우선 대상으로 할 것인가를 결정할 때 범위확장의 원칙을 적용할 필요가 있다. 즉, 해당 기업에 크게 의존하고 있고 다른 곳에서 도움을 받기 어려운 이해관계자들을 우선시해야 한다. 기업시민활동의 일차적인 대상은 지분을 팔고 떠나기 어려운 대주주와, 이직했을 때 소득이 줄어들 가능성이 높은 기업 특유의 인적 자원을 가지고 있는 임직원들이다. 다른 기업들이 이들에게 관심을 기울일 이유가 없기 때문에 해당 기업이 우선적으로 고려해야 한다. 해당 기업에 크게 의존하는 고객이나 협력업체가 그 다음 대상이다. 이들도 해당 기업이 관심을 기울이지 않으면 다른 곳에서 관심을 기울이지 않는다. 회사의 경영방식이 맘에 들지 않으면 주식을 팔고 떠날 수 있는 소액주주, 다른 기업에서 대체 가능한 재화를 구매할 수 있는 소비자, 해당 기업의 매출액 비중이 낮은 협력업체 등이 그 다음 순위 대상이다. 직접적인 교환관계가 없는 지역사회 주민이나 주변 생태계가 그 다음으로 고려해야 할 대상이다.

하지만 이런 원칙이 절대적인 것은 아니다. 해당 기업에 대한 의존도가 높은 대주주나 임직원들에게 더 큰 가치를 제공하기 위한 기업시민활동은 사회적으로 칭찬보다는 비난을 받을 수도 있다. 그런 활동 자체를 기업시민활동으로 여기지 않거나, 기업 경영을 통해 창출한 가치를 내부자들끼리만 나눠 가진다고 생각하기 때문이다. 반대로 기업이 해당 지역사회에서 차지하는 비중이 매우 크다면 해당 지역사회를 위한 기업시민활동에 높은 우선순위를 두어야 한다.

4. 사회적 영향이 큰 기업시민활동 중심으로

포스코는 기업시민활동을 추진함에 있어 보텀업bottom-up과 톱다운top-down 방식을 병행 사용하여 사명을 실천할 만한 과제를 발굴하는 것을 볼 수 있다. 최고경영층에서만 고민하는 방식보다는 좋은 방식이다. 하지만 전사 차원에서 기업시민활동을 통해 달성하고자 하는 명확한 목표가 제시되지 않거나, 자율적으로만 과제를 발굴하라고 하면 가치창출형 기업시민활동은 별로 발굴되지 않을 가능성이 높다. 따라서 유엔 SDGs, ESG 등을 고려하여 본업의 특성에 맞는 기업시민 전략목표를 세우고, 이를 달성하기 위해 각자의 업무에서 어떤 노력을 할지 고민하게 하는 기업시민 전략-실천 간 연계가 강화될 때 사회적 영향social impact이 크고 기업가치에도 도움이 되는 과제들이 발굴될 것이다. 또한 문제 해결에 다수의 부서 역량이 필요하거나, 계열사 본업의 전문성이 필요한 경우 함께 협업하여 집합적 임팩트collective impact를 창출하기 위한 노력도 필요하다.

세상을 변화시키는 기업이나 가장 존경받는 기업으로 선정된 기업들은 세상의 큰 문제를 혁신적인 방법으로 해결한 기업들이다. 국내에서도 기업시민의 이념에 공감하고 동참하는 많은 기업들이 가치창출형 기업시민활동을 통해 세상을 변화시키는 기업, 가장 존경받는 기업이 되기를 기대한다.

4

국내외 ESG 트렌드와 기업의 대응

한종수

최근 ESG에 대한 세계적 관심은 증가라는 표현을 넘어서서 폭발적이라는 표현이 어울릴 것이다. ESG를 잘 수행하는 기업에 투자하는 ESG 펀드는 세계 금융시장에서 폭발적으로 증가하고 있다. 세계에서 가장 많은 온실가스를 배출하면서도 파리기후변화협약에 참가하기를 주저하던 중국도 지난 2020년 9월 23일 유엔 총회에서 2060년까지 탄소중립carbon-neutral을 성취하겠다고 선언하였다.

한종수

미국 피츠버그대에서 박사학위를 받았으며, 현재 이화여대 경영대학 교수로 재직 중이다. 국제회계기준 해석위원회 위원, 한국회계학회 학술위원회 위원장으로 활동하고 있으며, 재무회계, 회계감사, 지속가능성장을 위한 ESG가 관심분야이다. 주요 저서로는 《원칙중심회계: 부딪혀야 빛이 난다》(공저, 2020), 《현금흐름표를 알면 성공이 보인다》(공저, 2018) 등이 있다.

우리나라에서도 포스코가 기업시민이라는 개념을 도입하여 적극적인 ESG 활동을 시작하고 SK가 사회적 가치의 측정을 시작하는 등, ESG에 대한 관심은 높아지고 있다. 그러나 폭발적으로 증가하는 세계적 추세에 비한다면, 우리나라는 매우 조용한 편이라고 할 수 있다. 투자에 있어서 기업의 ESG 활동을 고려하겠다고는 하지만 외국의 경우와 같이 적극적이지는 않다. 예를 들어 국내 주식형 ESG 펀드의 경우 2008년에는 규모가 2조 9,702억 원이었으나 그 이후 급격히 감소하였다. 최근 몇 년간 증가하고는 있지만 2020년 7월 말 현재 국내 ESG 펀드의 순자산 규모는 4,618억 원으로 추정되어(박혜진, 2020), 과거에 비해 오히려 크게 위축되었다. 또한 한국표준협회의 조사에 의하면 2015년에는 136개의 기업이 지속가능보고서를 발간하였으나 그 후 정체되었고, 2020년에는 110개로 오히려 감소하였다.

우리가 ESG에 관심을 가지든 가지지 않든 ESG의 중요성은 앞으로 크게 증가할 것이다. 파리기후변화협약을 기점으로 EU를 비롯한 세계는 환경복원을 위하여 매우 빠른 속도로 움직이고 있다. 우리를 괴롭히는 COVID-19는 환경의 변화로 인한 위험에 우리가 얼마나 많이 노출되어 있는지, 기업 구성원과 사회를 지키는 것이 얼마나 중요한지를 일깨워 주었다. 과거에는 공정, 투명, 윤리의 가치 실천이 경영의 초점이었다면 미래에는 ESG 관점에서의 경영방식 추구가 필요하며, ESG에 대한 준비 없이는 기업이 생존할 수 없을 것이다. 그런 의미에서 미래 경영의 뉴 노멀은 ESG 경영이다.

이 장에서는 다음 세 가지의 주제를 논의하고자 한다. 첫째로, ESG의 국내외 최신 동향을 살펴본다. 둘째로, ESG는 무엇이고 왜 중요한가를 살펴본다. 마지막으로 기업은 이러한 세계적 변화에 어떻게 대응할 것인가를 살펴본다.

1. 국내외 ESG 최근 동향

최근 ESG와 관련해서 여러 가지 측면에서 매우 급격한 변화가 이루어졌다. 이들 각각에 대하여 살펴보자.

1) 기업의 ESG를 향한 움직임

2019년 8월 19일, 미국을 대표하는 최고경영자 181명이 비즈니스 라운드 테이블BRT에서 주주의 단기적 이익만 추구하기보다 고객과 임직원 등 기업의 이해관계자 모두에게 가치를 제공하는 경영을 하겠다고 선언하였다. 그 이후 기후환경 분야에서 기업의 ESG를 향한 행동은 더욱 강해져서, 아마존Amazon은 2040년까지 탄소중립을 선언하였다. 이는 파리기후변화협약에서 제시한 기한인 2050년보다 10년을 앞당긴 것이다. 마이크로소프트는 이에 한술 더 떠서, 2050년까지 창립 이후 배출한 탄소를 모두 상쇄하겠다는 'carbon negative'를 선언하였다. BPBritish Petroleum는 자본투자의 3분의 1을 저탄소 사업에 투자하겠다고 선언하였다.

단순히 선언뿐 아니라 실세적인 기업의 행태도 변하고 있다. 국제재생에너지기구IRENA; International Renewable Energy Agency에 따르면 실질적으로 2020년에 재생에너지에 대한 투자가 화석연료에 대한 투자를 넘어설 것이라 한다. 또한 ESG를 별도의 보고서로 보고하는 기업의 수도 계속 증가하고 있다. 전 세계 49개국의 100대 기업 중 ESG를 보고하는 기업 수는 1993년 12%에서 2017년에는 75%로 증가하였다. 미국의 경우에도 S&P 500 기업 중 ESG를 보고하는 기업 수가 2011년 20%에서 2019년에는 90%로 증가하였다.

2) 투자 · 금융기관의 ESG를 향한 움직임

이러한 변화는 기업에서뿐 아니라 투자 · 금융기관에서도 관찰되고 있다. 세계 최대 자산운용사인 미국 블랙록은 2020년 1월 ESG 중심의 자산운용 기준을 선언하면서, 모든 투자과정에 ESG를 고려할 것이며, 화석연료 관련 매출이 전체 매출의 25%를 초과하는 기업들은 투자대상에서 제외할 것을 선언하였다. 이에 많은 금융기관들이 동조하였다. 예를 들면, 영국의 냇웨스트그룹NatWest Group(예전의 스코틀랜드왕립은행Royal Bank of Scotland)은 환경에 부정적 영향을 미치는 투자를 2030년까지 50% 감소시키겠다고 약속하였다.

금융기관의 경우도 단순히 선언만 하는 것이 아니라 실제적으로 투자의 행태를 바꾸고 있다. 2020년 7월 언스트앤영Ernst & Young의

자료에 의하면, 설문에 응답한 투자자 중 98%가 기업의 비재무 성과를 투자결정에 참고한다고 답변하였다. 또한 72%가 ESG 관련 정형화된 방법론을 사용한다고 대답하였다. 2018년 설문에서는 겨우 32%의 투자자만이 정형화된 방법론을 사용한다고 답했던 것에 비한다면 큰 비약이라고 할 것이다.

투자에만 ESG를 고려하는 것이 아니라 기업의 의사결정에 참여하거나 주주총회 투표에 참가함으로써 기업의 ESG 관련 활동에 적극적으로 영향을 미치는 움직임investment stewardship도 강화되고 있다. 블랙록은 2020년 상반기에 환경보호에 적절히 대응하지 못한 244개 기업 명단을 발표하였으며 이 중 엑슨모빌, 다임러 등 53개 회사에 대해서는 주주총회에서 투표권을 행사하였다. 블랙록은 2020년 초 우리나라의 포스코와 LG화학 등 국내 온실가스 배출량 상위권에 속하는 상장사들에게 TCFDTask Force on Climate-related Financial Disclosures 권고안 기준에 맞춰 작성한 기후 관련 리스크를 공시하라는 내용의 서한을 보내기도 했다.

3) ESG 펀드의 움직임

ESG를 잘 수행하는 기업에 투자하는 ESG 펀드에 대한 현금유입액은 급속도로 증가하고 있다. 미국의 경우 ESG 펀드에 대한 투자금액은 2019년에만 206억 달러가 증가하였다. 이는 2018년 증가액인 55억 달러의 4배에 이르는 금액이다. 이러한 경향은 2020년에 더욱 강해져서 전 세계적으로 2020년 2사분기 3개월간의 유입액은 711억 달러로, ESG 펀드의 자산 총액이 드디어 1조 달러를 넘게 되었다. 영국의 경우 2020년 2사분기 ESG equity 펀드에 유입된 금액은 그 전 5년간 유입된 총금액보다 많았다.

4) 기업과 투자·금융기관에 대한 강제적 움직임

이상의 움직임은 기업이나 투자·금융기관의 자발적인 움직임이었다. 그런데 이 정도로는 부족하다고 생각하여 기업의 ESG 활동이나 ESG 기업에 대한 투자를 강제화하려는 움직임도 있다. 영국에서는 2019년 6월에 2050년까지 탄소배출량을 1990년 수준에 비하여 100% 감축하는 법을 제정하였으며, 2020년에는 대기업이 원재료 공급에 있어서 불법적인 환경훼손과 관련이 없다는 것을 증명해야 하는 법을 제안하였다. 펄프, 목재, 고무, 팜유와 같은 원재료의 불법채굴로 인한 환경훼손을 근절하는 것이 그 목적이다.

기업이 발행하는 사채 약관debt covenant에 ESG 관련 조항을 삽입하자는 움직임도 있다. 2019년 이탈리아 기업인 에넬Enel은 55%의 설비를 2021년까지 교체하지 못하면 사채 이자율이 25% 상승하는 조항을 약관에 추가하였다. Finance Watch Advocacy Body라는 기관은 금융기관이 화석연료에 투자하지 못하도록 금융기관의 자본적정성 비율의 위험가중치를 수정하자고 제안하였다. 즉, 새로운 화석연료 유전 투자에 대해서는 위험가중치를 크게 높여 금융기관의 화석연료 투자를 원천적으로 불가능하게 하자는 것이다.

5) 기업의 ESG 활동 평가에 대한 움직임

SustainAbility(2019)의 보고서에 의하면, 2018년 말 현재 ESG를 평가하는 기관이 전 세계에 600개 이상 있다고 한다. 이는 2010년과 비교하면 10배 이상 증가한 것이다. 또한 이 보고서에 포함된 평가기관들은 비교적 크고 알려진 곳들로, 작은 평가기관까지 포함한다면 훨씬 더 많은 평가기관이 존재한다. 이 세상의 기업 중 ESG 활동이 평가되지 않는 기업은 더 이상 없다고 보아도 될 것이다.

6) ESG 평가기준 및 보고기준에 대한 움직임

그런데 평가기관에 따라 ESG 평가결과가 너무나 다르다. Berg와 동료들(2019)은 가장 권위 있는 6개 ESG 평가기관의 평가결과를 비교하였는데, 이들의 상관관계correlation는 0.54에 불과한 것을 발견하였다. 반면에 무디스Moody's와 같은 신용평가기관의 전통적 재무자료에 기반한 신용평가 결과의 상관관계는 0.99이었다. ESG 평가수치가 평가기관마다 상이한 가장 큰 이유는 일반적으로 인정된 ESG의 측정기준과 보고기준이 없기 때문이다.

다행히도, ESG 측정 및 보고에 관한 통일된 기준을 제정하려는 움직임이 강하게 일고 있다. 먼저 세계경제포럼WEF; World Economic

Forum의 국제비즈니스위원회International Business Council는 ESG 관련 통합된 보고체계를 2020년 9월 발표하였다. 또한 전 세계적으로 가장 공신력 있는 5개의 ESG 관련 기준 제정기구(SASB, CDP, CDSB, GRI, IIRC)들이 함께 작업을 하여 포괄적인 기업보고 기준을 제정하도록 노력한다는 성명서를 발표하였다. 마지막으로 국제회계기준IFRS을 제정하는 국제회계기준위원회International Accounting Standards Board와 함께 지속가능보고기준위원회Sustainability Standards Board를 설치하고 이곳에서 전 세계가 공유할 수 있는 지속가능보고 기준을 제정하자는 제안이 2020년 10월에 발표되었다. 아직은 많은 부분이 정리되어 있지 않지만, 통일된 ESG 측정・보고기준을 향한 움직임은 시작되었다.

2. ESG의 의미와 ESG의 중요성

앞에서 살펴본 바와 같이 ESG에 대한 세계적 관심은 폭발적으로 증가하고 있다. 그렇다면 왜 ESG에 대하여 이렇게 큰 관심을 가지는 것일까?

1) 주주 자본주의와 이해관계자 자본주의

전통적인 관점에 따르면, 주식회사 형태를 띤 기업의 주인은 자본투자를 한 주주shareholder이므로 경영자는 주주가 맡긴 자본에 대한 회계책임을 갖는다. 이에 대하여 저명한 경제학자인 밀턴 프리드먼Milton Friedman은 《자본주의와 자유》(1962)에서 다음과 같이 말했다.

"기업은 단 한 가지의 사회적 책임만 가지고 있다. 기업이 가지고 있는 자원을 이용하여 이익을 증가시키기 위한 활동을 하는 것이며 그것은 속임수나 사기가 없이 공개적인 자유경쟁을 통해 경기의 규칙 내에서 이루어져야 한다."

이러한 이익창출을 통하여 주주의 부를 극대화하는 논리는 주주 이외의 이해관계자들의 복리를 희생하여 주주의 부만을 극대화하는 등 주주 자본주의shareholder capitalism의 문제점이 노정되기 시작하였다. 〈그림 4-1〉은 이와 같은 주주 자본주의의 폐해를 풍자한 만평이다. 근본적인 변화 없이 주주의 이익만 추구한다면 환경과 사회가 파괴되어 인류는 다시 원시세계로 돌아갈 수밖에 없다는 것이다.

이러한 주주 자본주의에 반발하여 주주뿐만 아니라 기업의 다양한 이해관계자들의 가치도 고려해야 한다는 이해관계자 자본주의stakeholder capitalism가 등장하였다. 2001년 노벨 경제학상 수상자인 스티글리츠Joseph E. Stiglitz가 이를 주장한 대표적 학자이다.

이해관계자 자본주의의 관점에 따르면, 주주는 수많은 이해관계자들 중 하나일 뿐이므로 기업 경영에 있어서 주주의 가치만을 대변

〈그림 4-1〉 근본적인 변화가 없다면…

"맞아, 우리의 지구가 파괴되었단다. 그런데 우리가 주주들을 위해서 많은 가치를 창조했던 잠깐의 아름다운 순간을 위해서였단다."

자료: Value Balancing Alliance (2020).

할 것이 아니라 기업의 다양한 이해관계자들(예를 들어 임직원, 소비자, 정부, 그리고 공급자 등)의 가치를 포함한 다양한 측면을 고려하여야 한다. 따라서 기업의 보고서는 단기적 재무정보만을 포함하는 재무보고financial reporting에서 기업의 장기적 가치 창출을 포함하는 지속가능보고sustainability reporting로 변화되어야 한다는 것이다.

2) 지속가능성과 ESG

ESG는 환경Environmental, 사회Social, 지배구조Governance를 의미하는 것으로, 이해관계자의 가치를 창출하기 위한 세 가지 주제이다. 즉,

기업이 장기적으로 지속가능하기 위하여 중요한 세 가지 측면이 바로 환경에 대한 책임, 사회에 대한 책임, 그리고 건전한 지배구조라는 의미로, 다음과 같은 예제를 포함한다.

- E 에너지 효율, 탄소 배출, 온실가스 배출, 산림 보호, 생물다양성, 기후변화와 오염감소, 폐기물 관리, 수자원 활용 등
- S 근로기준, 임금과 복리후생, 작업장 환경, 인권, 양성평등, 지역공동체 관계, 작업장 안전, 공급망 관리, 인적자원 관리 등
- G 이사회의 구조와 구성, 지속가능전략에 대한 감독, 컴플라이언스, 임원 보상, 부정과 부패의 감독 등

지속가능성을 위한 회계그룹A4S; Accounting for Sustainability의 2016년 보고서에 따르면, 기업가치의 20%만이 금융자산이나 유형자산과 같은 경제적 자본에 의해 설명되고, 나머지 80%는 인적 자본, 인적 네트워크, 천연자원에 대한 접근성 등 사회적 자본과 환경 자본으로 설명된다. ESG를 무시한 경영은 기업가치의 대부분을 무시하는 것과 동일하다는 의미이다. 사회적 자본이나 환경 자본의 유지, 그리고 건전한 지배구조를 통해서 창출된 지속가능한 이익이 진정한 이익이라고 보는 것이다. ESG 성과를 반영한 보고서들이 대부분 '지속가능보고서'라는 이름을 사용하는 것도 비경제적 성과지표인 환경, 사회, 지배구조와 관련된 성과가 바로 이 지속가능성을 측정하는 것이기 때문이다.

따라서 기업은 ESG라는 세 가지 측면을 고려하여 경영하고, 이러한 세 가지 측면에 관련된 성과보고를 통하여 기업이 지난 기간에 각 측면에 대하여 얼마만큼의 가치를 증가시켰는지 평가한다면 주주와 비주주를 포함한 모든 이해관계자들의 삶을 더욱 풍요롭고 행복하게 만들 수 있다. 또한 이 세 가지 측면을 경영에 고려함으로써 기업은 더 많은 사업기회와 위기를 파악할 수 있어 장기적으로 지속 가능한 경영을 할 수 있다.

3) ESG 효과에 대한 과거의 연구

ESG의 효과를 연구한 많은 선행연구들이 ESG가 긍정적 효과를 가지고 있다고 보고함으로써 ESG를 경영에 반드시 고려해야 하는 당위성을 뒷받침한다. 먼저 기업이 자발적 공시를 통해서 ESG 활동과 관련한 정보를 제공하는 경우 기관 투자자의 장기투자를 유도하고 자본비용을 낮출 수 있으며(Dhaliwal et al., 2011), 증권 분석가들의 이익 예측에 대한 정확성을 현저히 증가시킨다(Dhaliwal et al., 2012)고 한다. 또한 ESG 활동의 성공적 실행이 시장에서의 상대적으로 높은 수익률로 이어진다고 한다(Dimson et al., 2015; Welch & Yoon, 2020). 이러한 연구결과는 ESG 활동과 이에 대한 보고활동이 자본시장의 긍정적 반응을 가져온다는 것을 의미한다.

또 다른 일련의 연구들은 기업의 ESG 활동이 기업 구성원의 만족도와 성과를 향상시킨다고 한다. 첸과 동료들(Chen et al., 2020)에

의하면 사회적 미션을 추구하는 조직의 경우 직원에 대한 보상수준이 시장 대비 상대적으로 낮은데, 이는 사원들이 금전적 보상의 가치뿐만 아니라 ESG 활동에 대한 사회적 가치에도 의의를 두기 때문이라고 한다. 또한 사회적 미션을 추구하는 기업의 경우 보상수준이 낮음에도 해당 기업에서 일하는 것을 선택한 직원들 사이의 사회적 가치 창출에 대한 공감대 형성이 강하고 따라서 직원들의 개인성과가 더 높을 뿐만 아니라 협업이 촉진된다고 한다. 또한 웰치와 윤(Welch & Yoon, 2020)에 의하면 ESG 평가지수가 높음과 동시에 ESG 활동 참여에 대한 직원만족도(직원의 ESG 가치공감도)가 우수한 기업의 경우 단순히 ESG 평가지수만 높은 기업과 비교하여 상대적으로 높은 수익률을 달성한다고 한다.

마지막으로 ESG를 잘하는 회사일수록 COVID-19나 금융위기와 같은 위기에 강하다는 연구결과도 있다. 글로우(Glow, 2020)에 의하면 COVID-19(2020. 1. 31. ~2020. 3. 31.) 기간 ESG 펀드가 비 ESG 펀드보다 더 높은 수익률을 달성했으며, 성과가 나쁜 펀드 가운데서도 비 ESG 펀드보다는 ESG 펀드의 수익률이 더 높았다고 한다. 린스와 동료들(Lins et al., 2017)도 국제금융위기가 발발한 2007년과 2008년도에 CSR 평가점수가 높은 기업의 경우 주가 수익률, 수익성, 매출액 증가율, 직원 1인당 매출액 등의 성과가 더 높았다고 보고하였다. 이러한 결과는 기업의 ESG 투자는 기업에 대한 신뢰성이 중요하게 평가받는 경제위기 시에 중요한 역할을 함으로써 기업의 생존가능성을 높여 준다는 것을 보여 준다.

3. ESG의 시사점과 기업의 선택

이상의 논의를 따르면 기업이 지향해야 할 방향은 분명하다. 〈그림 4-2〉에 이것이 요약되어 있다. 대부분의 기존 기업들은 〈그림 4-2〉 세로축에 표시된 주주에 대한 가치, 즉 재무적 지표financial metrics만을 고려하여 경영하였다. 이는 주주 자본주의를 반영한 것으로, 주주 이외의 이해관계자는 무시한 것이다. 이에 따라 2사분면과 같이 주주 이외의 이해관계자들의 이해를 희생하며 주주의 이익만을

〈그림 4-2〉 기업이 지향해야 할 방향

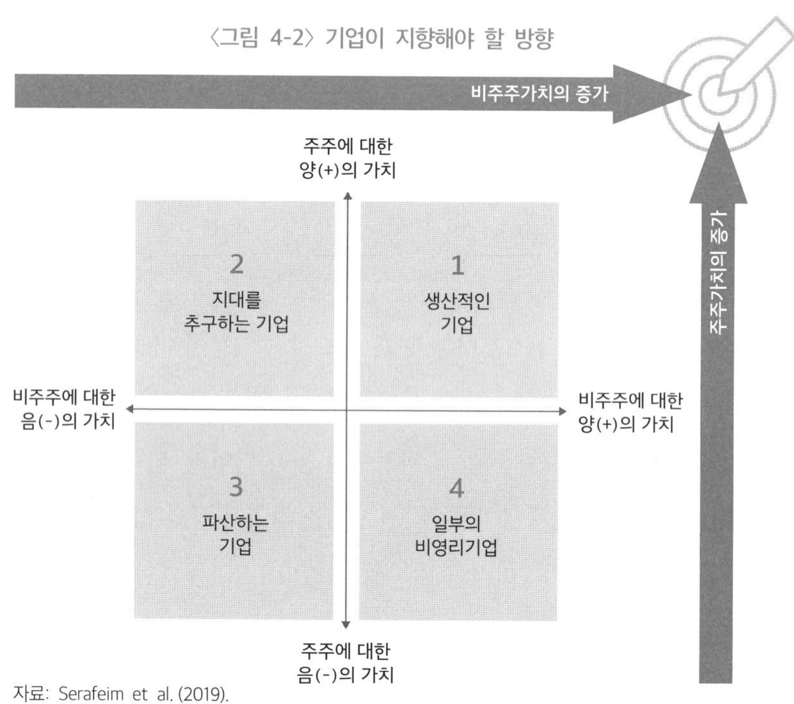

자료: Serafeim et al. (2019).

최우선시해 왔다. 만약 제약회사가 이익 극대화를 위하여 COVID-19 예방약의 가격을 매우 높게 책정한다면 이에 해당할 것이다.

참고로 3사분면은 주주에 대한 가치와 비주주에 대한 가치가 모두 음(-)으로 생존해서는 안 되는 기업이고, 4사분면은 주주에 대한 가치는 음(-)이지만 비주주에 대한 가치는 양(+)인 기업으로, 사회적기업이나 비영리기업이 이에 해당한다.

1) ESG가 시사하는 미래의 비즈니스 모델

따라서 영리를 추구하는 기업은 앞으로 주주뿐만 아니라 주주 이외의 모든 이해관계자의 가치를 위하여 경영해야 한다. 이를 위하여 가로축에 표시된 비주주에 대한 가치, 즉 비재무적 지표non-financial metrics를 재무적 지표와 함께 고려해야 한다. 〈그림 4-2〉의 1사분면에서 경영이 이루어지도록 해야 한다는 것이다.

또한 재무적 가치와 비재무적 가치의 합을 극대화하기 위하여 노력해야 한다. 이는 지속가능 성장sustainable growth이라고 표현할 수 있다. 비재무적 가치의 추구를 통하여 기회와 위기를 파악하고 이에 근거하여 재무적 가치와 기업의 성장을 추구하는 것을 말한다. 이러한 측면에서 다음과 같은 유니레버Unilever의 비전은 많은 시사점을 준다. "우리의 비전은 — 사회와 지구를 섬기면서 성장을 가져오는 — 새로운 방법으로 사업을 하는 것이다."

2) 재무적 가치, 사회적 가치, 환경적 가치에 대한 기업의 선택

그런데 이러한 지속가능한 성장이 가능하려면 기업은 많은 선택을 해야 한다. 기업이 가진 자원은 무한하지 않으며 기업마다 환경과 사정이 상이하기 때문이다.

먼저 기업은 재무적 가치와 비재무적 가치 중 어느 것에 더 많은 비중을 둘지를 선택해야 한다. 또한 비재무적 가치는 사회적 가치와 환경적 가치로 구분되는데, 이 중에서 어느 것에 더 많은 비중을 둘 것인지를 또한 선택해야 한다. 한 걸음 더 나가서 사회적 가치와 환경적 가치에는 수많은 요소가 있다. 앞서 설명한 바와 같이 환경에는 에너지 효율, 탄소배출, 온실가스 배출, 산림보호, 생물다양성, 폐기물 관리와 수자원 활용 등의 고려대상이 있고, 사회에는 근로기준, 임금과 복리후생, 작업장 환경, 인권, 양성평등, 지역공동체 관계, 작업장 안전, 공급망 관리 등의 고려대상이 있다. 기업은 이 중 어느 것에 더 많은 비중을 둘 것인가에 대해 선택을 해야만 한다.

전기차로 유명한 테슬라 같은 경우 평가기관에 따라 평가결과가 매우 다르다고 한다. 예를 들어, MSCI ESG Index를 따르면 상위 10% 기업에 포함되는데, Just Capital Index를 따르면 하위 10%에 포함된다고 한다. 테슬라는 종업원의 권리와 같은 사회적 가치보다는 환경적 가치에 더 많은 중점을 두는 선택을 하였기 때문이다.

3) 사고의 대전환: ESG 중심의 사고로 체계 변화

지속가능한 성장을 위하여 두 번째 필요한 것은 기업의 가치와 목적에 대한 사고의 대전환이다. 이는 재무적 이익 중심의 배타적 가치 대신 사회와 환경 등 ESG를 포함한 포괄적 가치 중심으로 사고를 바꾸는 것이다. 이는 기업의 개념을 과거의 이익창출센터profit center에서 가치창출센터value center로 변화시키는 것을 의미한다. 보다 구체적으로 〈그림 4-3〉에서 보듯이, 사고의 영역과 방향이 역전되는 것을 의미한다.

먼저, 이제까지의 기업경영은 투입물input과 산출물output만을 고려하였는데, 이 외에도 결과outcome와 충격impact까지도 고려해야 한다는 것이다. 제약회사의 예를 들어 보면, 과거에는 투입된 자원의 원가 같은 투입물과 생산된 약의 수량 같은 유·무형자산의 산출물만을 고려하였다. 그러나 ESG 경영에서는 생산된 약을 투여받아 치료된 환자의 숫자(결과)와 이를 통한 건강한 사회의 구현(충격)을 고려해야 한다는 것이다. 이와 더불어 사고의 방향이 '투입물 → 결과와 충격'에서 '결과와 충격 → 투입물'이라는 역의 방향으로 전환되어야 한다. 즉, 기업이 성취하고자 하는 결과와 충격 그리고 이들에 대한 가치를 결정한 후에 이를 이룰 수 있는 산출물과 투입물을

〈그림 4-3〉 결과와 충격 중심의 사고로의 전환

결정해야 한다.

이러한 사고체계의 전환은 기업의 어느 일부분이 변화하거나, 특정 하위체계가 변화하는 부분적인 변화가 되어서는 안 된다. 기업의 체계 자체가 변화하고 기업 전체의 사고의 틀이 변화해야 한다. 그렇지 않다면 결코 가치창출센터로의 전환은 불가능할 것이다.

4) ESG라는 생태계의 가치사슬에 없어서는 안 되는 가치를 창조하는 기업

많은 기업들은 ESG를 베푸는 것 또는 나누는 것이라고 착각한다. 자신이 좋은 기업 또는 존경받는 기업이 되기 위하여 ESG를 사용하는 것이라고 생각한다. 그러나 ESG라는 것은 새로운 생태계이다. 적자생존survival of the fittest이라는 표현이 의미하듯, 자연 생태계에서는 가장 잘 적응(진화) 한 생물만이 살아남는다. 자연계와 마찬가지로 기업은 서로 가치를 주고받으며 살아간다. 이때 기업이 ESG라는 생태계에서 다른 기업이나 사회가 필요로 하는 가치를 제공하지 못한다면 살아남을 수 없다. 따라서 지속가능 성장을 위해서 필요한 마지막은 ESG라는 생태계의 가치사슬에 없어서 안 되는 가치를 제공하는 것이다. 이를 통하여 ESG라는 생태계에 없어서 안 되는 기업이 되어야 한다는 것이다. 이를 위해서 기업은 ESG의 위기와 기회에 대하여 많은 분석을 필요로 하며, 핵심 지속가능 항목key sustainable matter이라고 불릴 수 있는 기회를 발굴하고 선택해야 한다.

4. ESG 경영의 선행조건

이상에서 ESG의 국내외 최근 동향과 이에 대응하기 위하여 필요한 기업의 변화에 대하여 기술하였다. 과거에는 공정, 투명, 윤리의 가치 실천이 경영의 초점이었다면, 미래에는 ESG 관점에서의 경영 방식 추구가 필요하며, ESG에 대한 준비 없이 기업이 생존할 수 없을 것이라는 점을 강조하였다. 또한 그런 의미에서 미래 경영의 뉴노멀은 ESG 경영이라는 점을 전달하고자 했다. 그런데 ESG 경영이 실질적으로 기업 내부에서 이루어지기 위해서는 두 가지가 선행되어야 한다. 마지막으로 이 두 가지 선행조건에 대해 논의하고자 한다.

첫째는 이사회의 역할이다. 전사적으로 사고의 체계가 ESG 중심으로 전환되는 ESG 경영을 위해서는 이사회의 역할이 가장 핵심적이라 할 수 있다. 기업의 상부에서 변화가 일어나고 변하지 않으면 기업은 변화할 수 없기 때문이다. 그런데 아이러니하게도, 이사회 구성원의 56%가 ESG에 너무 많은 시간을 쓴다고 생각한다고 한다(PwC 설문, 2019). 이사회가 변하지 않는, 다시 말해서 ESG를 중요하게 생각하지 않는 가장 큰 이유는 법적 의무가 없기 때문이라 생각하여 이사회가 의무적으로 ESG를 실행하도록 법을 개정하자는 움직임이 있다(Eccles, 2020). 그러나 법이 제정된 후에 ESG 경영을 한다면 너무 늦을 것이며 기업은 ESG라는 새로운 생태계에서 이미 도태된 후일 것이다.

둘째는 ESG의 측정과 성과평가이다. ESG를 어떻게 측정하고 성과평가에 반영할 것인가는 이상에서 논의한 어떤 것보나도 중요하다. ESG 활동과 효과가 측정될 수 있어야만 올바른 ESG 관련 의사결정을 할 수 있으며, ESG의 중요성을 올바르게 평가할 수 있기 때문이다. 또한 CEO와 이사회가 아무리 ESG를 강조한다고 하여도, ESG 활동에 대한 측정이 없고 성과평가와 연계되어 있지 않으면 기업과 기업의 구성원은 절대로 변화하지 않을 것이고, 전사적인 대전환은 일어나지 않을 것이기 때문이다. 이런 이유에서 머빈 킹Mervyn King 교수는 그의 저서 *The Chief Value Officer*(King & Atkins, 2016)에서 "회계사가 세상을 구원할 수 있다Accountants can save the planet"고 기술하였다.

측정과 성과평가는 매우 어려운 작업이지만 이에 대한 노력이 이루어지고 있다는 점은 매우 고무적이다. 하버드대를 중심으로 충격가중회계Impact-weighted accounting라는 것을 연구하고 있고(Serafeim et al., 2019; Freiberg et al., 2020), EU 지역에서는 VBAValue Balancing Alliance라는 기구가 조직되어 글로벌 충격 측정 기준global impact measurement standards을 만들고자 하는 시도가 이루어지고 있다.

한국의 기업들 중에서는 SK와 포스코가 선도적으로 ESG를 측정하고 평가하려는 시도를 하고 있다. SK는 DBLDouble Bottom Line 경영을 추구하면서 비즈니스 모델을 발굴하기 위해 사회적 가치를 측정한다고 공표하였고, 포스코는 경제적 가치와 사회적 가치를 아우르는 기업시민이라는 개념을 경영이념으로 선포하면서 기업시민 실천을 통해 창출되는 가치를 측정하려고 노력 중이다. 기업들의 이런 움직임은 변화하는 동향에 발 빠르게 대응한다는 점에서 주목할 만하다. SK나 포스코와 같은 한국의 대기업이 선도적으로 앞장선다면 자연스럽게 다른 기업들도 이에 동참할 것으로 기대된다. 그리고 이런 움직임들이 모이면 결국 ESG라는 새로운 생태계에 기업들이 적응할 수 있는 역량 자양분이 될 것이다.

ESG의 측정과 성과평가는 이사회가 정한 기업의 목표와 일관되어야 하며, 측정과 성과평가 방법은 공평하고 객관적이며 합의된 것이어야 한다. 이에는 많은 시간이 소요될 것이다. 내일 당장 ESG 활동과 효과가 측정되지는 않을 것이며, 기업도 내일 당장 변화되지 않을 것이다. 그러나 ESG를 향한 세계의 변화를 무시한다면, 지금부터 적극적으로 대응하고 이에 따라 변화하지 못한다면, ESG라는 새로운 생태계 안에서의 생존은 불가능할 것이다.

5

기업시민 실행의 제도적 기반

박경서

최근 국내 기업에서도 기업시민, 사회적 가치와 같은 기업의 역할과 책임에 대한 내용이 화두로 대두하고 있다. 이는 1960년대 이해관계자 자본주의stakeholder capitalism로 분류되는 유럽 국가의 기업들에서 시작된 개념이다. 그 핵심은 지역사회나 환경을 포함하여 주주 이외의 이해관계자에 대한 배려를 경영이념의 일부로 받아들이는 것이다. 반면에 주주 자본주의shareholder capitalism를 표방하는 영미권 국가

박경서

미국 노스웨스턴대에서 박사학위를 받았으며, 현재 고려대 경영대학 교수로 재직 중이다. 한국이사협회장직을 맡고 있으며, 한국재무학회장, 한국기업지배구조연구원 원장 등을 역임하였다. 재무경제학과 기업지배구조가 주요 연구분야이다. 주요 저서로는 《금융기관론》(공저, 2019), 《한국기업의 지배구조: 현재와 미래》(공저, 2001) 등이 있다.

에서는 주주 이익의 극대화가 기업의 경영 목적이며 여타의 이해관계자는 사적 계약이나 법 등에서 보장된 권리만을 보상받을 뿐이라고 주장해 왔다(Liang & Renneboog, 2017).

기업 입장에서 사회에서 요구하는 이러한 책임 이행이 어려운 가장 근본적인 이유는, 이러한 활동이 사회를 위한 공공재 성격을 갖기 때문이다. 기업시민활동에 수반되는 비용은 회사가 부담하는 반면 그 혜택은 사회와 공유된다. 경제이론에 따르면 공공재의 공급은 사회가 원하는 수준에 비해 항상 부족할 수밖에 없다. 따라서 기업시민활동이 단순히 사회운동가의 구호로 한정되거나 일부 경영자만의 개인적 선호라면 지속성을 가질 수 없는 개념이기도 하다. 여타 공공재와 마찬가지로 시장이나 고객, 정부 등 규제기관의 외부규율이 작동하는 경우 기업시민의 필요성을 받아들이게 된다.

1. 주식회사의 외부효과와 기업의 책임

17세기 초 네덜란드 동인도회사Dutch East India Company를 시작으로 인류 경제사에 주식회사 제도가 도입되었다. 이후 주식회사는 법인격 부여를 통한 회사가치 보호corporate veil, 손실에 대한 주주의 유한책임limited liability, 이자비용에 대한 세제혜택tax shield, 파산옵션bankruptcy option 등의 특혜를 누려 왔다. 전 세계 국가가 공통적으로 이러한 혜택을 기업에 제공해 온 것은 주식회사야말로 재화와 서비스 생산의 핵심 주체로서 역사상 가장 효율적인 조직으로 이해되었기 때문이다. 또한 절대 다수의 근로자들에게 고용과 소득을 제공하는 것도 주식회사이다.

그러나 기업은 생산활동을 수행하는 과정에서 근로자, 고객, 지역사회, 환경 등 다양한 이해관계자에게 부정적 영향을 미치는 외부효과를 유발한다. 여기서 외부효과란 사회적 비용을 회사가 부담하지 않는 현상을 의미한다. 과거 회사의 노동착취나 독과점 행태, 환경파괴적 경영행위를 눈감아 준 것은 기업이 제공하는 긍정적 혜택이 이러한 사회적 비용보다 컸기 때문일 것이다. 하지만 경제수준과 시민의식의 발달로 인권, 공정, 환경 등 가치의 중요성이 대두되면서 기업활동의 외부효과에 대한 비판적 시각이 지속적으로 확대되어 왔다.

기업이 유발하는 사회적 비용 문제를 해결하는 방법은 다양하다. 가장 쉬운 방법은 국가가 법 규정을 통해 이를 통제하는 것이다. 환경규제가 대표적 예이다. 하지만 정보에 한계가 있는 국가가 특정 수준의 규제를 강제하는 것은 심각한 부작용을 유발할 수 있다.

다른 방법은 시장적 접근이다. 미시경제학의 대가인 코스(Coase, 1937)는 재산권의 명확한 배정에 의해 이러한 외부효과 문제를 해결할 수 있다고 주장하였다. 예를 들어 환경오염물질을 배출하여 지역사회에 피해가 발생할 경우 이로부터 피해를 본 지역주민들이 민사소송을 청구하여 충분한 보상을 받을 수 있는 사회적 시스템을 갖추는 것이다. 하지만 현실적으로 기업의 외부자가 가진 정보상의 제약, 법적 분쟁의 장기화와 비용 부담, 승소 가능성의 불확실성 등으로 이러한 주장은 한계를 가진다. 무엇보다 소송행위 자체가 공공재라는 점에서 충분히 제기되지 않는다.

결국 기업활동의 부정적 외부효과를 통제할 수 있는 주된 대안은 이른바 연성규제(입법절차는 거치지 않았지만 사실상 구속력을 갖는 규제)의 성격을 갖게 된다. 1960년대 인권, 소비자 권리, 반전, 환경보호 등의 이슈에 대한 사회적 각성운동이 확산되면서 유엔은 기업의 사회적 책임에 관한 권고안을 제시한다. 여기서 한발 더 나아가 유엔 PRIPrinciples of Responsible Investment는 자본시장의 주된 자본공급자인 연기금과 자산운용사들에 대해 투자대상 주식의 선정에 있어 기업의 사회책임 이행 정도를 고려하는 사회책임투자SRI; Socially Responsible Investment 정책을 권고하고 있다. 기업은 시장에서 자금을 조달할 수밖에 없고 그 가용성과 자본비용은 기업의 경쟁력에 중요한 영향을 미친다는 점에서 이는 매우 실질적인 압력수단이 되었다.

1971년 Pax World Fund, 1972년 Dreyfus Third Century Fund 등의 자산운용사들이 사회책임 이슈를 주제로 펀드를 구성한 이래, 2018년 말 현재 전 세계 연기금과 펀드 자산의 약 35%가 ESG와 같은 기업의 사회적 책임을 주제로 운용된다. 국가별로는 이해관계자 자본주의를 표방하는 유럽대륙 국가들의 펀드가 50% 내외로 가장 높은 비중을 보인다. 반면에 주주 자본주의 국가나 아시아 국가의 펀드는 상대적으로 낮은 비중을 나타낸다.

사회책임투자 전략은 투자대상 기업의 환경문제나 불공정거래 문

〈표 5-1〉 국가별 사회책임투자(SRI) 펀드의 비중

	2014	2016	2018
유럽	58.8%	52.6%	48.8%
캐나다	31.3%	37.8%	50.6%
미국	17.9%	21.6%	25.7%
오스트레일리아/뉴질랜드	16.6%	50.6%	63.2%
일본	-	3.4%	18.3%

주: 각 수치는 지역별 총운용 자산 중 사회책임투자 자산의 비중.
자료: Global Sustainable Investment Alliance (2018).

제 등으로 인한 기업가치 훼손 가능성에 사전적으로 대응하는 리스크관리 전략의 일환이기도 하다. 이들 펀드가 가장 많이 사용하는 투자전략은 투자대상 기업이 사회에 부정적인 제품이나 서비스를 제공하는가를 고려하여 포트폴리오에서 제외하는 방식이다. 예를 들어, 총기나 담배 제조회사 주식은 아예 투자대상에서 제외된다. 하지만 이러한 전략은 투자대상 주식의 범위가 좁아져 수익률이 감소한다는 한계가 있다. 사회책임투자 펀드에 돈을 맡긴 투자자나 이를 운용하는 펀드매니저의 입장에서 가장 중요한 관심사는 펀드의 수익률이라는 점에서 이는 중요한 이슈이다. 사회책임투자 펀드의 수익률에 대한 국내외 연구들은 이에 대해 대체적으로 중립적인 의견을 내고 있다(Benson et al., 2006; 박영규, 2013; Jackson, 2013; 이호 등, 2014; Statman & Glushkov, 2013).

기업시민, 사회적 가치와 관련된 기업의 활동에 주식시장이 어떻게 반응하는가도 기업의 의사결정에 영향을 미친다. 주식시장은 기업의 이러한 활동 소식에 통계적으로 유의하게 반응하는 것으로 나

타난다(Kruger, 2015). 특히 나쁜 뉴스에 대한 부정적 주가반응이 매우 강하며, 과거에 부정적 문제를 가진 기업도 이러한 책임 있는 활동을 할 경우 보다 긍정적인 주가반응을 유도하는 것으로 보고되었다. 경영자들이 참고할 만한 연구결과이다.

2. 기업시민의 계약적 성격

기업이 보다 다양한 이해관계자의 이익을 도모할 경우 이들 간 계약의 성격은 보다 암묵적 계약implicit contract의 성격을 갖게 될 것이다. 과거에는 기업이 여타 이해관계자의 기회비용opportunity cost을 최소한으로 충족시키는 명시적 계약explicit contract의 성격이 강했다. 임금이나 근로조건 등은 노동시장에서 형성된 경쟁적 수준이 그 기준을 제공한다. 환경의 경우는 정부가 제시한 최소기준을 지키면 되었다. 하지만 최근 기업에게 사회적 역할 이행은 더 이상 최소수준의 충족이 아니며 기업이 기여할 수 있는 정도에 제한이 없다. 다양한 대안 중 최선안을 선택하는 과정으로 기업활동을 해석할 경우, 여타 이해관계자의 이해가 과거에는 제약조건이었으나 이제는 목적함수가 된 것이다.

암묵적 계약은 환경변화에 유연하게 대응할 수 있다는 장점이 있는 동시에 계약의 모호성으로 인해 일방에 의한 무리한 요구가 비효율성을 낳는 단점이 있다. 불명확한 계약을 악용하는 도덕적 해이

moral hazard가 좋은 예일 것이다. 이러한 점에서 암묵적 계약은 무엇보다도 양자 간 신뢰에 크게 의존한다. 사회구성원들이 자기 이익만을 요구하지 않고 서로 적당한 선에서 합의할 때 더 큰 성과를 낼 수 있다(Fukuyama, 1995, 2001).

3. 기업시민의 대리인 문제

국제적인 기구와 자본시장의 주요 투자자들이 기업의 사회적 역할을 강조하는 상황에서 기업의 고민은 그 의사결정구조와 관련 있다. 지난 수세기 동안 경제성장의 주도적 역할을 해온 기업은 다양한 이해관계자 간 계약의 집합체로 이해된다(Berle & Means, 1932). 회사의 영문표현인 company는 여러 명이 같이 사업을 하는 형태를 의미하기도 한다. 이때 누군가 이들 간 계약을 주도할 존재가 필요한데, 회사 수익의 변동성을 감당할 주주가 계약의 주관자로서 통제권control right을 갖는 전통이 확립된다. 즉, 주주가 다양한 이해관계자 간 위계hierarchy의 최상점에 위치하면서 회사의 활동을 감시하는 것이 가장 효율적이라는 것이다(Coase, 1937; Alchian & Demsets, 1972; Williamson, 1985). 다만 현대의 대규모 기업에는 다수의 주주가 존재하므로 이를 대리하는 경영자와 이사회가 주된 의사결정자의 역할을 수행한다.

경영자가 기업시민으로서 사회적 역할을 이행할 경우 다음과 같은 두 가지 상황이 발생한다.

첫째, 여러 주인을 모셔야 하는 경우에 발생하는 이해충돌의 문제이다. 즉, 과거에는 주주가치만 극대화하면 되었는데 지금은 여러 이해관계자의 경제적 이익을 모두 챙겨야 하는 상황이 되었다. 근본적으로 주식회사 제도에 있어 이사의 선관의무는 회사 또는 주주에 대해서만 적용된다. 즉, 기업의 부실화로 인한 파산상태가 아닌 한 주주가치 극대화는 회사가치 극대화와 동일하므로 이사는 회사와 주주에 대해서만 책임을 진다는 주장이다. 만약 이사 등이 주주 이외의 가치를 도모할 경우 이는 심지어 배임breach of duty으로 해석되고 법적 책임의 문제가 제기될 수도 있다.

이러한 상황에서 경영자와 이사회는 기업시민으로서 사회적 역할 수행의 방법과 적정 수준에 대해 고민을 하게 된다. 영리 목적의 기업이 다양한 목적을 추구할 경우 경영자의 판단은 일관성이 약화되고 경영행위의 정당성에 대해 지속적 논란이 제기될 수 있다. 특히 지배권이 약한 전문경영자의 경우 다수 주주의 지지에 의존할 수밖에 없어 경영권은 더욱 흔들릴 수 있다. 주주를 대신하여 경영감시 기능을 수행하는 이사회의 역할도 복잡해진다. 사회적 가치 창출이라는 다소 모호하고 측정이 어려운 성과를 추구할 경우 경영자의 재량권이 증가하는 가운데 이사회의 경영규율 기능이 약화될 가능성도 있다.

둘째, 기업시민활동의 대리인 문제agency problem이다. 만약 주주가 사회적 역할수행과 관련된 의사결정을 주도한다면 그 과실과 책임도 모두 주주의 몫이다. 하지만 다수의 주주를 대신하여 경영자가 사회적 역할을 주도할 경우 사적 이익을 추구할 수 있다. 예를 들면, 자신이 선한 사람이라는 인상을 주기 위하여 경영자가 주주 또는 회사의 돈으로 선심을 베풀 수 있다. 기업지배구조 선진국의 경우 이사회가 감시기구로서 작동하기 때문에 경영자의 대리인 문제가 어느 정도 통제되며, 이에 따라 사회적 역할수행도 기업과 사회에 모두 호혜적인 방향으로 진행된다는 특징을 갖는다. 하지만 기업지배구조가 낙후되어 있을 경우 사회적 역할수행의 범위와 규모 등을 결정하는 경영자가 자신의 이해관계에 따라 이를 정할 수 있다.

측정 가능한 범위 내에서 기업시민으로서 사회적 역할수행이 기업가치에 어떠한 영향을 미칠 수 있는가에 대해서는 국내외 학술적 연구결과를 참고할 수 있을 것이다. 선진국 기업들을 대상으로 한 관련 연구에서는 기업의 사회적 역할수행이 기업가치와 성과에 도움이 된다고 보고한다(Dowell, Hart, & Yeung, 2000; Renneboog, Horst, & Zhang, 2008; Deng, Kang, & Low, 2013; Ferrell, Liang, & Renneboog, 2016). 반면에 한국을 포함하여 기업지배구조가 다소 열등한 것으로 평가되는 국가의 경우 기업의 사회적 책임활동이 주주가치보다는 경영자의 사적 이해와 연결되어 있다는 주장이 제기된다(Ferrell, Liang, & Renneboog, 2016; 박경서 등, 2010; Byun, Lee, & Park, 2015, 2018). 따라서 국내 기업이 진정성과 지속성을 가진 사회적 책임 활동을 수행하기 위해서는 이를 뒷받침할 수 있는 제도적 보완이 필요하다.

4. 진정성 있는 기업시민을 위한 제도적 기반

기업에게 사회적 역할수행을 유도하는 방안 중 하나로서 경영에 참여하는 주주에 대해 보다 많은 사회적 책임을 부여할 수 있다. 미국의 경우 지배주주에 대해 투자금 이상의 손실을 부담하는 판례들이 존재하고, 이를 회사의 법인격을 부인piercing-corporate-veil하는 제도로 설명한다. 국내에서도 기업의 손실로 파산 가능성이 있을 때 지배주주가 유상증자에 참여함으로써 손실에 대한 초과적 책임을 부담하는 사례는 자주 관찰된다. 민사소송에 있어 회사나 경영자에게 징벌적 벌금을 부과하는 제도도 이러한 성격을 갖는다.

또 다른 방법은 환경이나 소비자 문제 등으로 피해가 발생할 경우 소송절차를 원고에게 보다 유리하게 개선하는 것이다. 예를 들어, 민사소송에서 관련된 기업 내부정보를 원고가 접근할 수 있도록 명령하는 증거개시제도discovery나 과실 여부의 입증 책임을 피고인 경영진에게 전환하는 사법적 절차 등이 고려될 수 있다. 영미법 국가에서는 이러한 사법제도가 이미 정착되어 있으나 대륙법 전통을 가진 한국의 사법제도에서는 아직 익숙지 않은 제도들이다. 영미법 국가에는 기업의 여타 이해관계자를 잘 보호할 수 있는 법환경이 잘 정립되어 있다는 점에서 사회적 책임이행이 유럽보다 늦게 발달한 것으로 해석될 수도 있겠다.

또 다른 대안은 상법이나 기업법 등에 기업의 이해관계자 보호 의무를 명시하거나 기업의 의사결정 과정에 주주 이외의 이해관계자 또는 이의 대리인이 참여하는 것이다. 독일 등 다수의 대륙법 국가에서는 주주 이외에도 근로자의 경영참여가 허용된다. 학술적으로는 근로자도 장기적으로 주주와 유사하게 잔여적 청구권을 갖는다는 점에서 경영에 참여할 수 있다는 주장이다(Greenfield, 1997). 영미법 국가인 미국에서도 20세기 중반 이후 회사의 이해관계자 보호의무constituency statutes를 주법에 반영하는 주들이 나타났다. 이해관계자 보호를 주법에 도입한 미국 34개 주를 여타 주와 비교했을 때 기업의 특허건수가 6.4% 증가했다는 연구결과는 많은 시사점을 제공한다(Flammer & Kacperczyk, 2015). 또한 거버넌스 측면에서 기업 이사회 내에 ESG와 같은 비재무적 성과 관련 전문가가 참여하는 방안도 고려할 수 있다. 최근 국내 기업들 중에도 이사회 산하 전문위원회에 ESG 위원회를 둔 경우를 확인할 수 있다.

5. 국내 기업의 기업시민 참여

국내 기업의 기업시민활동은 아직 기업가치 및 경쟁력 제고와 전략적으로 밀접하게 연결되지는 못한 것으로 판단된다. 2018년 말 현재 지속가능보고서를 연차보고서와 별도로 비중 있게 작성하여 발간하는 기업은 전체 2,200여 개 상장사 중 80개 내외에 불과하다. 무엇보다도 한국에서는 기업시민활동에 대해 자본시장이 별다른 압력으로 작용하고 있지 않다. 국내의 경우 ESG 등 사회책임투자SRI 펀드를 가장 많이 운용하는 곳은 전 세계 4대 기금에 속하는 국민연금인데, 전체 주식운용 자산에서 사회책임투자 펀드의 비중은 7% 내외에 불과하다. 그 주된 이유는 그동안 해당 펀드의 수익률이 별로 좋지 않아서였다. 아직 투자자들의 요구가 크지 않은 상황에서 경영자가 독단적으로 ESG 관련 투자를 늘리기는 부담스런 상황이다.

기업과 사회 모두에 호혜적인 선택을 유도하기 위해서는 의사결정의 주체인 경영자와 이를 선임하는 주주 내지 잠재적 투자자의 경제적 유인이 부합될 필요가 있다. 기업시민 실천은 매우 장기적 성격의 투자라는 점에서 경영자의 인센티브 구조는 회사의 장기적 가치를 반영할 수 있도록 설정될 필요가 있다. 내부의 지배주주와 달리 외부 주주는 배당과 회사가치의 상승을 통해서만 투자수익을 확보하는 주체라는 점에서 단기적 주가수익률에 집착하는 경향이 있다. 따라서 기업이 주주의 지지를 얻기 위해서는 주식시장에서 형성되는 주가가 기업시민활동 수준을 적절히 반영하는지 여부가 중요한 요소이다. 경영자는 외부 주주의 동의를 얻기 위해 다양한 채널을 통해 그 필요성을 설명하고 활동의 투명성을 높일 필요가 있다.

이러한 점에서 기업시민활동의 범위와 중요한 의사결정 등은 주주 내지는 이를 대리하는 이사회에서 논의하는 것이 적절하다. 또한 회사는 정관이나 부칙 등에서 기업시민에 대한 적절한 이행을 뒷받침하는 조항을 도입할 필요가 있다. 물론 이러한 과정은 IR 등을 통해 투자자 및 주주의 의견을 반영하고 충분한 이해와 동의를 구할 필요도 있다.

거버넌스 관점에서는 기업시민 이행을 관장할 이사회 내 위원회 설치도 필요할 것이다. 가칭 '기업시민위원회 또는 ESG위원회'는 이사들로 구성하되 필요시 외부 전문가의 자문을 받을 수 있을 것이다. 이 위원회는 회사가 지향하는 기업의 사회책임 개념, 목적, 이행수단, 조직 등과 관련한 가이드라인의 도입 및 관리, 관련 예산의 설정, 일정 규모 이상의 투자를 요하는 개별 과제의 승인, 경영자 및 관련 부서를 포함, 기업시민 이행에 대한 전사적 평가 및 보상구조 결정 등의 역할을 수행할 수 있을 것이다. 사후적 조치로서 매년 발간되는 지속가능보고서 또는 기업시민보고서에서 회사의 기업시민활동과 관련된 조직, 비용예산, 효과, 향후 전략 등에 대해서 상세히 보고할 필요가 있다.

예를 들어, 사회적 가치를 강조하는 SK의 경우 2020년 '이해관계자 행복 추구'를 골자로 한 정관 변경을 통해 그동안 강조해 온 사회적 가치 창출 의지를 제도적으로 뒷받침하고 있다. 기업시민을 경영이념으로 선포한 포스코도 이사회 산하기구는 아니지만 CEO 자문기구로서 '기업시민위원회'를 2019년 신설하여 이해관계자를 고려한 공존·공생의 가치를 경영에 반영하기 위해 노력하고 있다.

6. 더 큰 기업가치를 지향하는 기업시민

한국의 경영환경은 성문법으로 구분되는 대륙법 체계와 이해관계자 자본주의를 중심으로 구성되어 있다. 다소 경직적인 성문법에 기초하여 기업의 부당한 경영행위를 판단하다 보니 주식회사 제도의 발달에 따른 구성원들, 특히 경영자의 대리인 문제를 적절히 규율하지 못한다는 비판이 제기된다. 무엇보다도 한국사회는 가족 중심 사회로, 타인에 대한 신뢰라는 사회적 자본social capital이 부족한 국가로 이해된다. 국내 상장기업의 95% 내외가 가족경영 형태이며, 이는 전 세계에서 가장 높은 수치라는 점은 주목할 만한 사실이다(박경서, 2010).

향후 국내 기업의 기업시민 이행에 있어 서로 이해가 다른 주체들이 전체를 위해 자기 몫을 양보하며 보다 많은 성과를 도출할 수 있는 방향으로 추진해 나가야 한다. 주로 재무상태가 좋은 기업이 기업시민활동에 적극적이라는 연구결과는 이의 지속성이 기업의 성과에 의존함을 시사한다. 어떤 경우든 기업의 최종 의사결정권자인 주주의 지지 없이는 어떠한 정책도 지속성을 가질 수 없을 것이다. 결국 기업의 기업시민 이행도 주주가치의 극대화라는 틀 안에서 더 큰 기업가치의 창출과 지속성장을 전제로 진행하는 것이 적절하다.

제 2 부

기업시민의 사회적 관계 맺기

Editor's Notes_송호근

6장 기업시민활동의 유형화 분석과 함의_배 영

7장 기업시민과 경쟁우위_김태영

8장 윤리의 역할과 기업시민_김인회

9장 기업시민과 전략 커뮤니케이션: 뉴 노멀 시대, 기업시민 정체성 구축을 위한 스토리텔링_신호창

Editor's Notes

기업시민의 사회적 관계 맺기

송호근

사회적 행위자, 기업시민

'기업시민'은 기업이라는 경제적 조직에 사회적 성격을 부여한 개념이다. '경제적 사회'이면서 '사회적 경제'의 주체로서 기업을 뜻한다. 경제와 사회가 분리되지 않았던 자본주의 초기 사회구성원의 생존터전이자 생활무대인 공동체를 상기시킨다. 마르크스의 예리한 관

송호근

미국 하버드대에서 박사학위를 받았으며, 현재 포스텍 인문사회학부 석좌교수로 재직 중이다. 서울대 석좌교수, 미국 스탠퍼드대 후버연구소 방문교수, 미국 샌디에이고대 '국제관계 및 태평양지역연구대학원' 초빙교수를 지냈으며, 〈중앙일보〉 칼럼니스트로 활동 중이다. 주요 저서로는 《국민의 탄생》(2020), 《혁신의 용광로》(2018), 《가 보지 않은 길》(2017), 《그들은 소리내 울지 않는다》(2013) 등이 있다.

찰처럼, 자본주의는 모든 것을 분해하고 분리했다. 사회에서 경제를 떼냈고, 노동에서 인간성을 떼냈다. 자본주의의 발전과정에서 공동체를 지탱하던 최대 덕목인 우애fraternity와 협력cooperation은 점차 소멸됐다. 많은 학자들이 그 덕목을 되살리는 방법을 강구했지만 이미 시장경쟁 속에 내던져진 기업과 경제활동 인구는 이윤극대화의 공간 속에 갇혔다. 이윤극대화를 향한 치열한 경쟁은 곧 자본주의의 부패decay of capitalism 현상을 촉발했고, 글로벌 기업들이 바로 그 전선에서 활약하고 있음을 반성하기 시작한 것은 20세기 후반의 일이다.

'인간의 얼굴을 한 자본주의'로의 회귀를 위해서는 시장 분화의 초기적 상태로 돌려놔야 한다는 일대 성찰, 그러려면 시장의 가장 중요한 행위자인 기업이 선도해야 한다는 자각적 논의가 2000년대 들어 활발하게 일어났다. 어찌 보면 불가능한 시도로 보일 수 있지만, 기업시민은 그런 전 지구적 반성과 성찰에 답하는 개념으로 주목을 끌었다. 시장의 원래 기능을 가능한 되살려 자본주의의 냉혹한 법칙을 완화하고자 하는 사회경제적 개념인 것이다. 자본주의적 생산양식이 시장의 재생산reproduction 기능만을 과도하게 강조함으로써 공동체의 필수 덕목인 상호호혜reciprocity와 재분배redistribution 기능이 상실되기에 이르렀는데, 21세기 자본주의에서 바로 그 기능을 되살리고자 기업에 적극적 위상과 기능을 부여한 탐색적 결과가 기업시민으로 응축됐다.

기업시민의 사회적 의의意義는 사회적 관계 맺기의 양식에 달렸다. 기업의 경계를 넘어 사회적 관계social relationship 또는 사회적 네트워크social network를 풍부히 일궈 나가는 행위가 기업시민이다. 네트워크의 범위와 깊이, 기업구성원 참여의 열의와 심도를 총체적으로 관계양식mode of relationship이라고 하면, 그것은 기업마다 천차만별이다.

예를 들어 보자. 포스코 포항제철소에서 목격한 일이다. 공장 인근에 장애인 학교가 있는데, 사회봉사 동호회가 격주로 이곳을 방문해 장애인 돌보기, 청소, 식당일을 정기적으로 실행하고 있었다. 그것도 휴무일인 토요일에 직장 동호인들은 가족들을 대동하고 왔다. 그 활동에 참여한 중학교 학생에게 소감을 물어봤더니 정말 보람을 느낀다는 답이 돌아왔다. 감동스런 모습이었다. 그것이 사내 봉사활동 단체가 주관하는 것이라 해도 여가를 즐기는 '동호회'의 원래 풍경과는 사뭇 다른 참여였다. 이와는 대조적으로 어떤 대기업의 사내 동호회는 주로 현장직 사원만으로 구성된 배타적 조직이다. '자전거동호회'가 그렇고, '조정동호회'가 그렇다. 시민참여는 없고 가족참여도 드문 편이다. 시민들의 냉혹한 평가처럼, '그들끼리 논다'. 이런 경우 권리와 책무를 동시에 수행하는 '기업시민'의 본질과 멀리 떨어져 있다.

현대사회의 시민에게 권리와 책무가 가장 핵심적 요건이듯, 기업시민 역시 '영리를 추구할 권리'와 '사회문제 해결에 참여할 책무'가 동시에 주어진다. 후자는 사회봉사로부터 현대사회가 당면한 과제들, 예를 들면 저출산율, 청년실업, 비정규직 차별, 학력 불평등, 빈부격차, 고용차별 및 인종차별에 이르기까지 다양하다. 이 두 가지 본질에 긴장감을 유지하면서 사회적 영역에서 크고 작은 사안들을 충실히 수행해 나가는 주체가 기업시민이다.

동행의식과 신뢰가 핵심

SK는 협력업체만 수만 개에 이른다. 사회적 가치 창출에 공을 들여온 SK는 협력업체 순환 건강검진 버스를 운영하기 시작했다. 협력업체의 작업환경이 상대적으로 열악하고, 직원들이 건강검진 비용과 시간을 내기가 상대적으로 어렵다는 현실을 감안한 동반성장 행위의 일환이었다. 동반성장 슬로건이 주목을 끈 것은 여러 해 전이나, 실천 프로그램을 마련해 적극적으로 나선 기업은 그리 많지 않다. 포스코는 납품업체와 협력업체에 기술개선 서비스와 기술투자 지원금을 제공하는 프로그램을 고안해 실행 중이다. 설령 기술투자가 실패로 판명되더라도 지원금을 돌려받지 않는다.

COVID-19가 맹위를 떨치던 2020년 봄, 포스코는 대구・경북 지역에 의료인을 위한 생활필수품을 특별히 배포했다. 마스크, 손소독제, 일용식품, 약품, 기타 생활용품을 담은 재난극복 패키지였는데, 폐자동차 가죽시트를 재활용해 사회적기업에서 제작한 가죽가방에 이를 넣어 배포함으로써 특히 인기를 끌었다. 재활용 가죽가방은 환경보호의 상징이고, 재난물품들은 재난을 함께 겪고 극복하자는 동반의식의 표상이었다.

포스코 인근에 고령층이 주로 거주하는 마을이 있다. 포스코 미술동호회는 격주로 그곳을 방문해서 골목 담장 가꾸기에 열중이다. 손이 미치지 못해 어수선했던 골목길은 정겨운 길로 변했고, 곳곳에 그려진 담벼락 회화가 동네 인상을 상큼하게 만든다. 동호인들에게 나눠 줄 커피를 들고 나선 할머니의 얼굴에는 감사의 표정이 그득했다.

기업에 대한 신뢰는 그렇게 쌓인다. 시민의 고민을 함께 해결하겠다는 실천적 의지 없이는 기업시민의 슬로건은 허상에 불과하다. 휴무일에 인근 마을로 출격해 집수리와 농기구 수리, 심지어는 이발 서비스까지 마다하지 않는 동호인들에게서 기업시민의 윤리가 무한히 생산된다. 동네 주민들이 기업의 역할에 대해 동행의식, 동반의식을 느끼는 것만큼 소중한 소통은 없다. 기업에 대한 시민적 신뢰는 특히 국가와 시장의 손길이 미치지 못하는 사각지대에서 효력을 발휘한다. 노인정에 정기적으로 제공하는 식사 서비스, 마을 단위의 공동체적 민원과 번거로운 일들을 해결해 주는 것, 농사일 돕기와 추수 및 농작물 판매지원 등이 그런 사례들이다.

태풍이 지나간 자리에 해안은 쓰레기 더미로 몸살을 앓는다. 지자체의 여력이 미치지 못한 곳에서 동호인들의 기업시민 정신이 빛을 발한다. 해안 청소가 동호인의 몫이자 기업시민적 가치를 실현하는 구체적 양식이다. 개별 차원을 넘어선 실천 프로그램도 개발했다. 포스코는 영세어업인을 위해 제철소 부산물인 철강슬래그를 활용하여 만든 인공 어초魚礁를 동해안 여러 군데에 설치했다. 어획고가 늘어났고 어부의 소득이 동시에 개선되었는데, 포스코는 이 공로로 세계철강협회로부터 지속가능경영 최우수상을 받기도 했다. 외부로부터 인정을 받았다는 것뿐만 아니라 사회문제를 더불어 풀겠다는 기업의 의지가 돋보이는 대목이다.

이런 실천 의지는 해외에서도 활발히 이뤄지고 있다. 베트남, 인도네시아 등에서는 스틸빌리지Steel Village를 지어 원주민 가족들을 위한 보금자리를 해결했으며, 소규모 학교를 지어 아동교육을 도왔다. 한국의 농어촌에도 이런 손길을 기다리는 곳이 매우 많은 것이 현실이다. 독거노인을 위한 마을 환경개선 사업, 빈곤층 자녀를 위한 방과후 학교 운영지원 등이 그런 사례들이다. 기업이 나설 수도 있고, 사내 동호회가 맡을 수도 있다. 관계 맺기의 이런 양식을 통해 기업과 사회구성원 간의 신뢰가 싹트고 쌓인다. 한 시대를 같이 살고 있다는 동행의식이야말로 기업시민이 기여할 역할이며, 앞에서 지적하였듯 상실된 두 개의 시장기능을 회복할 수 있는 창구임에 틀림없다.

기업시민의 현황과 요건

2부에서 다루는 기업시민의 요건과 현황, 다양한 활동양상을 일별해 보자. 포스코 그룹사의 기업시민 현황은 어떠한가? 배영 교수는 그룹사가 실행하고 있는 기업시민 프로그램을 전수 조사하였다. 각 사별로 강조점을 둔 프로그램의 내용과 실천방식을 소개했는데, 타기업 직장인들에게 기업시민 프로그램을 개발하는 데에 좋은 지침이 될 것이다. 여기서 한발 더 나아가, '참여 범위'와 '활동의 보편성 수준'으로 구분한 실천행위 분류표에서는 각 사의 프로그램이 어떤 성격을 가졌는지가 드러난다. 짐작하듯이, 참여 범위가 넓고 보편성 수준이 높은 프로그램은 빈도가 낮은 반면, 프로그램 적용 범위가 지역적으로 제한되고, 참여 범위도 좁은 사례의 빈도는 높다. 기업시민의 보편성 제고를 위해 고려해야 할 사항이다.

사회적 가치 창출은 경제적 가치로 이어지는가? 이 질문을 경제학적으로 입증하기란 매우 난감하다. 양자의 선순환적 관계를 주장하는 학자가 있는 반면, 신중한 접근을 취하라는 학자도 있다. 김태영 교수가 이 문제를 다뤘다. 아무래도 철강산업이 환경문제를 해결해야 할 입장에 처해 있기에, 김태영 교수는 정부정책과 친환경적 제품 개발을 동시에 만족시키는 기업전략을 제시하고 그것이 바로 경제적 가치와 사회적 가치가 동시에 성립되는 영역이라고 지적했다. 비즈니스적 가치와 사회적 가치가 동시에 창출되는 영역에 포스코가 의욕적으로 개발한 고망간강鋼과 기가스틸이 위치한다. 환경과 규제, 경제 가치와 사회 가치를 동시에 만족시키는 이런 제품이야말로 기업시민적 정신의 소산이다.

기업윤리와 개인윤리는 충돌하는가? 기업시민이 윤리적 주체라고 한다면, 그것은 개인의 윤리를 훼손하는가, 아니면 상호 보완적인가? 자본주의 사회가 태동한 이후 지금껏 해결되지 않은 이 난제를 김인회 교수가 조명했다. 자유민주주의는 개인의 윤리적 실천을 전제로 성립되는데, 자본주의의 물질적 탐욕이 그것을 꾸준히 방해

한다. 프랑스 사회학자인 뒤르켐E. Durkheim은 이 질문을 직업집단 논리로 풀었다. 중세의 길드 조직을 이은 현대적 조직이 직업집단occupational group이다. 동업자 조직 혹은 직업집단이야말로 상부상조와 협력 정신을 실행하는 전초기지였는데, 현대 자본주의 질서하에서 이들이 배타적 이익을 추구하는 이익집단으로 변질했다는 것이 뒤르켐의 주장이다. 기업시민은 이윤추구에 매진하는 기업의 이기적 성격을 완화하고 공동체적 윤리를 회복해 주는 정신이다. 김인회 교수는 자본주의 사회가 현대인에게 풍요의 역설과 시간의 역설을 강요하고 있다고 진단했다. 그리고 이것을 풀 수 있는 요건으로 기업시민이 갖춰야 할 세 가지 덕목을 제시한다. 최고의 경쟁력, 조직 민주화, 그리고 사회적 기여가 그것이다. 이러한 덕목에 충실하고자 노력할 때 기업윤리와 개인윤리가 어느 정도 조화를 이룬다는 처방이다.

한국은 저출산율로 고통받는 국가다. 세계에서 가장 낮은 출산율의 저공 행진이 거의 20년 동안 지속되었으며, 여러 차례 정권교체에도 불구하고 이 문제의 해결이 모든 정부의 최우선 과제로 추진된 것은 주지하는 바다. 누적 공적 자금도 거의 100조 원에 달하지만 세계 최저 출산율은 꿈쩍도 안 한다. 출산에 따라붙는 각종 불이익을 이익으로 반전시키는 과감한 제도를 도입하는 기업이 늘고 있다. 포스코는 이런 취지를 실현하고자 출산 여성직원에게 유급휴가를 주는 동시에 승진 불이익을 제거하기로 결정했다. 출산에 따르는 휴가와 육아휴직 기간을 모두 근무연한으로 인정해 주는 방식이다. 기업의 이런 진취적 행보는 고질적 사회문제 해결을 위한 출구를 만들 수 있다. 기업시민 정신에 정확히 부합하는 정책적 노력이다.

그렇게 해야 기업 고유의 스토리를 만들 수 있다. 현대사회는 스토리텔링의 시대다. 스토리가 없는 기업은 존재감을 획득하지 못한다. 존재감만이 문제가 아니라 사회적 공헌의 자취가 없다는 것을 의미한다. 기업 스토리는 임직원의 능동적 참여 의욕을 동기화한다. 기업시민 되기에 가장 중요한 '자발성'을 촉진하는 요소가 스토리다. 스토리는 동기화, 내면화의 길을 연다. 기업 스토리는 어떻게 만들어지는가? 신호창 교수가 해외 사례를 검토하면서 기업시민이 되고자 하는 국내 기업들에게 좋은 지침을 제공한다. 화장품 업체인 에스티 로더의 핑크리본 캠페인은 유방암에 대한 경각심을 불러일으키는 전설적인 사례가 됐다. 신호창 교수는 주류 제조사 '조니 워커', 항공기업 '제트블루', 보험사 '시그나'의 캠페인을 사례로 들어 스토리텔링의 사회적 가치와 경제적 가치를 소개했다. 그밖에 IBM, 미국농민연대, 보라색지갑 캠페인도 기업시민적 활동을 대중적 관심의 중심으로 가져가기 위해 눈여겨볼 만한 성공사례다. 이런 유형의 캠페인은 사회적 문제를 해결하면서 동시에 기업의 경제적 가치를 상승시키는 선순환적 활동이다.

이외에도 여러 가지 관점에서 기업시민의 사회적 기능과 의미를 조명할 수 있다. '기업시민'은 이제 국가와 기업의 수직적 관계에서 벗어나 기업과 시민 간 횡적 유대를 촉진하는 핵심가치로 자리 잡기에 이르렀다. 기업은 시민이다! 시민이 아니지만 시민적 주체로 행동하고, 시민권은 없지만 시민권이 취약한 곳에서 그것을 개선하는 행위를 스스로 발굴하고 시행하는 것이야말로 21세기 자본주의가 인간적 얼굴을 회복하는 첩경이 될 것이다.

6

기업시민활동의 유형화 분석과 합의

배 영

1. 변화된 사회와 기업의 사회적 역할

저성장, 고실업, 저출산, 고령화…. 언제부터인지 우리의 위기적 상황을 대표하고, 또 앞으로 더 어려운 시기가 다가올 것임을 나타내는 상징처럼 언급되는 말이다. 20여 년 전 IMF 경제위기 이후 급격히 둔화된 성장률과 만성화된 일자리 문제는 선거를 통해 새롭게 들어서는 정부마다 해결을 약속한 1순위 과제였다. 그러나 매번 두

배 영
연세대에서 박사학위를 받았으며, 현재 포스텍 인문사회학부 교수로 재직 중이다. 한국정보사회학회 회장을 맡고 있으며, 정보사회학과 소셜 데이터 분석이 전공이다. 주요 저서로는 《지금, 한국을 읽다》(2018), 《지속가능발전목표(SDG) 시대 한국의 복지와 행복지표 측정》(공저, 2018), 《압축성장의 고고학》(공저, 2015) 등이 있다.

드러진 성과는 없었기에 문제의 심각성은 여전하다. 이와 함께 급속한 증가세를 보인 저출산과 고령화는 경제활동인구 감소와 복지관련 비용증가를 가져왔고, 전반적인 경기침체와 성장둔화는 이제 우리 앞에 불가피한 선택처럼 자리해 있다.

사회 구조적 어려움뿐만 아니라 예기치 못한 재난과 위험들도 국민들의 객관적 생활환경과 주관적 삶의 질을 저하시켜 왔다. 아직 소멸의 기미가 보이지 않는, 예기치 못했던 COVID-19 확산과 일상화된 미세먼지는 마스크를 생활필수품으로 만들었고, 이상기후로 인한 문제들도 나날이 심각성을 더해 간다. 오랫동안 해결의 실마리가 풀리지 않거나 새롭게 나타난 문제들은 대부분 자연발생적이라기보다는 인간에 의한 문제라 할 수 있다. 독일 사회학자 울리히 벡Ulrich Beck은 현대 사회의 위험을 'danger'와 'risk'로 구분한다. 벡의 구분에 따르면, 지금 나타나는 여러 위기적 상황은 과학기술과 같은 인류의 진보가 오히려 인간을 위협하는 새로운 위험으로 작용한다는 점에서 인위적 위험에 해당하는 risk로 구분된다. 인간의 행복과 삶의 질 향상을 위해 마련되었던 일들이 오히려 우리를 위협하는 것이다.

다양한 위험과 위기적 상황은 우리가 그저 감수하고 수용할 수밖에 없는 문제일까? 극복을 위한 노력은 어떻게 이루어져야 할까? 이에 대해서 울리히 벡은 우선 문제를 마주한 공동체의 구성원들이 협력하고 소통할 수 있는 제도화된 공간의 필요성을 제시한다. 다양한 영역에서 활동하는 시민들이 현실의 위기인식을 공유하고 협력하는 것이 문제해결을 위한 첫걸음이라는 것이다. 일상의 위험과 해결이 필요한 문제가 복잡한 양상을 띨수록 그렇다. 한 사람의 역량이 아닌 모두에게 내재된 역량을 결집시켜야 한다는 것이다.

공동체가 마주한 문제해결을 위해 기업의 역할도 중요하다. 뒤르켐E. Durkheim은 해체된 전통적 공동체를 대체할 수 있는 규범의 주체로 직업집단을 얘기한 바 있다. 공적 영역과 사적 영역을 연결하며 새로운 계약에 기반한 규범의 정립과 실천을 통해 공동체가 지향하는 가치를 실현하는 주체와 공간으로 직업인과 일터를 제시한 것이다. 포스코의 기업시민도 이러한 취지 속에서 나타난 것이다. 'with POSCO'의 가치는 이윤창출과 산업발전을 위한 주체적 역할은 물론, 공동체에 대한 관심과 실천을 통해 지속가능한 사회의 구현을 지향한다.

2. 기업시민의 개념적 이해

본질적으로 영리를 추구하는 기업에게 공동체가 처한 다양한 어려움에 대한 사회적 책임을 물을 수 있는가에 대해서는 여러 주장이 제기된다. 적어도 오래전부터 기업이 사회 속에서 생존하고 성장하는 하나의 생태학적 존재라는 사실에 대해서는 공감대가 이루어졌다(이상민 · 최인철, 2002). 아울러 현대 자본주의의 기본적 환경 속에서 기업의 사회적 비중이 매우 크다는 점도 쉽게 수용되는 바이다. 시장경제 속 기업의 역할과 영향력이 점차 증대함에 따라 기업은 하나의 경제주체 이상의 의미를 갖게 된다. 특히 장기화된 위기상황은 기업의 역할과 책임을 보다 많이 요구한다. 기업 본연의 존재 목적인 안정적인 이윤창출과 함께 공생의 가치 속에 기업의 사회적 책임과 역할에 대한 요구도 지속적으로 나타났다. 다양한 영역의 위기상황 속에서 지속가능한 발전sustainable development을 도모하기 위해서는 복잡성이 심화되는 문제에 기업과 사회의 총체적인 대응이 필요하고, 이를 구현할 수 있는 프로그램의 체계화 및 조직화에 대한 인식과 자각이 나타난 것이다.

기업시민도 이러한 고민에서 나타난 개념이다. 주성수(2003)는 먼저 기업시민 정신이란 기업의 핵심적인 비즈니스 활동을 바탕으로 사회적 투자와 사회공헌 프로그램에 의해 공공정책에 관여하는 사회공헌이라고 정의한다. 그리고 기업시민 정신을 실천하는 모범적인 기업을 시민기업civil corporation으로 지칭하며, 기업 내부의 가치와 역량을 효과적으로 개발해서 기업의 핵심 비즈니스에 사회적, 환경적 목표를 설정하는 학습과 행동의 기회를 충분히 이용하는 기업으로 제시했다.

시장에서의 무한경쟁으로 인해 기업 운영에 있어 효율 중심의 관료제적 조직운영이 표면화하면서 인류애적 가치와 배려는 우선순위에서 밀릴 수밖에 없었다. 기업시민은 불가피한 시장경쟁을 인정하지만 기업이 공동체적 협력과 자애를 중요한 가치로 수용하고, 국가의 강제력을 시민권 증진을 위해 조정하고 매개하는 역할을 담당해

〈그림 6-1〉 기업시민의 역할과 사회적 위치

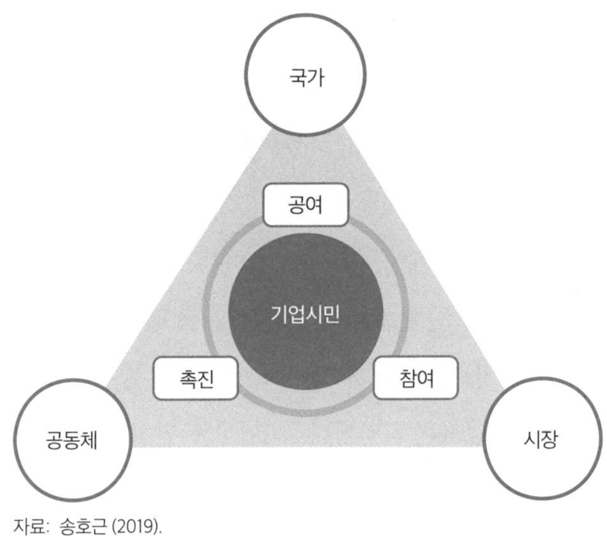

자료: 송호근 (2019).

야 한다는 자각 속에서 발현된 개념이다. 즉, 국가-공동체-시장의 교차점에서 경제적 가치와 활동을 넘어선 총체적 가치 추구를 통하여, 공동체와 더불어 상생을 모색하고, 국가의 손길이 미치기 어려운 곳을 배려하며, 궁극적으로 인류의 공존과 공영에 이바지하는 새로운 기업의 비전이다(송호근, 2019).

송호근(2019)은 기업시민을 "시민이 아니지만 시민이어야 하고, 시민권은 부여받지 못했지만 시민권 증진에 앞장서야 하는 존재"로 규정하며, 기업의 현실 위치는 시장에 있지만, 그것이 지향할 행위와 비전은 정치사회에 있다고 설명한다. 또한 구체적으로 시민권 보호와 향상을 위한 기업시민의 역할을 3P, 즉 참여Participant, 공여Provider, 촉진Promoter으로 정의한다. 이 외에도 다양한 차원과 방식

〈그림 6-2〉 기업시민의 두 가지 층위

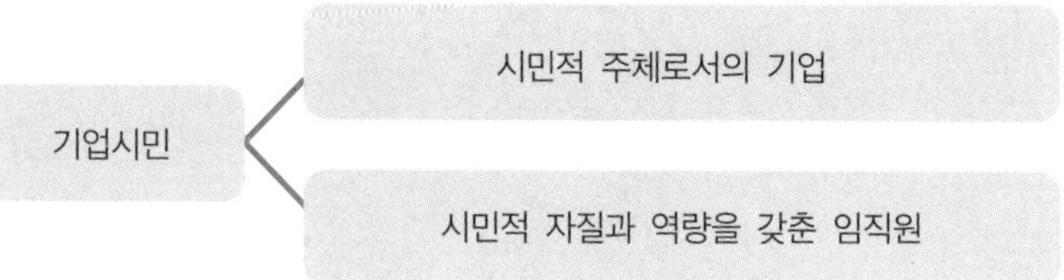

으로 기업시민에 대한 개념화가 가능하다.

좀더 간명한 논의 전개를 위해 이 글에서는 두 가지 차원의 기업시민에 주목하고자 한다. 먼저 기업이 하나의 주체이자 행위자로서 시민적 역할을 담당하는 차원이다. 기업이 시민적 주체라는 자각에 기반하여 공생과 공영, 공정의 가치 속에 사회 내 다른 주체 및 행위자들과 관계 맺으며 활동하는 것이다. 이때 기업에 시민이라는 표현을 적용할 때에는 자격이나 지위로서 '시민권'의 의미보다는 시민으로서 마땅히 갖추어야 할 미덕이나 규범적 기대로서 '시민 됨'의 의미가 보다 적절할 것이다.

다음으로는 기업 내 구성원들의 인식과 조직문화 형성에 있어서의 시민적 의미이다. 기업 내 구성원들이 시민적 자질과 역량 위에서 조직 내 기본적 업무를 처리하고, 기업의 사회적 책임과 역할에 대해 공감하며 공공의 선을 위한 활동에 능동적 주체로 역할하는 것을 의미한다. 이러한 내용을 종합적으로 정리하면, 기업과 기업 구성원들이 시민 됨의 의미를 자각하고, 공공선의 추구와 공공재의 확충, 공익적 목표를 위한 협력적 활동에 자발적으로 참여 및 기여하는 것을 기업시민이자 기업시민적 활동이라 할 것이다.

3. 기업시민활동 사례 분석: 평가 척도와 활동 유형화

일반적으로 평가는 행위 및 과업에 대한 측정을 기반으로 이루어진다. 측정을 통해 얻어진 결과는 성과에 대한 파악과 함께 향후 계획을 위한 자원으로 활용한다. 윌리엄 톰슨W. Thompson은 "측정할 수 없는 것은 개선할 수 없다"라고 얘기하며 평가에 있어 측정의 절대성을 강조한다. 하지만, 평가 시 당연하게 여겨지는 측정의 문제에 대한 우려도 존재한다. 대표적인 것이 측정강박이다. 실효성이 크지 않은 것이 분명한데도 성과를 측정해 공표하고 보상해야 한다고 느끼는 압박을 측정강박이라고 한다. 측정할 수 있다고 해서 꼭 측정할 가치가 있는 것은 아니며, 측정되는 항목은 우리가 정말 알고자 하는 것과 무관할 수 있다는 것이다. 측정 자체가 문제라기보다는 과도한 측정과 부적절한 측정이 문제다. 그 배경에는 과업에 대한 책임성과 투명성에 대한 강박도 작용한다.

따라서 이 글에서는 계량적 방법에 의한 활동별 측정과 평가는 유보하고자 한다. 그 이유를 간략히 정리하면 다음과 같다. 우선 기업시민활동의 내용적 특성에 기인한다. 기업시민활동이 사례별로 매우 다양하게 전개되고 있어 한정된 평가틀로 측정하기에는 무리가 따를 수 있다. 아울러 사업 초기라는 점을 고려할 때, 미리 설정된 평가지표는 새롭게 시도되는 혁신적, 창의적 시도를 제한할 수 있다. 또한, 평가를 위해 불가피하게 장기적 목표보다 성과가 확인되는 단기적 목표에 가치를 두게 된다.

사업 초기이자 다양한 성격을 가진 기업시민활동이기에, 측정의 실손을 따졌을 때 손익이 크다고 판단되어 개별 사례에 대한 계량적 측정보다는 유형화를 통해 전반적 지형을 파악하고자 한다.

지형의 파악은 두 가지 효율성 제고의 의도에서 비롯되었다. 하나는 중복적 성격의 사업들을 파악하여 연합 혹은 통합할 수 있는 거버넌스의 필요성을 살펴보기 위함이다. 다른 하나는 이질적인 활동 내용이지만 연계를 통해 효율적인 성과를 창출하거나, 서로 다른 사례에서 다양한 아이디어를 추출하기 위해서다. 우선 유형화를 위한 기준의 검토가 필요하다. 다음과 같은 5가지 유형화 기준을 우선 검토하였다.

- 사업의 지속성: 일회적/지속적
- 참여 범위: 부분적/전사적
- 제공 내용: 재능기부/자원공여
- 기본 업무연관성: 일반적/업무 연관 특화
- 참여 또는 수혜 대상: 제한적/보편적

다양한 유형화 기준이 존재하지만, 노부호(2000)는 기업의 사회공헌활동을 2가지 기준에 의거하여, 4가지 유형으로 구분한 바 있다. 먼저 사회문제에 접근하는 방식이 부분적이냐 체계적이냐에 따라 '자선'과 '투자'로 나눌 수 있고, 기업의 핵심역량과의 연관성 여부에 따라 '사회적', '전략적'으로 나눌 수 있다. 가령 저소득층 자녀

〈표 6-1〉 기업시민활동의 4가지 유형화 영역

		사업의 성격(업무연관성)	
		일반적 사업	특화 사업
참여/수혜 대상	광의의 사업	A	B
	협의의 사업	C	D

에 대한 장학금 지원과 같이 시혜적 차원에서 기부하는 것은 '사회적 자선'에 해당되고, 기업의 핵심역량과 관계없이 사회문제의 근본적 해결을 위해 체계적으로 접근할 때는 '사회적 투자'가 된다. 또한 기업의 핵심역량을 이용해 사회문제 해결에 부분적으로 기여할 때는 '전략적 자선'이라고 볼 수 있다. 이와 함께 기업이 자신만의 특화된 영역에서 문제해결을 위해 근본적으로 접근하고 체계적 변화를 추구하기 위해 직접 참여하는 것은 '전략적 투자'로 구분할 수 있다.

이 글에서는 앞의 논의 내용과 5가지 기준을 전반적으로 검토하여, 업무연관성과 관련된 '사업의 성격'과 '참여/수혜 대상'을 기준으로 〈표 6-1〉과 같이 4가지 유형화 영역을 마련하였다. 즉, 그룹사별 기본 업무의 성격과 관련성 여부에 따라 일반적 사업과 특화사업으로 구분하고, 특정 지역이나 계층을 대상으로 하는지 여부에 따라 광의의 사업과 협의의 사업으로 유형화했다.

이후 분석에서는 아직 기업시민 실천과 관련하여 개념과 활동이 학문적으로 정착되지 않은 상황인 점을 고려하여 사회공헌활동을 중심으로 분석하고, 이를 통해 기업시민활동에 대한 의미 있는 제언을 도출해 보고자 한다.

1) 유형별 국내외 대표 사례: 사회공헌활동 중심 분석

먼저 A유형의 경우, 세계 최대의 온라인 기업인 구글Google이 대표적이다. 구글은 자선활동 전담조직으로 Google.org를 운영한다. Google.org는 구글의 업무역량을 활용해 인류의 기본적 문제인 빈곤, 질병, 교육, 환경 문제 등을 해결하기 위하여 2005년 설립된 비영리기관으로, 구글의 CSR 컨트롤타워라고 볼 수 있다. 이들은 다양한 문제를 해결하기 위하여 지금까지 1억 달러 이상을 기부했으며, 임직원들도 전 세계 비영리기관에서 8만 시간 이상의 봉사활동을 수행하였다.

특히 구글은 유럽에 모인 난민들을 돕는 인도주의 단체들을 위하여 '1,100만 달러 기금 모금 캠페인'을 펼쳤다. 이를 위하여 기부 사이트(google.com/refugeerelief)를 따로 개설하여, 1 대 1 매칭 펀드 기부방식(기부자들이 550만 달러를 모금하면, 구글에서 550만 달러를 함께 지원하는 식)으로 모금하였다. 그 결과 목표금액을 초과 달성하였으며, 모금된 기부금을 이민자와 난민을 도와주는 비영리기관(국제구호위원회, 국경없는의사회, 유엔난민기구, 세이브더칠드런 등)에 전달한 바 있다.

B영역에 있어서는 신세계그룹이 대표적이다. 신세계그룹은 2016년 신세계백화점 식품관에 '신세계 파머스 마켓'을 열고 지역농가에 힘을 실어 주고 있다. 이는 미래 농업시장 활성화를 위한 신세계백화점의 농가 상생 프로젝트로, 백화점과 산지 생산자 간 직거래를

〈표 6-2〉 유형별 국내외 대표 사례

영역	회사	활동 명	활동 내용
A	구글	- Google.org	- 인도주의 문제해결(빈곤, 질병, 교육, 환경, 난민 문제 해결)
B	신세계그룹	- 신세계 파머스 마켓	- 지역농가 판매지원, 상생 · 협력
C	삼성물산	- 긴급 구호물품 제작비 후원 - 지역사회 취약계층 기초 생계지원 프로그램	- 구호물품 후원 - 기초 생계지원(573곳)
D	SK	- 프로보노(Pro Bono)	- 구성원의 역량을 바탕으로 한 자문 서비스(사회적기업/NGO 대상)
	LG복지재단	- 성장호르몬제 유트로핀 지원	- 성장호르몬 지원사업 (저소득 가정의 저신장 아동)

통해 중간 유통마진을 없앴다는 특징이 있다.

신세계 파머스 마켓은 저렴한 가격으로 각지의 우수한 특산품을 선보이며, 지역판매 비중이 높은 농가에게는 도심 백화점의 판로를 개척할 기회를 제공한다. 행사기간 중에는 청년 농부들이 고객들을 직접 만나 상품설명을 하며 판매하는 시간도 마련되며, 행사기간 호평받은 브랜드는 신세계백화점에 정식으로 입점할 수 있다. 최근 3개년 행사에서는 계획 대비 2배의 매출실적을 올리는 등 큰 성공을 거두었으며, 중소기업과 소상공인의 판로 개척에도 많은 기여를 하였다.

C영역의 경우 삼성물산의 활동이 모범적이다. 먼저 삼성물산 건설부문은 2016년부터 국내외 재해 · 재난 발생 시 이재민에게 전달할 긴급 구호물품 제작비를 임직원 기부금과 회사 기부금으로 후원하고 있다. 이를 통해 2019년 4월 강원도 고성 산불이 발생했을 당

시 이재민에게 구호물품 400개를 가장 빠르게 전달할 수 있었다.

아울러 삼성물산 패션부문은 사업장이 위치한 지역사회 취약계층의 기초 생계지원 프로그램을 운영한다. 서울과 광주의 저소득 가정 573곳에 식생활을 지원하고, 문화체험 활동과 마을 정원 가꾸기 등도 실시한다. 또한 꿈나무마을, 대한적십자사 등 사회복지단체 4곳에 자사 의류를 전달해 지역사회에 나눔을 실천 중이다.

마지막으로 D영역의 사례로는 SK의 프로보노 활동과 LG복지재단의 의약품 지원사업을 들 수 있다.

SK에서는 구성원의 역량을 바탕으로 사회적기업 및 NGO 등에 필요한 경영전략, 마케팅 등 다양한 자문 서비스를 제공하는 '프로보노Pro Bono' 활동을 운영 중이다. 프로보노는 "공익을 위하여probono publico: for the public good"라는 뜻의 라틴어 약어로, 주로 전문가가 자신의 전문성을 바탕으로 자발적이고 대가 없이 공공을 위해 봉사하는 일을 의미한다.

SK에서는 프로보노 활동을 통하여 사회적기업 및 NGO에게 시장에 대한 정보를 제공함은 물론, 비영리기관 임원이나 사회적기업가의 개인적 성장을 돕고, 기관이나 기업의 현안에 대한 조언과 함께, 새로운 사업계획을 구성할 수 있도록 지원한다.

LG복지재단에서는 저소득 가정의 저신장 아동과 그 부모들의 정신적, 경제적 고통을 덜어 주기 위해 성장호르몬제 '유트로핀'을 지원한다. 유트로핀은 LG화학에서 유전자재조합 방식으로 개발한 성장호르몬 제형으로, 1993년에 출시되어 현재 3만 례 이상의 누적 처방환자 수를 보유하고 있고, 전국 136개 종합병원에서 처방되는 효과와 안전성이 입증된 의약품이다.

저신장증은 연간 평균 1천만 원 정도의 비용이 드는 성장호르몬제를 장기간 투여해야만 치료가 가능하여, 저소득 가정에서는 적절한 시기에 효과적인 치료를 받기가 매우 어렵다. 이에 LG복지재단은 LG화학과의 협력을 통해 소아내분비 전문의사들의 추천을 받아 저소득 가정의 저신장 아동을 선정하여 지원하는 사업을 1995년부터 지속적으로 진행 중이다.

2) 포스코그룹사 사례 분석을 통한 기업시민활동 제언

창사 이래 포스코는 국가와 사회의 발전을 위해 다각적인 기여를 해왔다. 우수하고 경쟁력 있는 제품 개발을 통해 지속적인 가치 창출을 도모함은 물론, 국가 미래를 위한 인재 양성과 지역사회의 실질적 문제해결을 위한 주체적 역할을 수행해 온 것은 이미 익히 알려진 바이다. 2018년에는 '기업시민' 경영이념 선포를 통해 한 단계 성숙한 기업의 사회적 역할을 제시했다. 기업시민 경영이념을 모든 의사결정의 기준으로 삼아 업무와 일상생활에서 배려와 나눔 의식을 기반으로 더 나은 사회를 만드는 데 자발적으로 참여하겠다는 의지를 밝힌 바 있다. 〈표 6-3〉은 포스코의 기업시민 이념을 크게 세 가지 영역으로 구분하고 각 영역의 주체들과 지향하는 주요 가치를 요약 · 제시하였다.

〈표 6-3〉 포스코 기업시민 이념의 세 가지 영역 분석

<table>
<tr><th></th><th>주 대상</th><th>주요 가치</th><th>시민적 자질과 역량</th></tr>
<tr><td>Business</td><td>협력사
고객사
공급사</td><td>공정, 투명, 윤리,
동반성장,
최고의 제품과 서비스</td><td rowspan="3">- 참여를 통한 공동의 문제해결
(participation for problem solving)
- 다양성과 다름에 대한 관용
(tolerance of diversity)
- 타인에 대한 배려와 인정
(consideration for others)
- 성찰적, 숙의적 소통
(deliberative communication)
- 합리적 의사결정
(rational decision making)
- 사회적 책임 인식
(cognition for social responsibility)</td></tr>
<tr><td>Society</td><td>지역사회
공동체
이웃</td><td>사회문제 공감과 해결,
지역발전, 환경경영,
나눔활동</td></tr>
<tr><td>People</td><td>전 임직원</td><td>안전하고 쾌적한 근무환경
공정인사,
안정적 노사관계,
다양성 포용,
일과 삶의 균형</td></tr>
</table>

2019년 12월부터 2020년 3월까지 포스코를 제외한 그룹사(23개)를 대상으로 계열사별 홈페이지, 언론보도 내용, 관계자료 요청 등의 방법을 활용하여 조사를 실시하였다. 주요 조사항목은 활동 목적 및 내용, 참여 범위, 수혜 대상, 지역 및 이해관계자에 대한 파급효과, 최초 시작 시기, 지속성 여부, 경제적 가치와의 연관성 등이었다. 분석 내용을 요약하면, 조사된 사례 수는 총 84개였고, 유형별 구성 현황은 다음과 같다.

먼저 사업의 성격과 주 업무 간에 직접적 연관은 크지 않고, 참여·수혜 대상은 광범위하게 존재하는 A영역은 10.7%를 차지했고, 사업의 성격이 주 업무와 직접적 연관을 갖고, 참여·수혜 대상은 광범위하게 존재하는 B영역은 8.3%로 나타났다. 한편, 사업의 성격과 주 업무 간에 직접적 연관은 크지 않으며, 참여·수혜 대상은 제한적으로 존재하는 C영역은 26.2%, 사업의 성격이 주 업무와 직

접적 연관을 갖고, 참여·수혜 대상은 제한적으로 존재하는 D영역은 35.7%였다. 이 외에 분류가 어렵거나 복합적 성격을 갖는 기타 사업은 전체의 19.0%를 차지했다.

한정된 지면 사정상 여기에서 각 영역에 속하는 사업들을 구체적으로 열거하기는 어렵기에 간략히 유형화 결과에서 나타난 바를 정리하고자 한다. 먼저 가장 큰 비중을 차지한 영역은 D영역이었다. 상생협력과 기술혁신을 통해 마련된 '고압 콘크리트 압송관 기술개발'이나 '아파트 건설에 적합한 프리패브 공법 개발'을 비롯해서 국가의인 자녀를 지원해 주는 '포스코 히어로즈 펠로십', 상대국의 사회문제 해결을 위해 함께 고민하는 '해외 마케팅 지원 및 사회이슈 해결사업', 장애인 전동휠체어 배터리 지원 프로그램인 '사랑의 배터리' 사업 등이 대표적이었다.

반면 B영역은 가장 적은 비중으로 나타났는데, 친환경 발전소 운영을 통해 온실가스 감축 노력을 지속해 온 '대기오염물질 관리' 사업이나 폐자원 수거 및 재활용을 위한 'Al Scrap 재활용 확대' 사업, 지역주민의 편의 증진을 위한 '열린 화장실' 사업도 큰 호응 속에 이루어졌고, 해양생태계 보호 및 복원을 위한 '슬래그 바다 숲' 사업은 이미 대표적 사업으로 자리 잡았다.

주 업무와 연관은 적지만 예전부터 시행해 온 사회공헌활동에 기반을 둔 A+C 영역의 비중은 36.9%, 주 업무와의 연관 속에 이루어진 활동은 44% 정도를 차지했다. 그리고 참여 및 수혜 대상에 있어서는 한정된 지역과 대상에 대한 활동이 62%인 데 반해, 보편적 대상을 중심으로 이루어진 활동은 19%로 나타났다. 활동의 취지와 내용에 따라 대상의 타기팅이 달라진다는 점에서 대상의 범위는 사업의 목적에 맞춰 구성하면 될 것이다. 다만, 앞으로의 발전적이고 지속적인 활동을 위해서는 시민적 성찰 속에 자발적인 참여와 함께, 시민들에게 돌아가는 실질적인 편익의 총량도 중요하겠지만, 업무 연관성이 높은 특화된 영역에서의 활동을 점차 늘려 가는 것이 효과적일 것으로 생각된다.

4. 성공적 기업시민을 위한 제언

기업시민에는 사회적 쟁점을 공유하고, 해결을 위해 스스로 참여하고, 시민참여를 촉진하는 행위자로서의 의미가 내포되어 있다. 시민성 배양과 시민권 증진에 기여하는 어떤 행위라도 실행 프로그램으로 구체화된다면 기업시민활동의 범주에 포함시킬 수 있을 것이다. 지금까지 포스코 기업시민활동 사례에 대한 조사 및 분석에서 나타난 바를 정리하고, 앞으로의 성공적인 기업시민활동 정착을 위해 고민이 필요한 부분들을 정리해 본다.

먼저 체계적이고 안정적인 기업시민 거버넌스 구축이 필요하다. 사업 성격상 그리고 사업 시행 초기라는 점을 고려할 때, 경쟁보다는 활동주체 간 협력이 효과적이다. 우선 그룹사별 특화된 성격의 과업이 필요하지 않은 일반적인 사업의 경우, 활동주체 간에 서로의 노하우를 공유하고 협력할 수 있는 방안 마련이 활동의 효율성을 높일 것이다. 각 사별 전문역량을 통합·활용restructuring하여 집합적 임팩트collective impact를 창출하고, 공동의 문제해결을 위한 솔루션과 시너지가 발휘될 수 있도록 해야 할 것이다. 이를 위해 그룹사의 다양한 경험과 자원을 공유할 수 있는 플랫폼을 강화하여 모범적 사례의 성공요인을 검토 및 학습하는 것도 적극 모색할 만하다.

이러한 점에서 포스코가 새롭게 시도하는 CIDCollective Impact Design 과정 개발에 주목할 필요가 있다. 종전에는 포스코의 각 그룹사가 각자 보유한 독자적 역량을 활용하여 각자의 영역에서 크고 작은 사업들을 전개하였다면, 앞으로는 CID 과정이라는 새로운 사회공헌 사업 통합·활용 플랫폼을 통해 각 그룹사별 강점을 하나로 모아, 지역사회가 안고 있는 공동의 문제를 보다 체계적이고 전략적인 방법으로 해결해 나감으로써 집합적 임팩트를 창출하겠다는 것이다.

당분간 서열을 전제로 한 사업 평가는 유보하는 것이 적절하다. 경쟁보다 협력이 효과적이고, 사업의 내용과 목적이 다른 만큼 제한된 척도에 의해 이루어지는 성과 측정은 긍정적인 면보다는 부정적 영향이 크다. 다만 수혜 대상 및 관계자의 평가를 사업에 대한 성과 자료로 활용하는 것은 적극 고려할 만하다. 그 과정에서 사업의 목적달성 여부 및 취약요소에 대한 보완도 가능할 것이다. 이를 바탕으로 활동이 안정화된 이후에는 기업시민 관점에서 사회적 솔루션이 지향하는 목표와 실행 성과를 객관적으로 평가하여, 지속적인 솔루션의 진화 발전을 통해 더 큰 사회적 임팩트 창출로 이어질 수 있도록 해야 할 것이다.

아울러 사업 시행 이전에 우선 지역사회와 시민들이 무엇을 원하는지에 대한 다각적 수요 파악이 필요하다. 지역사회의 다양한 이해관계자와의 소통과 협력을 통해 핵심문제를 도출해야 한다. 수혜 대상의 필요를 과거의 경험에 기반하여 미루어 짐작하기보다는 적극적으로 파악할 필요가 있다는 것이다. 기본적으로 지역 수요에 기반한 기업시민실천은 공생가치를 제고할 수 있는 창의적인 솔루션을 제공함은 물론, 의미 있는 사회변화를 이끌어 내어 더 나은 세상을 만드는 데 기여할 것이다.

장기적인 차원에서 볼 때, 본원적 업무와 연관성을 갖는 기업시민활동이 중요하다. 지역에서 활동의 지속성과 효과성을 장기적으로 확보하기 위해서는 기본 업무와 관련된 차원에서 지원 및 참여 프로그램을 마련해야 한다. 기업이 사회적 책임을 다한다는 것이 봉사, 자선활동 등 일반적인 차원에서의 사회공헌 행위와 유사하다고 생각할 수 있다. 물론 지역 공동체나 주민들의 필요에 따른 일회적, 단기적 행사나 프로그램의 운영도 중요하지만, 그 내용이 주 업무와의 연관성 속에 마련되고, 기업경영 속에 지속가능한 시스템으로 안착될 때 그 의의와 효과는 더 커질 것이다.

마지막으로 대외적 활동과 함께 내부적 인식 고양을 위한 활동의 강화가 필요하다. 즉, 기업시민 인식의 내재화와 체질화의 문제다. 포스코의 기업시민이라는 이념이 대외적으로 이해되기에 앞서, 조직 내 구성원들이 기업시민에 대해 이해하고 회사와 본인의 목표를 일치시키는 작업이 선행되어야 한다. 조직원들의 자발적 참여와 능동적 행동이 제외된 기업시민활동은 결코 지속가능하지 않기 때문이다. 인식의 변화는 단기간에 일어나기 어렵다. 시민성 혹은 시민적 자질과 역량은 과정적 지식보다는 체험적 가치의 성격이 크다. 기업시민에 대한 체계적 교육과 학습의 기반 위에 생활 속에서 시민인식이 체화될 수 있도록 지속적 관심과 제도의 보완이 마련되어야 한다.

〈참고자료〉 기업시민 선포 후 진행된 포스코그룹사 주요 활동사례

그룹사	활동 명	활동 내용	가치 지향
포스코 인터내셔널	해외 마케팅 지원 및 사회이슈 해결	- 유망 중소/벤처기업의 진출 지원 - 진출국 현안 및 사회문제 해결을 위해 지원 및 적극 대응(미얀마, 포스맥을 활용한 태양광 발전 지원)	- 사회적 책임인식 - 참여를 통한 문제해결
포스코건설	차세대 건설분야 스타트업 지원	- 인하대학교와 함께 청년창업지원 및 기술지원	- 사회적 책임인식 - 참여를 통한 문제해결
	청년 멘토링 재능 기부	- 수도권 지역 취준생들에게 건설분야 직무 멘토링 및 채용설명회 지원	- 사회적 책임인식 - 참여를 통한 문제해결
	현장근로자 Care 프로그램	- 건설현장의 위생, 휴게시설 개선 - 현장의 협력사 직원에 대한 장례용품 지원 - 현장 근로자의 애로청취를 위한 소리함 앱 마련	- 사회적 책임인식 - 타인에 대한 배려와 인정 - 성찰적, 숙의적 소통
포스코 케미칼	장애인 지원 '사랑의 배터리' 사업 추진	- 2차전지 소재사업과 연계한 활동으로 사업장 인근 지역의 장애인 전동휠체어 배터리 지원	- 사회적 책임인식 - 타인에 대한 배려와 인정
	사회적기업 '세탁소커피' 운영	- 낙후지역 재생 및 취약계층의 고용 창출	- 사회적 책임인식 - 참여를 통한 문제해결
포스코 에너지	에너지 드림	- 삼척지역의 장애인시설 태양광 발전설비 제공 - 저소득 가정 지원사업	- 사회적 책임인식 - 참여를 통한 문제해결

〈참고자료〉 계속

그룹사	활동명	활동 내용	가치 지향
포스코 ICT	IT 전문역량을 활용한 맞춤형 'Smart School'	- 저소득층 학생들 및 장애인에 대한 IT 관련 교육 지원	- 사회적 책임인식 - 참여를 통한 문제해결
	체인지 리더 캠페인	- 지시/보고, 회의, 소통, 공유 등 4가지 영역에서 합리적인 업무 방식의 혁신을 도모	- 성찰적 숙의적 소통 - 합리적 의사결정
포스코 강판	열린화장실 설치	- 철강공단 등 지역주민의 애로 해소, 편의 증진을 위해 화장실 운영	- 참여를 통한 문제해결
	지역사회 어르신 장수사진 전달	- 포스아트 기술로 만든 장수사진 기증	- 타인에 대한 배려와 인정
포스코 엠텍	Biz 파트너사와 협업을 통한 AI Scrap 재활용 확대	- 폐자원 수거 및 재활용 네트워크의 합리적 구축	- 사회적 책임인식 - 참여를 통한 문제해결
	민 · 관 협력 어린이를 위한 미세먼지 없는 도시공원숲 조성	- 미세먼지 저감 및 도시환경 개선을 위해 도시공원 숲 조성	- 사회적 책임인식 - 참여를 통한 문제해결
	도담도담 쉼터 조성	- 낙후된 지역의 유휴공간을 활용하여 문화공간 조성	- 사회적 책임인식 - 참여를 통한 문제해결
엔투비	공급사 상생 협력	- 공급사에 원거리 물류서비스 제공 - 중소기업 업무지원	- 사회적 책임인식 - 참여를 통한 문제해결
	지역사회 우수제품 판로 확대	- 지역특산물 발굴, 온라인 상품화 및 복지몰을 통해 판매 지원	- 사회적 책임인식 - 참여를 통한 문제해결
포스코 휴먼스	장애인 자립지원을 위한 '인턴십'	- 장애인의 재활과 자립을 지원하기 위해 인턴십을 마련하고, 우수자는 정규직원으로 채용	- 사회적 책임인식 - 다양성과 다름에 대한 관용
포스코 인재창조원	경영이념 확산 및 내재화	- 다양한 기업시민 교육 프로그램으로 기업시민 인식 제고와 확산에 기여	- 사회적 책임인식
포스코 청암재단	포스코히어로즈펠로십	- 국가에 헌신한 의인(義人) 자녀의 교육비 지원	- 사회적 책임인식 - 타인에 대한 배려와 인정
	포스코드림캠프	- 교육불균형 해소를 위해 사교육에서 소외된 중학생들을 대상으로 다양한 교육기회를 제공하고, 멘토가 되는 대학생들에게는 장학금을 지급	- 사회적 책임인식

7

기업시민과 경쟁우위

김태영

최근 저탄소 및 친환경 경제에 대한 사회적 요구가 늘어나고 있다. 철강업계에서는 이러한 환경적 이슈를 해결하기 위하여 온실가스 및 오염물질 배출 저감, 재활용 시스템 확대 등 기업활동으로 인한 환경적 영향을 최소화하기 위해 각고의 노력을 펼치고 있다. 장기적으로 철강산업의 경영전략은 환경가치를 고려하지 않으면 차별화된 고객가치를 만들기 힘들며, 이에 따라 수익성도 개선되지 않을 가능성이 높다. 따라서 환경가치를 중심에 두고 경영전략의 방향을 설정하는 것이 중요할 것이다.

김태영

미국 스탠퍼드대에서 박사학위를 받았으며, 현재 성균관대 경영전문대학원 교수로 재직 중이다. 주요 연구분야는 경영전략, 조직이론 및 사회적 가치 전략이다. 주요 저서로는 사회적 가치 기반 경영전략을 다룬 《넥스트 챔피언》(공저, 2019)이 있다.

그렇다면, 철강업계에서 기업시민의 가치를 실현하기 위해선 지금 무엇을 해야 하는가? 글로벌 경쟁에서는 어떤 새로운 경쟁우위를 확보해야 하는가? 기업시민은 어떤 내용을 담아야 하며, 경쟁우위로 어떤 시너지를 창출할 수 있는가? 나아가 기업시민은 기업의 '전략적 목표'에 어떻게 기여할 수 있는가? 이런 질문들에 답하기 위해서는 변화하는 경쟁환경에 맞춰 '기업시민'과 '경쟁우위'의 관계에 대한 근본적인 성찰이 필요하다. 이 글은 경쟁우위와 기업시민을 중심으로 앞에서 제기한 질문들에 대한 해결책을 살펴보고자 한다.

1. 환경이슈와 기업의 대응

환경문제가 글로벌 이슈화되면서 많은 기업들이 적극적인 대응을 하고 있다. 예를 들어 세계적인 알루미늄 생산업체인 알코아Alcoa의 경우, 보크사이트 광석을 알루미나로 전환하고 다시 알루미늄을 얻어내는 과정에서 먼지, 질소, 이산화유황, 이산화탄소 등 다양한 환경이슈가 발생한다. 이에 알코아는 알루미늄의 생산보다 재활용이 거의 95%의 에너지 사용량을 줄이는 점에 기반하여, 알루미늄 캔 재활용 비율을 높이는 소비자의 재활용 습관 개선 프로젝트를 진행하고, 미국 테네시주에 2,400만 달러 규모의 알루미늄 재활용 공장을 신축하는 등, 더 많은 재활용 알루미늄이 가치사슬에 들어올 수 있게 다양한 활동을 전개하고 있다. 이런 재활용 프로세스에 대한 투자는 환경적 가치뿐만 아니라 비용 절감을 통해 재무적 가치 역시 높일 수 있다는 점에서 시사점이 크다.

GEGeneral Electric는 에코이매지네이션Ecoimagination을 통해 연료소비와 탄소배출이 많은 고마력의 기차엔진을 생산하는 무한경쟁에서 탈피하여, 소비자가 원하는 연료효율성이 높고 탄소배출량은 적은 엔진을 개발함으로써 시장점유율을 개선하였다. 이러한 GE의 혁신은 기존의 성능 위주의 기술적 측면을 강조하는 대신, 사회적 (환경) 문제를 해결하는 과정에서 기업의 재무적 이익을 높이는 비즈니스 모델이다.

창업세계에서도 친환경 제품에 대한 혁신들이 소개되고 있다. 대표적인 기업으로 친환경 의류제품 및 원단으로 유명한 파타고니아Patagonia를 들 수 있다. 이들은 100% 유기농 목화로 만든 데님, 재활용 원단, 염색하지 않은 캐시미어, 고무 대체품 율렉스Yulex 등을 생산한다. 나아가 'Don't buy this jacket'(이 재킷을 사지 마세요) 이라는 슬로건으로 알려진, 중고 옷 구매를 장려하고 망가진 옷을 수선해 주는 서비스를 제공한다. 파타고니아는 이런 획기적인 친환경 제품과 효과적인 마케팅을 통해 소비자의 주목을 끌며 아웃도어 브랜드로 확고하게 자리 잡았다.

국내 소셜벤처로는 2015년 출발한 슈퍼빈SuperBin이 있다. 슈퍼빈은 인공지능 기반의 빈 용기 회수기 '네프론' 보급을 통해 국내 재활용 쓰레기 문제 해결에 앞장서고 있다. 이를 통해 자원순환을 효율적으로 개선하고 기존 재활용 공공서비스 민간위탁 운영을 위한 투입예산도 절약하는 사회적 가치를 창출한다. 전 세계 RVMReverse Vending Machine(빈 용기 회수기) 시장의 60~70%을 점유한 노르웨이 기업 '톰라Tomra'가 회수기 판매에만 초점을 둔다면, 슈퍼빈은 네프론에 쌓인 용기를 회수하고 다음 단계 업체(재활용품 재생공장)로 판매까지 포괄하는 순환경제 시스템 구축이 회사의 미션이다.

환경이슈와 관련하여 포스코도 예외일 수 없다. 첫째, 포스코의 철강공정은 업종 특성상 온실가스 배출량이 많다. 고로에서 쇳물을 생산할 때 철광석에 뜨거운 바람을 불어넣어 녹이는 과정에서 이산화탄소가 배출되며(옥승욱, 2019), 생산이 늘면 이산화탄소를 더 배출해야 하는 상황에 처한다. 특히 환경이슈는 철강업의 숙명이라 할 만큼 철강업이 피할 수 없는 중요한 문제이며, 환경법규의 규제가 점점 강화되는 상황에서 포스코의 보다 전략적이고 능동적인 대응이 요구된다.

둘째, 소재산업으로서의 철강산업은 자동차, 조선, 건설, 기계, 가전, 조립금속 등 관련 산업에 미치는 환경적 파급효과가 매우 크다. 포스코는 기술혁신을 바탕으로 친환경적인 제품과 서비스를 제공함으로써 소재산업으로서 사회적 가치를 창출할 수 있다.

예를 들어, 대표적인 철강 관련 산업인 자동차와 조선산업도 환경이슈와 관련해 심각한 도전에 직면해 있다. 우선, 정부의 자동차에 대한 오염물질규제 기준이 점차 강화되고 있다. 이와 더불어, 자동차 소비자도 점점 더 안전한 자동차를 선호한다. 하지만 그로 인해 차체가 무거워지는 걸 원하진 않는다. 따라서 가볍지만 더 강한 자동차를 만들고자 하는 자동차 제조업계의 고민을 해결하기 위해, 철강사는 가볍고 더 강한 소재 개발에 힘쓰고 있다.

2. 전략적 시나리오: 정부정책과 시장경쟁의 영향력을 중심으로

〈그림 7-1〉은 정부정책의 규제 정도와 시장에서 친환경 제품의 경쟁 정도를 두 축으로 한 4가지 경영환경 시나리오를 보여 준다. 세로축은 환경이슈에 대한 정부정책의 규제 정도를, 가로축은 철강회사들이 친환경 제품을 출시할 가능성을 나타낸다. 각 시나리오에 대한 설명은 다음과 같다.

〈그림 7-1〉 정부정책과 시장경쟁을 통한 경영환경 시나리오

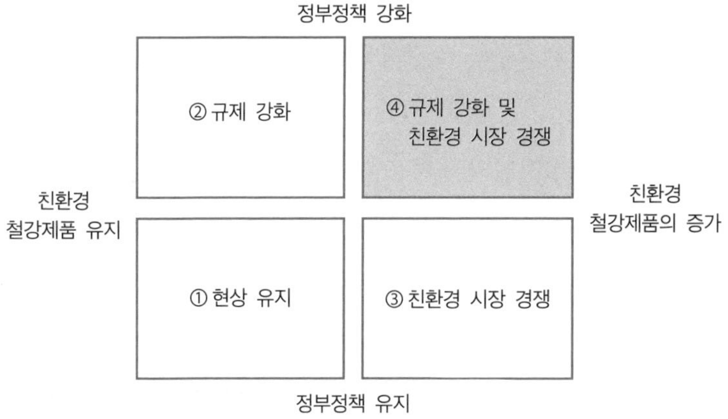

① 현상 유지: 환경이슈에 대한 미래 정부정책에 유의미한 변화가 없을 것으로 예상되며 친환경 철강세품의 증가세가 빠르지 않을 것이라 판단되는 경우이다.

이런 상황에서 철강회사들은 현상을 유지하면서 평소대로 자신들의 비즈니스 모델을 유지하면 된다. 이러한 시나리오는 환경이슈가 크게 문제가 되지 않았던 시절의 것으로서, 최근에는 다소 설득력이 떨어진다.

② 규제강화: 환경이슈에 대한 정부정책이 한층 강화되지만, 기업들의 친환경 제품 출시 가능성은 크게 높지 않을 것이다.

예를 들어, 유럽 배출가스 기준과 관련하여 1992년부터 유럽연합에서 시행한 유로 1은 2014년 이후 유로 6으로 확대되어 질소산화물, 일산화탄소 미세먼지, 탄화수소 등에 대한 강화된 규제를 담고 있다(환경부, 2016). 이런 경우 철강회사들은 정부 규제에 맞춰 전략을 수립할 필요가 있다. 하지만, 탄소배출권 문제 및 대기오염에 대한 규제가 강해질수록 철강회사들의 환경비용이 점차 증가하여 수익성이 악화될 가능성도 높다. 이런 시나리오의 경우, 철강업계의 대응은 주로 철강업의 어려움을 호소하는 로비 활동, 환경이슈를 내재적으로 안고 있는 철강업에 대한 대중의 이해를 높이는 마케팅 활동, 환경단체들의 이해를 구하는 비영리단체와의 연대 활동 등이 중심이 된다. 보다 적극적으로는 ESGEnvironmental, Social, Governance 개념을 중심으로 환경인증서를 획득하는 등의 활동을 할 수 있다.

환경인증서는 일정 기간 대내외적으로 기업의 친환경 이미지와 평판을 만들 수 있으며, 경쟁우위를 확보하는 데 도움을 줄 수 있다. 그러나 이런 활동만으로는 철강업이 당면한 환경적 이슈를 해결하기 어려우며, 무엇보다도 경쟁자의 모방을 피하기 힘들다는 사실도 간과해서는 안 된다. 따라서 기업의 자원을 효율적으로 배분하여 미래를 준비할 전략적 방향을 설정하는 것이 중요하다.

③ 친환경 시장 경쟁: 정부정책은 크게 변하지 않을 것으로 예상되나, 철강회사들이 새로운 시장을 개척하거나 시장점유율을 높이기 위해 친환경 제품을 경쟁적으로 출시한다.

예를 들어, 일본제철의 대표적인 제품으로는 자동차용 고장력강판 제품을 비롯하여 높은 부식 저항성으로 100년간 사용가능한 내구성을 가지고 있는 CORSPACE, 기존 도금 제품에 비해 2배의 가격이지만 3분의 1의 무게만으로 같은 효과를 낼 수 있는 SuperDym, 그리고 지난 40년 동안 LNG탱크선에 사용된 9% 니켈강에 고성능과 자원절약을 양립한 7% 니켈강판 제품 등이 있다(Nippon Steel, 2019). 또한 아르셀로-미탈은 건설용 철강으로 기존 제품 대비 고강도로 30% 경량화를 이뤄 32% 원가 절감과 30% CO_2 배출 절감을 달성한 'HISTAR'과 고강도 철강으로 기존 제품 대비 30% 경량화, 15% 원가 절감을 달성하고 저온도에서 성형이 가능한 'Armstrong' 등을 생산하고 있다(ArcelorMittal, 2019). 바오우스틸은 중국 내 전기차 브랜드 BYD에 납품하는 부식방지 효과가 뛰어난 니켈도금강

BFS600을 개발하였다. 이는 강도가 기존 제품 대비 2배 높으며, 3분의 1의 무게를 감소시키는 효과가 있다(Baowu steel, 2018).

④ 규제 강화 및 친환경 시장 경쟁: 환경이슈에 대한 정부정책은 더욱 강화되며 친환경 시장의 기업 간 경쟁도 치열하게 전개될 가능성이 높다. 이때 기업의 전략은 근본적인 변화를 요구받게 된다(정부규제에 대한 대응은 물론, 환경이슈에 대해 기업의 경쟁우위를 높이는 관점에서 접근하지 않으면 장기적으로 기업의 경쟁력은 담보되지 않기 때문).

앞으로 10년 동안 환경이슈에 대한 정부규제가 지속적으로 강화될 확률을 70%로 보고, 친환경 제품을 통한 시장경쟁이 점차 거세질 확률을 60%로 가정해 보자. 시나리오 ④가 발생할 확률은 .7 × .6 = 42%를 차지한다. 이런 예측하에서 시나리오 ①은 .3 × .4 = 12%, 시나리오 ②는 .4 × .7 = 28%, 시나리오 ③은 .3 × .6 = 18%를 보여 준다. 현상유지의 시나리오 ①은 단지 12%의 가능성만을 보여 준다. 경영전략적 관점에서 정부정책과 시장경쟁에 이보다 더 많은 변화를 예상하는 경우, 시나리오 ①의 가능성은 더 줄어든다. 반대로, 시나리오 ④의 가능성은 크게 늘어난다.

포스코는 소재산업의 특성상 환경이슈와 매우 밀접한 관계를 지니고 있다. 최근 환경이슈에 대해 강화되고 있는 정부규제의 흐름과 기업의 제품 출시 경향을 종합해 보면, 포스코의 전략적 시나리오는 시나리오 ④가 가장 현실적이다. 이 경우, 포스코의 기업시민에 기

〈그림 7-2〉 정부정책과 시장경쟁의 변화에 따른 경영환경 시나리오: 철강업계 대응 방안

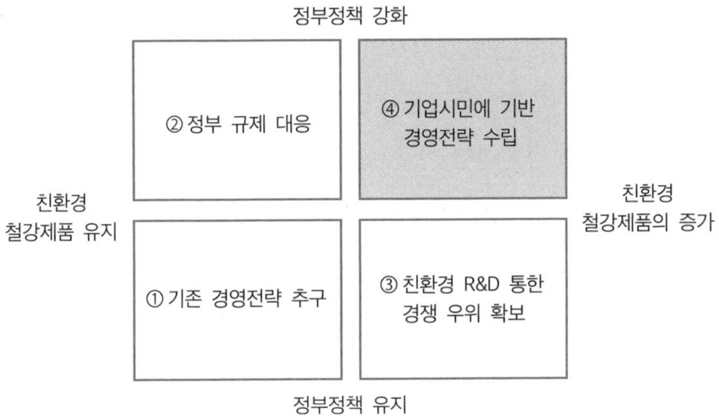

반하여 선제적으로 경쟁우위를 장기적으로 높일 수 있는 경영전략이 필요하다. 그 경영전략은 책임과 의무로서의 기업시민이 아닌, 경쟁우위를 높이고 기술혁신을 불러일으키는 기업시민에 기반을 두어야 한다(〈그림 7-2〉 참조).

3. 포스코의 경쟁우위와 혁신

포스코는 세계 최고 수준의 철강제조능력을 확보하였다. 2018년 기준, 조강생산량으로 아르셀로-미탈(9,642만 톤), 바오우스틸(6,743만 톤), 일본제철(4,922만 톤), HBIS Group(4,680만 톤)에 이어 4,286만 톤으로 5위를 점하고 있다(Dr. Edwin Basson, 2019). 생산

량보다 주목해야 할 점은, WSDWorld Steel Dynamics가 선정하는 '세계에서 가장 경쟁력 있는 철강사' 1위 자리를 2020년까지 11년 연속 지켜왔다는 점이다. 〈니혼게이자이신문〉은 세계 철강업체의 2019년 세전영업이익EBITDA을 조강생산량으로 나누어 비교 분석한 기사에서, 포스코가 조강생산량 기준으로는 세계 5위지만 생산하는 철강재의 톤(t) 당 EBITDA는 164달러로 세계 1위라고 평가했다.

2018년 기준, 포스코의 주요 고객은 현대중공업그룹, 동국제강, 세아제강, 현대기아차, 동부제철, 대우조선해양 등이다. 특히, 포스코의 세계적 수준의 품질 경쟁력은 현대중공업의 경쟁력을 유지하는 데 중요한 역할을 담당하였다. 또한, 2018년 기준으로 누적된 포스코의 전체 조강 생산량은 9억 7천만 톤에 육박한다. 주요 제품으로 따져 보면 열연이 3억 톤, 조선해양용 후판이 5,400만 톤, 냉연 및 도금은 2억 5천만 톤, 스테인리스는 3,600만 톤이다(포스코 뉴스룸, 2019). 포스코는 조선, 자동차, 가전과 같은 대형 고객사와 강소 고객사, 가공센터 그리고 해외 거점 고객사들과의 협력을 통해 경쟁력 있는 제품을 생산함으로써 세계적인 경쟁우위를 굳건히 지키고 있다. 이런 경쟁우위를 바탕으로 포스코는 당면한 환경이슈에서도 독보적인 기술력을 선보이고 있다.

4. 포스코의 환경이슈 대응방안

사회적 임팩트는 공정 및 제품이 사회적 가치를 창출하는 정도를 의미하며, 비즈니스 임팩트는 (사회적 가치를 통해 창출된) 기업의 경제적 이익에 기여하는 정도를 의미한다. 사회적 임팩트가 높아도 비즈니스 임팩트는 낮을 수 있으며, 그 반대 역시 가능하다. 〈그림 7-3〉은 사회적 임팩트와 비즈니스 임팩트 간 관계에 따른 4가지 경영전략 유형을 나타낸 그림이다.

① 기본 모델: 사회적, 비즈니스적 임팩트가 낮은 영역이다. 그러나 이 영역을 절대 평가절하해서는 안 된다. 기업의 경쟁우위와는 직접

〈그림 7-3〉 사회적 임팩트와 비즈니스 임팩트에 따른 경영전략 유형

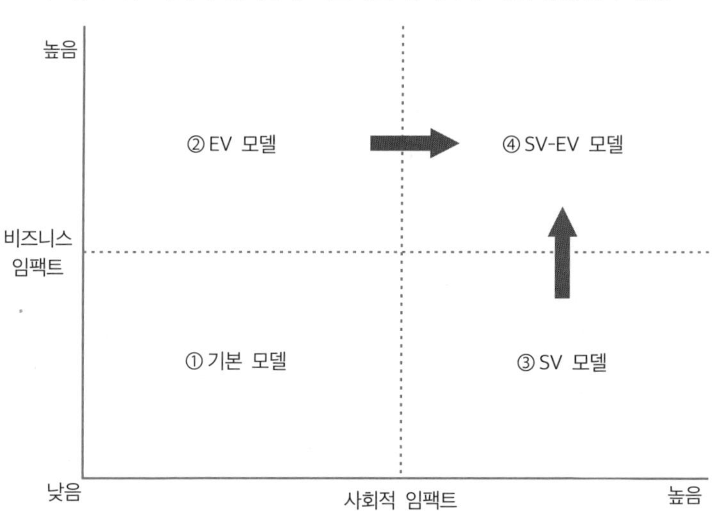

적 관련이 없지만, 사회적으로 중요한 역할을 담당하는 기부 및 홍보영역이 여기에 속하기 때문이다.

② EV(Economic Value) 모델: 사회적 임팩트는 낮지만 비즈니스 임팩트는 높은 비즈니스 영역이다. 법규를 지키는 범위 내에서 차별화된 제품을 만들어 시장에서 경쟁하는 영역이다. 하지만 기술혁신과 생산력을 세계 수준으로 보유하고 있다 할지라도, 이 영역에만 머무른다면 기업시민의 가치를 실현하기는 어렵다. 하지만 ESG를 강화하면서 전략적 의미를 부여하면, SV-EV 모델로 갈 가능성이 높다.

③ SV(Social Value) 모델: 사회적 가치는 높지만 비즈니스 임팩트는 낮은, SV-EV 모델의 잠재력이 높은 영역이다. 다양한 이해관계자들을 위해 실행하는 CSR(사회적 책임) 프로그램이 대표적인 예로, 기업의 경쟁우위적 차원에서 새로운 기술혁신 혹은 추가자원을 투입하면 발전할 잠재성이 높은 영역이다. 단, 기업의 경쟁우위를 고려하지 않고 만드는 사회적 임팩트는 단기성 홍보 프로그램에 그치거나 SV-EV 모델로 발전될 가능성이 낮다.

④ SV-EV 모델: 사회적 임팩트와 비즈니스 임팩트는 독립적으로 각각 높은 게 아니라, 사회적 임팩트가 높아질수록 비즈니스 임팩트가 증가한다(김태영 · 도현명, 2019). 따라서 기업시민과 경영전략의 연결고리에 대한 충분한 이해와 이를 실행할 조직구조를 갖춘 기업만

이 사회적 가치와 비즈니스 가치가 모두 높은 이 영역에서 승자가 될 수 있다.

〈그림 7-4〉는 사회적 임팩트와 비즈니스 임팩트 유형에 따른 포스코의 대표적인 공정 및 제품 혁신을 나타낸다.

① 기본 모델: 일정 정도의 사회적 임팩트와 비즈니스 임팩트를 지닌, 환경에 미치는 영향을 최소화하기 위한 다양한 개선작업을 포함한다. 예를 들어, 제철공정에서 발생한 각종 부생가스를 회수하여 발전시설로 전달, 전력 생산, 연소효율을 향상시키기 위해 매년 노

〈그림 7-4〉 사회적 임팩트와 비즈니스 임팩트 유형에 기반한 포스코의 대표 공정 및 제품 혁신

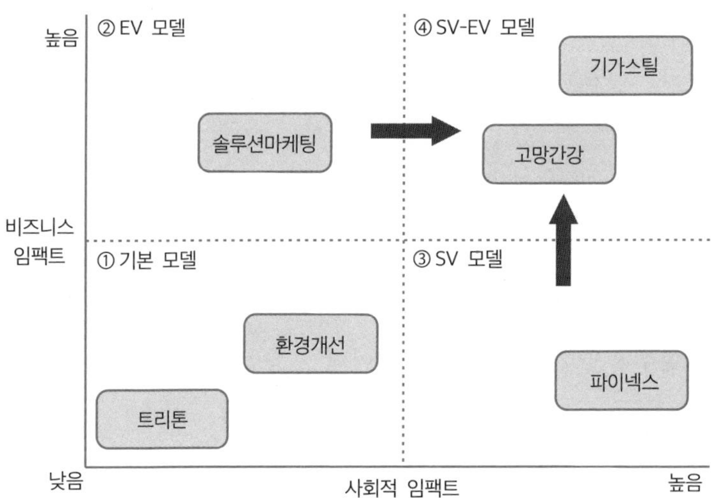

체 진단, 연소 최적화, 열교환기 효율 증대 등의 개선활동을 수행하고 있다. 또한 철강 제조과정에서 생성되는 부산물인 철강슬래그를 재료로 한 인공어초 트리톤Triton은 해양생태계에 유용한 칼슘과 철 등의 미네랄 함량이 일반 골재보다 높아 해조류의 생장과 광합성을 촉진하는 효과가 있어, 해양생태계의 수산자원 회복과 다양화에 기여할 수 있다.

② EV 모델: 포스코가 수행하는 일반적인 공정 및 제품으로, 아직 사회적 임팩트의 가능성은 상대적으로 낮은 편이다. 포스코의 열연제품, 후판, 강판 등을 생산·판매하는 일련의 활동으로, 모든 제품이 경쟁사와 차별적인 친환경적 고객가치를 담보하지는 않지만, 법규 내에서 최대한 효율성을 높인 포스코만의 오랜 경험이 축적된 공정과정과 제품들이다. 이런 제품들을 고객사에게 제대로 설명하고 고객사 현장에서 발생할 수 있는 기술적 문제에 대한 조언을 제공하는 서비스가 바로 솔루션마케팅이다.

③ SV 모델: 사회적 임팩트의 가능성은 높으나 아직 시장이 성숙하지 않았거나 기술적인 한계로 비즈니스 임팩트가 낮은 공정·제품들이다. 대표적으로 1992년 이후 총 5,500억 원 규모의 R&D 투자가 이루어진 친환경 기술인 파이넥스 공법이 있다(포스코 뉴스룸, 2017).

④ SV-EV 모델: 사회적 임팩트와 비즈니스 임팩트가 모두 높은 기가스틸 제품, 고망간 제품 등이 여기에 해당한다. 기가스틸AHSS; Advanced High-Strength Steels은 알루미늄 등 기존 대체소재에 대비해 경제성, 경량화, 강도는 물론 재활용성, 제품 생산 시 상대적으로 낮은 CO_2 배출량 등 친환경성 측면에서도 월등한 효과를 낼 수 있다. 고망간 제품은 2013년 세계 최초로 개발한 선박 LNG 탱크 및 파이프용 신소재로, 망간이 22.5~25.5% 함유된 소재다. 7% 혹은 9% 니켈강 같은 기존의 강재보다 가성비가 좋고 에너지 사용량이 적으며 인성 및 인장강도가 우수한 재료 특성을 갖고 있어 친환경 제품으로서 잠재력이 높다.

5. 포스코의 환경이슈와 전략적 방향

지금까지 포스코의 환경대응 방안에 대해 사회적 임팩트와 비즈니스 임팩트 관점에서 살펴보았다. 이를 통해 몇 가지 특징을 정리하면 다음과 같다.

첫째, 포스코의 환경대응 방안은 솔루션마케팅 및 공정·제품 혁신에 이르기까지 전 영역에 걸쳐 포진되어 있음을 알 수 있다. 포스코는 소재사업의 특성을 기술혁신으로 극복하고자 전사적인 환경대응 방안을 마련, 시행 중이다.

둘째, 〈그림 7-4〉의 2번째 EV 모델 영역은 기술적 경쟁우위로 수익성이 좋다. 하지만 보다 차별화된 (기업시민적) 가치를 실현하기 위해서는 4번째 SV-EV 모델 영역으로 선별적으로 전환되는 과정이 필요하다.

셋째, SV 모델 영역에서 SV-EV 모델 영역으로 전환이 가능한 공정 및 제품은 이미 사회적 가치의 잠재력이 높거나 실현되고 있는 영역으로서 비즈니스 모델로 만들기 위한 기술적 혹은 비즈니스적 혁신 등이 요구된다. 기술적 한계로 혹은 장기간 투자의 부재로 경제적 가치가 완전하게 실현되지 않은 만큼 전략적 판단이 요구되는 영역이다. 이를 위해 다양한 기술 및 경영적 해결책을 마련하여 규모의 경제 및 범위의 경제를 고려하는 전사적 차원의 노력이 배가되어야 한다.

넷째, 포스코의 환경대응 방안은 각 프로젝트마다 시작한 시점이 다르고 시작한 이유도 다르다. 특정한 시기에 이해관계자 혹은 경쟁사의 대응에 맞서 시작했던 프로젝트는 각기 다른 경로를 지나오면서 제각기 다른 기술적 완성도와 환경적 기여도를 확보하였다. 이 시점에서 공정과 제품 간의 친환경 시너지를 내기 위해서, 포스코의 기술적 역량과 중장기 전략적 로드맵을 바탕으로 환경대응 전략 로드맵이 필요한 것으로 보인다.

그렇다면 포스코의 환경대응전략은 어디로 가야 할 것인가? 〈그림 7-4〉에서 보았듯이 환경가치를 담은 포스코의 제품은 SV-EV 비즈니스 모델을 기반으로, 사회적 임팩트와 비즈니스 임팩트를 창출할 수 있고, 포스코만이 할 수 있는 차별적 기업시민의 모범이 될 수 있다. 이러한 과정은 현존하는 제품군을 넘어 신제품 개발과정에서 기업시민의 핵심가치로 존재가치를 발휘할 때 비로소 완성된다.

환경가치와 신제품 개발과정이 독립적으로 존재하는 것이 아니다. 이 두 가지를 연결하기 위해서는 환경가치를 포스코의 고객가치를 높이는 핵심적인 기업시민 가치로 인식하는, 보다 전략적인 로드맵이 필요할 것이다.

6. 지속가능 기업을 위한 조건

1) 기업시민과 경쟁우위는 하나로

포스코의 기업시민과 경쟁우위는 어떻게 이해되어야 하는가? 포스코가 오랫동안 축적해 온 경쟁우위를 지속적으로 강화하기 위해서는 기업시민과 경쟁우위는 개별적으로 움직이는 구성요소가 아님을 분명히 하여야 한다. 즉, 이 두 요소가 하나의 연결고리 안에서 유기적으로 움직일 때, 비로소 한 차원 높은 긍정적인 시너지를 만들어 포스코의 미래를 견인할 수 있다.

전략적 관점과 더불어, 조직구조의 관점에서도 마찬가지다. 기업시민과 경쟁우위는 전략적 차원에서뿐만 아니라 조직적 차원에서도 서로 융합되어 실천되어야 할 것이다. 또한, 각 부서는 독립적인 전문성과 업무를 유지하되, 일시적이고 즉흥적인 홍보·마케팅적 관점을 넘어 전사적 차원에서 기업시민 정신을 구현해야 한다.

2) 환경가치를 경영전략의 중심에 놓아야

포스코의 경쟁우위는 2018년 기업시민헌장 발표로 근본적인 혁신의 지평을 열었다. 기업시민 정신은 무엇보다도 포스코의 경영 전반에 녹아들어 포스코의 경쟁우위로 발현되어야 한다. 그러기 위해서는 환경가치를 중심에 두고 경영전략을 수립하는 혁신이 필요하다. 전체 공정 및 제품을 환경가치적 관점에서 바라보고 공정들 간의 연계성, 제품들 간의 연계성 및 공정과 제품 간의 연계성을 바탕으로 수익성을 확보하는 전략적 로드맵을 만들어야 한다. 이런 관점에서 환경투자비를 넘어, 전체 연구개발비를 환경가치적 관점에서 바라보는 혁신이 필요하다.

장기적으로 철강산업은 환경가치를 고려하지 않으면 차별화된 고객가치를 만들기 힘들며, 이에 따라 수익성도 개선되지 않을 가능성이 높다. 기업의 존재 목적과 사명은 고객 및 사회 구성원에게 보다 나은 제품과 서비스를 제공, 삶의 질을 높임으로써 완성되기 때문이다. 이를 현실화할 때, 포스코의 기업시민은 단순한 선언문이나 구호에 머무르지 않는, 책임과 의무의 기업시민을 넘어 실천적 방향을 제시하는 전략적 자산이 될 수 있다.

3) 다양한 이해관계자와의 소통이 기본

포스코의 기업시민과 경쟁우위를 제대로 연결하기 위해 무엇보다 중요한 것은 다양한 이해관계자의 상황과 니즈를 파악하는 작업이다. 다양한 이해관계자와의 소통은 포스코의 기업시민의 가치와 경제적 활동에 가장 기본적인 전제조건이다. 이 소통이야말로 기업시민이 경영전략에 녹아들게 하는 촉매제이다. 이를 바탕으로 기업의 경쟁우위에 지대한 영향을 미칠 수 있는 기업시민 가치를 전략적으로 선별하는 작업이 따라오게 된다.

이해관계자와의 소통과 더불어 기업시민이 경쟁우위로 연결되기 위해서는 한 가지가 더 필요하다. 바로 소통의 내용이 기업의 제품과 서비스로 반영되는 접점, 즉 기업시민과 경쟁우위가 만나는 고객가치를 찾는 일이다. 포스코는 철강회사이다. 환경적 중요성이 날로 커져 가는 요즘, 포스코의 제품과 서비스에 친환경 기업시민의 가치가 어느 정도 구현될지는 결국 전략적 가치와 연결된 기업시민의 새로운 패러다임을 토대로 한 공정 및 제품의 혁신에 달려 있다. 이러한 혁신이 가능할 때, 포스코의 기업시민은 앞으로의 50년을 견인하여 100년 기업으로 나가는 경쟁우위가 될 것이다.

8

윤리의 역할과 기업시민

김인회

1. 윤리와 연결성

윤리는 공동체를 유지하고 개인에게 좋은 삶을 보장한다. 윤리는 공동체와 뗄 수 없고 개인의 좋은 삶과 뗄 수 없다. 이것은 윤리가 사람 사이의 관계, 연결에서 비롯되기 때문이다. 윤리는 관계, 연결의 상태를 결정한다. 좋은 윤리가 있다면 관계, 연결은 부드러워지

김인회
1993년 사법시험에 합격하였으며, 현재 인하대 법학전문대학원 교수로 재직 중이다. 2007년 참여정부 청와대 시민사회비서관으로 재직했으며, 참여정부 당시 사법개혁위원회, 사법제도개혁추진위원회에서 사법개혁에 매진했다. 주요 저서로는 《윤리의 미래: 좋은 삶》(2020), 《정의의 미래: 공정》(2019), 《형사소송법》(2018), 《김인회의 사법개혁을 생각한다》(2018), 《문제는 검찰이다》(2017) 등이 있다.

고 좋아진다. 윤리가 없거나 나쁜 윤리가 있으면 관계, 연결은 갈등으로 발전하고 서로에게 고통이 된다.

관계와 연결이 있는 모든 곳에는 윤리가 있다. 오래 지속되거나 가까운 관계면 깊은 윤리가 필요하다. 처음 보는 사이거나 먼 관계면 예의, 에티켓만 지켜도 큰 문제는 없다. 부모와 자식, 부부 사이 관계는 너무 긴밀하기 때문에 깊고 깊은 윤리가 필요하다. 서로에게 미치는 영향이 클수록 윤리는 더욱 필요하다. 윤리가 가족 관계에서 출발한 것은 가족이 가장 기본적인 관계, 연결망이기 때문이다.

가족에서 출발한 윤리는 중요한 관계, 연결망으로 확대된다. 의사와 환자 사이에는 의료윤리가 필요하다. 법조인과 의뢰인 사이에는 법조윤리가 필요하다. 의사는 환자에게 거의 절대적인 영향력을 갖는다. 환자는 자신의 신체를 의사에게 전적으로 맡긴다. 수술을 받는 경우를 생각해 보자. 의식이 없으므로 의사가 환자의 몸에 무슨 일을 할지 전혀 모른다. 그렇지만 자신의 몸을 의사에게 맡기지 않을 수 없다. 의사에 대한 신뢰가 없다면 불가능하다. 신뢰는 자신에게 중요한 무엇을 남의 처분에 맡기는 것을 말한다. 신뢰는 의사의 윤리, 의료윤리가 없다면 생겨 날 수 없다. 법조윤리도 같다. 의뢰인은 자신의 사회적 생명을 판사, 검사, 변호사에게 전적으로 맡긴다. 중요한 관계에서는 높은 수준의 윤리가 필요한 법이다.

윤리는 다양한 곳에서 생기고 발전한다. 사람의 삶이 다양하기 때문에, 사람이 맺는 관계와 연결이 다양하기 때문에 윤리는 다양하다. 사람과 자연의 관계가 문제되면 환경윤리가 등장한다. 조직이 대상이 되면 조직윤리가 생긴다. 세계가 대상이면 세계윤리가 된다. 기업이 세상과 어떻게 관계를 맺을 것인가가 쟁점이 되었을 때 기업윤리가 탄생했다. 관계가 다양해지면 윤리는 다양해지고 관계가 깊어지면 윤리는 더 중요해진다.

윤리는 관계, 연결에 기초해 있다. 연결성이 높아지면 하나의 행위가 미치는 영향이 더 커진다. 타인이나 환경에 미치는 영향이 커지기 때문에 행위를 더 조심해야 한다. 타인이나 환경에 좋지 않은 영향을 미치지 않도록 배려하는 것이 윤리다. 이것은 모든 개인이 같다. 타인이 나에게 미치는 영향도 엄청나게 크다. 연결성이 높아진 현대사회에서 개인의 힘은 점점 커지고 있다.

현대사회는 연결성이 극대화된 사회다. 연결성이 극대화되어 시간과 공간을 초월하는 지경에 이르렀다. 지금 서울과 부산을 오가는 열차는 역사상 그 어느 때보다 빠를 뿐만 아니라 더 자주 운행된다. 이러한 초연결성은 정보통신혁명에 의하여 이루어졌다. 또한, 상품의 이동, 서비스의 제공, 자본의 이동은 더 빠르고 더 연결되어 있다. 역사상 가장 많은 상품과 서비스, 자본이 역사상 가장 빠르게 이동하고 있다. 하루 만에 택배가 도착하는 사회에 살고 있다. 초연결성이라는 표현이 모자랄 정도다.

연결성이 높아지면 윤리는 더 필요해진다. 연결성을 물질적으로 유지하는 것은 시스템이지만 정신적으로 유지하는 것은 윤리다. 다른 사람에 대한 태도와 자세다. 타인과 환경에 대한 올바른 태도와 자세, 마음이 없다면 타인과 환경을 오로지 자신의 이익을 위해서만 사용해 버린다. 타인이 불행해지든 환경이 파괴되든 아무 상관이 없다고 생각한다. 그렇지만 타인도 자신과 똑같이 생각하기 때문에 나를 대할 때 일회용 물건처럼 이용하고 버린다. 이렇게 되면 서로가 서로를 이용만 하고 버리는 세상이 된다. 그 결과 환경은 파괴되고 공동체는 무너지고 평화는 위협받는다. 환경파괴는 공해와 지구온난화를 낳는다. 환경파괴 행위는 나를 포함한 모든 사람과 지구까지 위험에 빠뜨린다. 서로가 이용만 하면 폭력과 갈등, 욕설과 범죄가 난무한다. 공동체는 위험해지고 개인의 안전은 위협받는다.

하지만 윤리만으로는 현대사회의 연결성을 관리할 수 없다. 과학, 경제, 정치와 함께 윤리가 작동되어야 한다. 엄청난 물자와 인력을 이동시키는 것은 정보통신혁명과 같은 과학의 힘이다. 자율주행차를 설계하고 도입하는 것은 엔지니어들이다. 자본의 흐름을 주관하는 것은 금융권과 시스템이다. 하루 만에 주문물품이 배송되는 시스템은 기업이 만들었다. 물자와 인력, 상품과 서비스는 시스템에 의하여 관리되지 않으면 제대로 유통될 수 없다. 우리가 외국의 물품을 그 어느 때보다 많이 구입할 수 있는 것은 자본주의 경제법칙이 적용되었기 때문이다. 자본주의가 눈부신 경제발전을 이루었고 물질적 풍요를 가져다 준 것은 틀림없는 사실이다.

윤리는 과학, 경제, 정치와 함께 갈등을 완화하고 관계를 부드럽게 만든다. 윤리는 과학, 경제, 정치보다 연결성, 관계성에 더 민감하다. 올바른 태도와 자세, 마음을 바탕으로 하는 행위는 좋은 행위, 착한 행위이므로 연결과 관계를 매끄럽고 부드럽게 만든다. 윤리에 기초할 때 과학, 경제, 정치도 불평등, 격차, 갈등을 완화할 수 있고 올바른 방향으로 발전할 수 있다.

2. 윤리와 공동체

개인의 삶은 공동체에 의해 큰 영향을 받는다. 공동체가 어떤 윤리를 가지고 있느냐에 따라 영향을 받는다. 공동체 윤리는 공동체 구성원들이 서로를 대하는 태도와 자세, 마음을 말한다. 사람 사이의 연결성과 관계성을 규정하는 것은 태도와 자세, 마음이다. 개인들은 서로 관계 맺는 다른 사람에게 어떤 태도를 취하는가에 의해 타인에게 영향을 미치고 또 영향을 받는다. 관계에서 주고받는 영향은 쌍방향이다. 타인도 하나의 우주이므로 내가 타인에게 영향을 미치듯 타인도 그만큼 나에게 영향을 미친다. 나에게 내가 가장 중요하듯 다른 이도 자신이 중요하다.

다른 사람과의 관계에서 나타나는 태도와 자세, 마음은 외적 측면과 내적 측면을 모두 말한다. 외적 측면은 예의와 품위를 말하고 내적 측면은 존중과 공감, 연민을 말한다. 외적 측면은 공동체 존속을 위한 최소한의 자세다. 상대방에 대한 존중과 공감이 있으면 더 좋겠지만 예의와 품위만 있어도 평화가 찾아온다.

예의와 품위는 옛날부터 필요했지만 현대사회에는 더 필요하다. 현대사회는 갈등사회다. 개인의 욕구가 찬양되고 미화되는 사회이므로 욕구가 분출될 때 생기는 갈등은 피할 수 없다. 갈등이 일상화된 현대사회에서 예의와 품위가 있다면 갈등은 순화될 수 있다. 최근 한국을 비롯한 세계 정치에서 벌어지는 갈등은 예의와 품위가 없기 때문에 더욱 격렬해진다. 국가 간, 정당 간, 집단 간 주고받는 살벌한 말은 갈등을 증폭시킨다. 예의와 품위가 없는 욕설은 아직 생기지도 않은 갈등을 만들고, 지금 있는 갈등을 더 격화시킨다. 예의와 품위라는 윤리의 외적 측면을 갖추기만 해도 갈등과 투쟁은 약화된다.

윤리의 내적 측면까지 갖추면 더욱 좋다. 모든 외적 행위는 내적인 마음이 갖추어졌을 때 진정으로 힘을 발휘한다. 윤리가 내적 태도까지 지향하는 이유는 여기에 있다. 내적으로 평화롭고 자비롭고 안정되어야 행위가 평화롭고 자비롭고 안정된다. 상대방은 행위자의 내적 심리 상태를 즉시 알아챈다. 상대방에게 영향을 미치려면 먼저 자신의 내면이 깨끗해야 한다.

공동체에 따라 개인이 얼마나 많은 영향을 받는지는 COVID-19 사태와 시위문화에서 확인할 수 있다. COVID-19 사태로 전 세계가 동일한 영향을 받았다. 하지만 결과는 달랐다. 국가의 대응에 따라, 공동체의 태도에 따라 다른 결과를 보였다. 또한, 해당 국가에 사는 사람들의 태도도 차이가 컸다. 몇몇 나라에서는 국가를 믿지 못하고 시위를 벌였다. 한국은 국가적 리더십을 확립했고 국가에 대한 신뢰가 오히려 높아졌다. 한국에서는 전 국민이 마스크를 착용했다. 그러나 몇몇 나라에서는 마스크를 제대로 쓰지 않았다.

COVID-19 확진자와 사망자 수는 국가마다 큰 차이가 났다. 죽고 사는 것을 결정한 것은 COVID-19가 아니라 '내가 어느 나라에 사는가'였다. 국가마다 생존율에 큰 차이가 나타났다. 공동체 구성원들의 수준, 공동체의 시스템, 리더십에 따라 같은 질병에 걸렸음에도 생사가 갈렸다. 특히 중요한 것은 국가에 대한 신뢰, 공동체 구성원에 대한 신뢰였다. 공동체 구성원에 대한 강한 신뢰가 방역의 수준을 높였다.

공동체가 개인에게 큰 영향을 미친다고 해서 모든 공동체가 중요하고 소중하다고 생각해서는 안 된다. 공동체에는 좋은 공동체와 나쁜 공동체가 있다. 좋은 공동체에 속해 있으면 개인도 좋은 사람이 될 가능성이 높다. 좋은 공동체를 만들면 그 영향은 널리 퍼진다. 개인의 자유를 위해서는 좋은 공동체가 필요하다. 지금의 공동체가 나쁜 공동체이고 또 나쁜 공동체를 계속 만들면 그 영향력 역시 크다. 좋은 공동체를 만들고 나쁜 공동체는 점점 없애야 한다.

3. 윤리와 개인

인간은 관계적 존재, 연결되어 있는 존재다. 유적 존재species-being, 사회적 존재social being라고도 한다. 모든 관계에는 태도와 자세, 마음이 필요하다. 태도와 자세, 마음은 윤리를 구성한다. 결국 모든 삶에는 윤리가 필요하다. 윤리 없는 삶, 윤리 없는 생활은 없다.

성공의 기준은 시대마다 다르다. 하지만 윤리의 본질에는 거의 변화가 없다. 물질적 풍요, 재산과 권력이 성공의 기준인 현대시회에서도 자신에 충실한 것, 타인을 친절하게 대하는 것, 타인의 아픔에 공감하는 것, 타인의 어려움을 함께하는 것은 여전히 강조된다. 이는 사람의 기본자세이면서 좋은 삶의 표상이기 때문이다. 다만 시대에 따라 윤리의 본질이 표현되는 방식에는 차이가 있다. 봉건시대에는 윤리의 본질이 가부장제를 통하여 억압적으로 표현되었다. 이 당시에도 부모와 자식 관계, 남녀 관계에 충실하라는 것은 타당한 이야기였다. 그러나 가부장제라는 전제가 잘못되었기 때문에 충실성이 오히려 자신과 타인을 해하는 결과를 낳았다.

윤리적 삶은 일관성을 준다. 자신에게 충실하면서 외부 사람과 사물에게도 충실할 수 있다. 이에 반해 비윤리적 삶은 일관성이 없다. 일관성이 없는 삶은 심리적으로 불편함을 준다. 가장 나쁜 경우는 본인은 열심히 사는데 이것이 다른 사람을 해치고 환경을 더럽히는 경우다. 개인의 삶, 직장인의 삶, 사회인의 삶, 국민의 삶, 지구인의 삶은 모두 일관되어야 하는데 그렇지 않은 것이다. 범죄인도 자식이 올바르게 살기 바란다. 그러나 자신의 삶이 그렇지 않기 때문에 거짓말을 할 수밖에 없다. 이중의 삶을 사는 것이다.

성공과 윤리의 분리는 삶과 윤리의 분리만큼 위험한 시도다. 심리적으로 불균형을 초래한다. 영적으로 충만한 삶도 살 수 없게 된다. 부와 권력을 획득했지만 비윤리적인 사람에 대해서 대중들이 불편함을 느끼는 이유는 여기에 있다. 부와 권력은 비윤리적 행위를 치유해 주지 못한다. 오히려 비윤리적 행위가 부와 권력의 정당성에 의문을 제기한다. 사람은 근본적으로 물질로 구성되어 있지만, 사람을 규정하는 것은 물질이 아니라 마음이기 때문이다. 비윤리적 사람은 충만한 삶을 살 수 없다. 물론 물질과 마음은 영원한 것이 아니다. 언제든지 좋은 방향으로 바뀔 수 있다. 실체가 없기 때문에 고통이기도 하지만 벗어날 수도 있다.

윤리적 삶은 영적으로 충만한 삶과 통한다. 윤리의 덕목은 곧 종교의 규율과 같다. 영적 생활, 마음의 세계는 모든 것에 영향을 미친다. 자신과 타인의 행복과 평화를 만든다. 영적으로 충만한 사람, 마음이 깨끗한 사람이 부와 권력을 깨끗하게 버린다. 마하트마 간디, 테레사 수녀, 마틴 루터 킹, 넬슨 만델라 등 위대한 인물에게서 확인할 수 있는 것은 바로 이런 덕목이다. 영적 생활은 윤리적 행위, 착한 행위, 착한 삶에서 시작한다. 윤리적 삶은 개인을 완전하게 만드는 출발점이다.

4. 윤리와 풍요의 역설

윤리는 현대사회에서 무시된다. 성공과 윤리, 구체적으로는 부와 윤리가 분리된 이후 윤리는 사회에서 퇴장했다. 윤리는 생활의 현장이 아닌 어두운 밤 일기장에 간혹 등장하는 덕목이 되었다. 성공 이후에 고려하면 좋고 고려하지 않아도 괜찮은 가치가 되었다. 윤리가 퇴장한 이후 현대인은 문제를 해결하는 능력이 약해졌다. 현대사회의 문제에 윤리적으로 접근하지 않기 때문이다. 현대사회의 문제는 경제발전이나 정치적 투쟁을 통하여 해결할 수 없을 정도로 복잡하다. 발전하면 발전할수록 오히려 사람들이 불행해지고 고통스러워한다. 이 문제는 경제적 관점, 정치적 관점만으로는 해결할 수 없다. 윤리적 관점이 함께해야 한다. 윤리만으로 현대의 문제를 해결할 수는 없지만 윤리가 없다면 해결할 수 없다. 현대사회의 문제 중 윤리와 관련 있는 핵심문제 두 가지를 살펴보자. 풍요의 역설과 시간의 역설이 그것이다.

풍요의 역설은 역사상 가장 풍요로운 현대인들이 역사상 가장 괴로운 현실을 말한다. 인류는 자본주의 발전으로 경제적 풍요를 누리고 있다. 역사상 가장 많은 상품과 서비스를 생산하고 또 소비한다. 먹는 것, 입는 것, 사는 곳에 대한 선택지는 역사상 가장 많다. 돈이 문제가 아니다. 적은 돈으로도 먹을 것, 입을 것은 다양하게 선택할 수 있다. 그리고 역사상 가장 많은 자본이 집적, 집중되어 있다. 오늘 자본의 양은 역사상 가장 많다. 내일이면 자본은 또 증가할 것이다. 자고 일어나면 자본은 더 많이 축적되어 있다. 자본의 운동, 자본의 축적은 계속된다.

하지만 더 이상 풍요로울 수 없을 정도의 현실에서 사람들의 육체적 고통, 심리적 고통, 정신적 고통은 날로 깊어지고 있다. 이 문제는 물질적 풍요로 해결할 수 없다. 고통을 해결하기 위하여 경제를 성장시켰으나 고통은 없어지지 않았다. 오히려 물질적 풍요로 고통이 생겼다. 물질적 풍요는 욕심을 채울 수 없다. 욕심은 끝이 없다. 세상의 모든 돈을 다 가져도 만족할 줄 모르는 것이 욕심이다. 욕심을 부추기는 현재의 방식으로는 이 문제를 해결할 수 없다.

또한 정치로 갈등과 충돌을 모두 해결할 수 없다. 정치는 갈등과 충돌을 전제로 한다. 갈등과 충돌로 발생하는 고통이 더 확대되지 않도록 한다. 다수결에 의한 결정, 소수자 보호, 인권 보호를 통하여 이미 발생한 갈등과 충돌이 더 이상 악화되지 않도록 한다. 하지만 갈등과 충돌을 완전히 없앨 수는 없다. 민주주의가 계속 발전하고 있지만 갈등과 충돌, 내적 고통, 외적 괴로움은 계속되고 있다. 한국사회의 갈등과 충돌도 민주적 시스템에도 불구하고 계속되고 있다.

타인과의 갈등, 환경과의 투쟁은 외적 태도와 내적 마음 자세를 바꿀 때 완화될 수 있고 없앨 수 있다. 외적 태도는 예의와 품위이며 내적 자세는 존중과 배려다. 예의와 품위가 있을 때 갈등은 폭력으로 발전하지 않는다. 예의와 품위가 있을 때 갈등은 감정의 지배에서 벗어날 수 있다. 이것만으로도 갈등과 충돌을 줄인다. 그렇지만 행복을 보장하지는 못한다. 내적 자세인 존중과 배려가 있을 때 갈등과 충돌의 뿌리를 없앨 수 있다. 서로가 온전한 하나의 세계, 하나의 우주임을 인정하고 존중할 때 인간의 존엄성은 평등하게 보장된다.

현대인이 당면한 역설 중 가장 큰 역설인 풍요의 역설은 경제, 정치, 윤리가 함께 노력할 때 해결된다. 그중 윤리가 가장 중심에 있다. 윤리적 삶은 행복과 평화를 직접 목표로 한다. 경제에 있어 행복과 평화는 어디까지나 간접적 목표다. 행복과 평화를 경제발전의 부산물 정도로 생각한다. 정치 역시 같다. 그렇지만 경제와 정치의 역할을 무시할 필요는 없다. 가난하고 투쟁 중심의 세상에서 벗어나는 것 역시 행복과 평화의 중요 요소이기 때문이다. 윤리를 바탕으로 경제와 정치를 제어할 필요가 있다.

5. 윤리와 시간의 역설

현대사회의 문제 중 윤리와 관련 있는 두 번째 핵심 문제는 시간의 역설이다. 시간의 역설은 역사상 가장 빠르게 일을 처리하는 현대인에게 시간이 항상 부족한 현실을 말한다. 현대인에게는 심지어 쉬는 시간, 자는 시간도 부족하다.

현대인의 풍요로움의 배경에는 모든 시간을 투자해야 하는 고통이 숨어 있다. 시간은 돈이라고 예전부터 강조하긴 했으나, 자본주의 사회에 들어서서 이 말은 완전한 진리가 되었다. 시간은 자본과 같은 것이 되었다. 자본을 아끼고 재투자하듯 사람들은 시간을 아끼고 재투자한다. 자본을 놀리면 낭비라고 생각하듯 휴식이나 여가로 활용하는 시간은 낭비라고 생각한다.

자본주의 사회에서 사람들은 자신의 모든 것을 자본화하고 이를 다시 투자한다. 여기에는 시간도 포함된다. 투자의 대상이 된 이상

시간은 자본과 속도에 종속된다. 시간은 더 이상 개인의 소유가 아니다. 시간을 모두 투자에 돌리다 보니 실제로 남은 시간이 생겼을 때 어떻게 해야 할지 모르는 경우가 생긴다. 자신이 하고 싶은 일도 모를 수 있냐고 생각할 수 있겠지만 실제로 그런 일이 벌어진다. 남은 시간을 인터넷 서핑이나 웹상의 정보검색으로 보내는 경우가 이를 말해 준다.

만성적인 시간부족 현상, 현대인들이 당면한 현실이다. 현대인들은 시간이 부족하면 만들면 된다고 생각한다. 그 방법은 더 빨리 상품과 서비스를 생산하는 것이다. 과학기술은 이를 가능하게 할 것처럼 보인다. 정치에서는 더 빨리 의사결정을 하면 된다. 정치개혁이 주장되는 이유다. 그렇지만 이 방법은 효과가 없다. 이미 우리는 이런 식으로 해왔기 때문이다. 시간이 부족하여 상품과 서비스 생산속도를 높여 왔다. 그리고 앞으로 의도하지 않더라도 생산속도는 더 빨라질 것이다. 정치의 의사결정 속도도 높여 왔다. 정치에 시민의 참여가 강조되면서 시민들은 더 바빠졌다. 극심한 경쟁으로 회사생활, 자영업 경영도 어려운데 정치활동까지 하라고 하니 시민으로 살기는 참으로 어렵다. 이처럼 경제와 정치가 발전했음에도 시간은 여전히 부족하다. 시간의 역설은 해결되지 않고 있다.

그렇다면 속도를 늦추는 것은 어떨까? 이것은 불가능하다. 더 빠른 생산을 위한 과학기술의 발전, 경쟁을 막을 방법도, 명분도 없다. 정치의 의사결정 과정을 신속하게 하고 시민의 참여를 높이는 것 역시 막을 수 없다. 시간의 문제를 해결하려면 시간에 집착하지 않아야 한다. 시간을 단축하려는 모든 노력은 시간에 집착하기 때문에 생긴다. 시간에 집착하니 시간을 단축하고 남은 시간을 투자에 활용한다. 시간에 집착하니 시간이 사람을 지배하고 사람은 시간에 끌려다닌다.

시간에 집착하지 않으려면 과거와 미래에 집착하지 않아야 한다. 지금 여기에 충실하면 시간은 더 이상 사람을 지배하지 못한다. 마치 시간이 멈춘 듯한 경험, 시간이 순식간에 지나가는 경험, 시간이 늘어나는 듯한 경험을 하기도 한다. 자신의 행위가 시간을 지배하게 된다.

과거도 미래도 아닌 지금 여기의 행위가 중요하다. 좋은 의도를 가지고 좋은 결과를 낳는 지금 여기의 좋은 행위만이 중요하다. 좋은 행위는 윤리적인 행위를 의미한다. 과거와 미래에서 벗어나면 시간의 굴레에서 벗어나게 된다. 윤리의 관점에서 시간은 따로 존재한다.

6. 윤리와 시민

윤리는 시민의 등장 이후 큰 변화를 겪었다. 억압적인 성격을 벗어나 자유와 평등에 기반한 윤리가 등장했다. 시민은 자유를 바탕으로 인간의 존엄성을 발전시켰다. 또한, 시민은 억압을 해체하고 자유를 쟁취, 확대하는 과정에서 탄생했다. 이 과정은 또한 보다 자유롭고 행복한 공동체를 만드는 과정이었다. 만일 개인의 행복과 평화에만 관심을 가졌다면 시민들은 반봉건 시민혁명, 반제 민족해방혁명, 반독재 민주투쟁에 뛰어들지 않았을 것이다. 자유와 공동체에 대한 관심, 이것이 시민을 규정하는 근본 요소다. 공동체에 대한 관심은 민주주의에 대한 관심을 말한다. 근대시민혁명으로 자유와 함께 민주주의가 발전했다. 개인은 자유를 통하여 발전했고 공동체는 민주주의를 통하여 발전했다.

한국인, 구체적으로 한국을 발전시켜 온 한국 시민들의 정체성 가장 바닥에 있는 것은 자강론自强論, 스스로 강해져야 한다는 철학이다. 자강론은 우선 경제적 성공을 중시한다. 경제적 성공이 뒷받침되어야 기아의 공포, 멸망의 공포, 죽음의 공포에서 벗어날 수 있다는 것을 한국인들은 뼈저리게 느꼈다. 한국인의 경제중시 경향은 경제지상주의, 성장지상주의를 만들었고 지금도 한국을 지배하고 있다. 한국인들은 제조업과 서비스산업에서 세계 최고 수준을 달성했으며, 모든 일을 장인匠人의 수준으로 높여 놓았다. 하지만 부정적 측면도 있다. 일에 파묻혀 개인의 삶, 가족의 삶이 실종되었다. 경제발전에 따라 경제 중심, 일 중심의 세대는 점점 사라질 것이다. 개인의 삶, 소규모의 행복을 중시하는 삶은 이미 등장했다. 앞으로 더 퍼져 나갈 것이다. 궁극적으로 중요한 것은 개인의 행복과 평화이기 때문이다.

자강론은 일제강점기를 거치면서 민족주의로 발전했다. 민족주의는 일제강점기 독립운동을 이끄는 원동력이었고, 해방 이후 국가 발전의 바탕이 되었다. 자강론은 나아가 민주주의로 나타난다. 한국은 일제강점기 독립운동의 동력으로 민족주의와 함께 민주주의를 채택한다. 민주주의의 뿌리는 민족독립운동으로 거슬러 올라가지만 한국인들에게 정착된 것은 해방 이후 쌓인 민주화운동 덕분이다. 1960년 4·19혁명, 1980년 광주민주화운동, 1987년 6월 민주항쟁, 2016년 촛불혁명 등이 민주주의 전통을 만들었다. 한국인들이 민주시민으로 바뀌는 과정에서 민주화운동은 결정적 역할을 했다.

경제주의, 민족주의, 민주주의. 이 세 가지는 한국인들을 특징짓는 요소다. 한국 시민들이 가장 중요하게 생각하는 것들이다. 이 세 가지 요소를 바탕으로 통일정책, 자주국방, 동맹외교 등 대외정책과 경제정책, 복지정책, 정치개혁 등 국내 정책이 나온다.

대기업에 대한 모순적 인식도 여기에서 비롯된다. 대기업이 세계 최고 수준으로 발전한 것은 높이 평가한다. 세계 일류 제품, 세계 일류 서비스를 제공하는 것에 대해서는 높은 만족감과 자부심을 느낀다. 그렇지만 이것이 기업의 비민주적 관행을 정당화해 주지는 않는다. 한국인들은 경제위기 때 기업에 기대를 많이 한다. 기업은 여기에 부응하여 많은 역할을 한다. 하지만 아무리 경제위기라고 해도 정경유착이 있으면 수사와 재판을 진행한다. 경제주의와 민주주의가 따로 작동하는 것이다. 기업에 대한 객관적 평가가 어려워지는 이유다.

7. 기업윤리와 기업시민

한국의 기업윤리는 이중의 부담을 안고 있다. 첫 번째 부담은 국가경제의 주축으로서 세계 최고 수준의 제품과 서비스를 제공해야 한다는 것이다. 기업은 국가경제 발전에 도움이 되어야 한다. 국가경제에 기여하지 않는 기업은 한국에서는 아무리 세계 최고의 기업이라고 하더라도 제대로 평가받지 못한다. 세계 최고의 제품을 통하여 소비자의 요구를 충족시키면서 국가경제에도 기여하는 기업을 한국인들은 높이 평가한다. 세계 최고의 기업은 한국인에게 애국심과 높은 만족감을 준다. 하지만 이 부분은 윤리적으로 높이 평가되지 않는다. 기업의 본래 목적이라고 생각하기 때문이다. 세계 최고의 기업이 되기 위해서는 기업의 CEO만이 아니라 구성원들 각자가 장인의 수준에 올라야 한다. 윤리적으로 무장하지 않으면 세계 최고의 기업이 될 수 없다. 최근 기업들이 기업윤리를 강조하는 것은 이러한 요구를 알고 있기 때문이다. 외부에 의하여 강제되었든 기업이 스스로 선택했든, 기업윤리가 강조되는 것은 바람직한 현상이다. 기업의 노력은 정당하게 평가되어야 한다.

두 번째 부담은 민주주의에 대한 요구다. 이 요구는 두 가지 측면에서 나타난다. 기업 내부의 민주적 구조 정착과 사회에 대한 기여가 그것이다. 시민들의 기업 내부 민주화 요구는 높다. 또한, 민주주의는 대외적으로 기업의 사회 기여, 사회적 가치 창출 요구를 포함한다. 전통적으로 윤리의 대상이 된 부분이다. 재벌과 대기업은 이 부분에 관심을 확대하고 있으며, 이는 기업윤리 확대의 출발점이면서 성과도 많은 부분이다.

기업윤리는 이와 같이 세계 최고 수준의 기업이 되어야 하는 과제, 내부 민주화 과제, 외부 사회적 기여의 과제를 모두 안고 있다. 기업과 사회, 정부는 이 문제를 각각 독립적인 문제로 보고 따로 대응했다. 하지만 세상 모든 것이 서로 연결되어 있는데 기업의 문제와 해결책이 서로 연결되어 있지 않을 리 없다. 기업에 요청되는 내외부의 요청을 모두 해결할 주체로서 '기업시민' 개념이 제안되었다. 기업시민 관점에 서면 다양한 이해관계자와 소통과 협력을 통해 사회문제를 발굴할 수 있게 된다. 나아가 공생가치를 제고할 수 있는 창의적인 솔루션을 모색하고 함께 실행할 수 있게 된다. 기업 스스로가 사회구성원의 일부라고 인식하기 때문이다.

기업시민은 기업윤리의 발전형태다. 기업에 대한 요구를 모두 충족시키기 위해 고안되고 발전하고 있다. 경제발전, 기업민주화, 사회공헌까지 모두 충족시키는 개념으로 이해된다. 포스코 기업시민 헌장에 의하면 경제발전은 'Business', 사회공헌은 'Society', 기업민주화는 'People'에 해당한다. 이처럼 기업시민은 이중 삼중의 의미를 가진다. 기업윤리가 여러 역할을 하듯 기업시민도 여러 의미를 복합적으로 가지고 있다. 현대사회에서 기업은 이미 여러 역할을 수행하기 때문이다. 기업시민의 등장으로 기업윤리는 더 다양한 방식으로 실천될 수 있다. 한국사회와 현대사회가 요구하는 세 가지 요구를 모두 수용할 수 있기 때문이다.

기업시민은 기업과 윤리를 시민 개념으로 성공적으로 결합시키고 있다. 기업윤리가 정착하고 발전하려면 기업 자체의 목표, 가치, 경영원리, 활동방식이 윤리 친화적이어야 하고 기업 구성원들 역시 윤리적으로 행동해야 한다. 두 측면에서 모두 윤리가 강조될 때 기업윤리는 더욱 발전할 수 있다. 기업시민은 이를 담을 수 있는 좋은 그릇이다. 김석호 교수는 기업시민을 '기업'시민과 기업'시민'의 결합으로 파악한다. 김 교수는 기업시민을 "개인 시민과 같은 차원에서 이해되는 주체이자 행위자로서의 기업"과 "시민성을 정착한 기업 내의 개인 구성원으로서 적극적으로 참여하고 행동하는 시민"이라는 이중의 의미로 파악한다. 기업시민이 강조되면 될수록 기업 자체와 그 구성원 양자의 윤리성은 화학적으로 결합될 가능성이 높다. 기업시민 개념이 정착, 발전하기 위해서는 구성원인 임직원은 공헌활동에 자발적으로 참여해야 하고, 기업시민인 회사는 제도적 지원과 인프라를 제공해야 한다. 이 두 활동방향은 서로 영향을 주고받으면서 기업윤리를 더 발전시킬 것이다.

기업시민은 현재까지 발전해 온 기업윤리의 종합이라고 할 수 있다. 기업시민이 강조하는 공정, 투명, 윤리의 가치는 기업윤리에서 강조해 온 가치들이다. 이들 가치가 기업이 활동하는 모든 장에 적용되고 정착되고 발전한다면 기업윤리는 한 단계 더 도약할 것이다.

기업윤리는 기업 구성원의 윤리성을 제고하고 기업의 경영원리를 윤리적으로 바꾸어 기업윤리를 발전시키고 사회에 기여할 수 있다. 엑슨모빌Exxon Mobil, 포드Ford, 나이키Nike 등 세계적 기업들이 기업시민을 강조하는 것은 이 때문이다. 앞으로도 기업윤리는 발전할 것이지만 지금까지는 기업시민이 기업윤리의 최고 형태인 것으로 보인다.

기업시민을 통하여 기업윤리가 발전한다고 하더라도 기업윤리는 윤리의 기본에서 벗어나지는 않을 것이다. 기업은 개인과 사회, 국가와 세계와 맺는 관계 속에서 존재하기 때문이다. 기업은 개인보다 훨씬 큰 관계, 연결 속에 존재한다. 기업의 역할이 확대되면 관계, 연결은 더욱 깊어진다. 관계와 연결이 깊어지고 다양해지면 윤리는 더욱 요구된다. 삶이 항상 윤리와 함께하듯 기업 역시 윤리와 함께한다. 기업시민의 발전을 위해서도 윤리의 기초를 확인하는 것은 여전히 필요하다.

9

기업시민과 전략 커뮤니케이션

뉴 노멀 시대, 기업시민 정체성 구축을 위한 스토리텔링

신호창

1. 기업시민활동의 커뮤니케이션 문제

우리 국민은 기업의 사회적 가치나 기업시민 추구 활동에 대해 얼마나 공감하고 얼마나 인정하는가. 국내 대기업들은 양극화 및 교육격차 해결, 일자리 창출, 기후변화 대응 등 다양한 사회문제 해결을 위해 다양한 형태로 기업시민활동을 펼치고 있다. 이를 위해 투자하

신호창

미국 오하이오대에서 박사학위를 받았으며, 현재 서강대 지식융합미디어학부 교수로 재직 중이다. 한국홍보학회 회장과 국제커뮤니케이션학회 PR분과장을 역임하였으며, 이 분야 발전에 기여한 공로로 2005년 홍조근정훈장을 수훈하였다. 주요 저서로는 《전략적 커뮤니케이션》(2015), 《사내커뮤니케이션》(2013), 《정책PR》(공저, 2011) 등이 있다.

는 인력과 예산 규모는 결코 작지 않다. 그럼에도 불구하고 국민은 다음과 같은 비교적 명백한 이유로 기업의 사회적 가치 및 기업시민 활동에 대해 공감하지도 인정하지도 않는 편이다. 첫째, 기업 비즈니스 활동 자체에 대한 불신 때문이다. 과거에는 정경유착, 부패, 재무관리 불투명성 등으로, 지금은 사내외 갑질, 사주 자녀들의 방종 등으로 국민들이 기업 본업을 보는 시선이 곱지 않다. 둘째, 사회적 가치 및 기업시민활동 자체에 대한 전략적 커뮤니케이션이 부족하기 때문이다. 스토리텔링이 잘 되지 않는 것인데, 제반 기업시민활동들을 하나로 묶어 관심과 흥미를 유발하는 스토리가 약하고 텔링 또한 역시 약하다.

2. 뉴 노멀 시대, 사회 병리현상

2020년 우리 경제 규모와 기업 수준은 월드 클래스로 도약한 상태이다. 이를 감안하여 현재 우리 기업의 기업시민 '활동 행태'와 '성과 지향점'이 적합한지 돌아볼 필요가 있다. 우리나라 대기업 정도 되면 비즈니스를 일으켜 일자리를 창출하고 지역경제를 키우고 국가 재정에 커다란 기여를 하는 것으로 사회적 약자를 위한 물리적 기여는 충분히 했다고 할 수 있기 때문이다.

급성장의 반작용으로 공동체 가치가 몰락하면서 얼마 전까지 젊은이들은 '헬조선', '이생망'을 외쳤다. COVID-19 팬데믹으로 발생하고 있는 새로운 정신건강 문제들을 기업은 눈여겨보아야 한다. 이 중심에 한국사회의 집단 우울증이 있다. 사람들은 외로움을 느끼고 불확실성에 대해 불안해하며 심지어는 자살까지 한다.

이러한 사회 정신적 병리현상을 기업시민이 해결해야 할 사회문제 어젠다로 채택해야 할 때가 되었다. 이에 대해 국민도 기업이 더 많은 역할을 하고 변화를 꾀해 줄 것을 기대하고 있다. 기업은 하나의 인격체로 온전한 정체성을 가지고 지속가능한 사회를 유지하기 위해 부단하게 노력해야 하는데, 이 가운데 기업시민의 주요 이해관계자인 직원을 먼저 챙겨 볼 필요가 있다. 구성원 개개인이 인간성을 최고의 가치로 삼아 자신의 상태를 잘 간수할 수 있도록 안내해야 한다.

3. 스토리텔링, 변화지향 인문학

전경련은 2018년 사회공헌백서를 통해 글로벌 4대 이슈인 쟁점연계, 통합전략, 파트너십, 그리고 영향력 있는 스토리텔링을 바탕으로 국내 100대 기업의 사회공헌 트렌드를 분석하였다. 이 보고서에서는 사회이슈와 파트너십은 양호하나 기업경영과의 통합전략과 임팩트 스토리텔링은 미흡하다고 했다. 구체적으로 비즈니스의 윤리적 운영, 협력업체 존중, 건강한 조직문화 형성 등을 반영하는 통합적 전략이 부족하며, 사회공헌을 통한 사회, 환경 및 수혜자의 변화에 대한 구체적인 임팩트 측정 및 평가와 스토리텔링을 통한 전략적 커뮤니케이션도 부족하다는 결론을 내렸다(전경련, 2018).

2020년, 기업경영과의 통합전략은 실히 발전적으로 추진되고 있다. 포스코, SK 등 일부 대기업들을 중심으로 CEO가 직접 진두지휘하여 시민정신 또는 사회적 가치를 경영이념으로 세우고 실제로 이를 경영과정에 반영하여 실천하고 있다. 하지만, 임팩트 스토리텔링에 대해서는 아직 흡족한 수준은 아니다. 기업 내부조사들에 의하면 일부 사원들은 사회공헌활동이 자원을 낭비한다고 생각한다. 또한 국민 54%가 기업의 사회공헌활동에 관심을 갖지만, 30%만이 이를 체감하였다(전경련, 2019). 이는 향후 기업시민을 확고히 브랜딩하기 위해서는 임팩트 스토리텔링을 해야 함을 보여 준다. 스토리텔링은 변화지향 인문학transformative arts으로서 알코올 중독, 가정 폭력 등 개인과 사회의 정신적 문제를 건설적으로 해결하고 변화시키는 유용한 전략 커뮤니케이션 방법이다(Fuertes, 2012; Lederman & Menegatos, 2011; Allen & Wozniak, 2014). 기업시민은 커뮤니케이션의 결과로 형성된다. '전략 커뮤니케이션'을 통해서 이해관계자들로부터 신뢰를 얻어야 비로소 기업시민을 구축할 수 있다.

4. 기업시민 브랜딩 벤치마킹: 스토리는 어떻게 만들어지고 전파되나

2010년 이후 약 10년간 미국PR협회에서 수여하는 실버 앤빌Silver Anvil 수상활동들 중에서 사회적 책임, 지역사회 관계, 명성 관리 등을 키워드로 하여 우수 사례 20여 개를 선정하여 분석하였다. 이 중에서 향후 기업시민 브랜딩에 도움을 줄 벤치마킹 사례로 7개를 선정하여 각각 프로그램 수행과정을 '전략으로서 스토리'와 '커뮤니케이션으로서 텔링'으로 나눠서 정리하였다. 각 사례는 스토리(전략)가 왜, 어떻게 만들어지고, 이 스토리를 효과적으로 어떻게 텔링(커뮤니케이션)하였는지를 보여 준다.

사례 1 **조니 워커: 계속 걷기(2016)**

전략(스토리)

- 위스키 브랜드 조니 워커Johnnie Walker는 젊은이들과 문화적 연결고리가 필요했다. 지난 15년 동안 조니 워커 매출은 다문화 가족, 특히 히스패닉계 소비자를 중심으로 증대되어서, 이들을 타깃으로 하는 캠페인을 기획하였다(콜롬비아와 베네수엘라 출신들을 내세워 이들에게 다양성을 격려하는 생생한 메시지를 전달).
- 이런 상황에서 조니 워커는 변화를 주도하는 유명 인사이자 다양성과 문화적 포괄성을 지지하는 발데라마Valderrama와 제휴하였다.

그는 미국과 멕시코의 국경에 인접한 텍사스 브라운스빌Brownsville 마을을 방문해 마을 주민들과 국경 울타리를 따라 걸으며 이민자의 꿈, 투쟁 등 진보의 영감을 주는 메시지를 전달하였다.

커뮤니케이션(텔링)

- 조니 워커는 발데라마의 메시지를 담은 비디오 영상을 제작하고, 이를 캡처한 이미지를 언론매체에 퍼블리시티publicity하여 히스패닉계의 관심을 불러 모으며 동시에 소셜 커뮤니케이션에 활력을 불어넣었다.
- 〈피플*People*〉지와 CBS 뉴스 등을 통해 약 2억 8,500만 회의 미디어 노출을 하였다. 당연히 '계속 걷기' 캠페인에 대한 흥분과 관심은 고취되었다. 최상위 수준에서 수행된 발데라마가 참여한 비디오 콘텐츠는 20만 회의 조회 수를 기록하였으며, 174만 소셜 미디어 사용자에게 노출되었다.

사례 2 **제트블루: 플라이베이비 (2016)**

전략(스토리)

- 제트블루JetBlue 항공사는 부모들이 아기들과 비행할 때 아기들의 울음소리로 다른 탑승객에게 피해가 갈까 하는 긴장감 때문에 스트레스를 받는다는 것을 알았다. 또한 일반 사람들도 이해는 하지만 비행기에서 아이들이 울 때 부정적 감정을 갖게 됨을 알았다.

〈그림 9-1〉 제트블루 '플라이베이비' 홍보영상

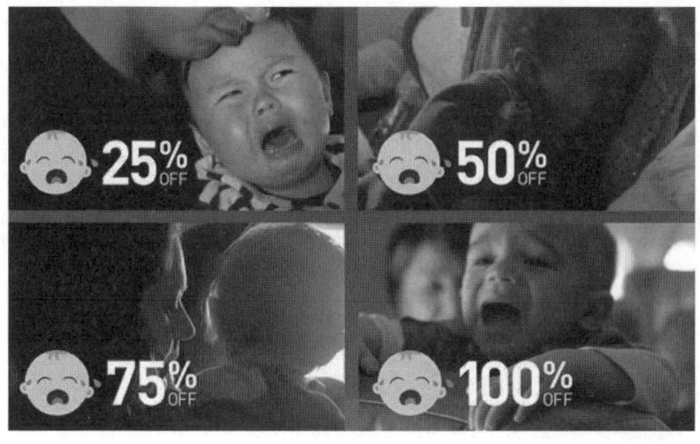

- 제트블루는 저출산이 사회적 이슈가 되는 상황에서 아이와 함께 비행을 하는 엄마와 아기에 대한 편견을 바꾸고 응원하는 커뮤니케이션 캠페인 플라이베이비FlyBabies를 기획하였다.
- 스튜어디스는 뉴욕에서 LA로 가는 비행기 안에서 아기 엄마를 성원한다며, 아기가 한 명 울 때마다 다음 비행기에서 25%씩 추가로 할인을 받을 수 있는 특별 혜택을 안내했다. 실제로 아이들이 울 때마다 비행기 안에서는 따가운 시선보다는 응원이, 불만보다는 박수가 터져 나왔다. 6시간의 비행 동안 총 4명의 아이들이 울었고, 승객들은 모두 무료 탑승권을 제공받았다.

커뮤니케이션(텔링)

- 제트블루는 엄마 커뮤니티에서의 인플루언서 전략을 추진했으며, 이를 발전시켜 영향력이 큰 매체에 노출시켰다.

- 영상 콘텐츠는 어버이날을 앞두고 2주 동안 배포되었다. 이 영상은 540만 회 시청횟수를 기록하고 아침방송 토크쇼 소재가 되는 등 6억 3,700만 회 누적 노출횟수를 기록했다.
- 영상을 보고 내 와이프와 아이를 위해 제트블루를 예약했다는 댓글이 있었고, 전철, 음식점에서도 '우는 아이들을 향해 웃어 주세요'라는 교감이 절로 생성되었다.

사례 3 시그나: 외로움 극복하기 (2019)

전략(스토리)

- 세계적인 보험회사인 시그나Cigna는 정신건강 문제나 만성 질환을 가진 사람들은 대부분 외로움으로 고통받고 있음을 알았다.
- 외로움에 대한 국민적 관심을 불러일으키고, 외로움의 근본적 원인을 파악해야 이 문제가 해결가능하다고 봤다.
- 시그나는 'UCLA 외로움 측정지표'를 이용하여 온라인을 통해 전국에서 2만 명을 조사했다. 그 결과 상당수 미국인이 외로운 상태였으며, 젊은 세대의 외로움도 예상보다 심각했다. 덜 외로운 사람들은 신체적·정신적 건강상태는 양호했고, 일상적 활동에서 균형을 이루었으며, 회사에서 동료들과 좋은 관계를 맺었다.
- 시그나는 외로움을 국가 전염병처럼 이슈화하기 위해 다각적인 캠페인을 기획하였다. 정신적 행복 문제의 근본 원인이 외로움이라는 것을 알리는 데 중점을 뒀다.

커뮤니케이션(텔링)

- 최고 수준의 미디어 커버리지를 확보하여 외로움에 관해 관심을 갖게 하였다.
- 캠페인이 시작되기 전 '정신건강의 달'에 NBC의 〈투데이*Today*〉 쇼는 외로움에 관한 특집을 진행하였다. 외로움에 관한 문제를 프레임화하여 이를 유리하게 이용하였다.
- 인포그래픽, 카드뉴스 등을 준비했다.
- 정책 입안자, 옹호자, 건강관리 지도자들을 소집해 미국의 정신건강 문제를 논의하고 신체적·정신적 안녕과 정신적 행복의 연관성을 탐구하고 해결책을 강조하기 위해 〈워싱턴포스트〉 라이브 포럼을 개최했다.
- 인플루언서 행사를 주최하여 신체적·정신적 안녕과의 관계를 탐색하고 외로움에 대한 솔루션을 강조했다.
- 건강검진을 위해 방문하는 보건진료소에서도 외로움에 관한 정보를 얻을 수 있게 했다.

사례 4 IBM: 서비스 100주년 (2012)

전략(스토리)

- 2012년, IBM은 창립 100주년을 맞이하여 IBM의 브랜드와 가치를 세계에 알리고 직원들의 지역사회 봉사에 대한 오랜 헌신을 인식시키고 축하하는 기회로 삼았다.

• IBM은 지난 세기의 성과를 정보과학의 개척, 현대적 기업의 재창조, 더 나은 세상 만들기 등 세 가지 주제로 정리하여, 직원과 고객을 하나로 묶는 스토리를 만들었다.
• IBM은 재직자뿐만 아니라 은퇴자와 그 친척들까지 '가족'이라고 칭하며 소속감을 주었고, 100년의 성공을 사회에 되돌려주는 기회를 함께했다. 또한, 직원들의 헌신과 자부심을 통해 IBM은 고객과 지역주민으로부터 두터운 신뢰를 받을 수 있었다.

커뮤니케이션(텔링)
• 스토리 전파: IBM은 다방면으로 'Celebration of Service' 이벤트에 사람들을 참여시켰다. 100주년 서비스를 위한 사이트를 만들어 고객들에게 프로젝트 진행상황을 시시각각 알려 주었다.
• 100주년을 기념하여 실행된 IBM의 거대한 CSR은 IBM의 모토를 잘 보여 준다. '가장 지역적인'이라는 키워드는 IBM을 거쳐 간 모든 직원들에게 전 세계에 공헌하는 회사의 일원이라는 자부심과 소속감을 주었다. 직원들의 이러한 자부심과 소속감은 고객들에게 IBM의 결속력을 강조하며 기업의 진정성과 신뢰도를 높이는 계기가 되었다. 또한 일회성에 그치지 않고 1년 내내 커뮤니케이션함으로써 IBM이 100년 동안 사랑받으면서 사회에 항상 감사하며 공헌하고 있음을 대내외에 인지시킬 수 있었다.

사례 5 미국 땅콩위원회: 땅콩 알레르기 없는 세상 만들기 (2018)

전략(스토리)

- 2016년 2월, 땅콩 알레르기를 예방할 수 있는 획기적 연구인 '땅콩 알레르기 일찍 배우기'가 발표되고, 학계에서 크게 주목받았다.
- 2017년 국립 알레르기감염연구소가 부모와 소아과 의사들에게 이를 따르도록 요구하는 지침을 공개했지만, 부모들은 이를 쉽게 받아들이지 않았다. 오직 37%의 부모만이 12개월 이전의 아이에게 땅콩이 포함된 음식을 먹이는 것이 안전하다는 인식을 갖고 있었다. 따라서 땅콩 알레르기 예방을 위한 지침을 따라 아이에게 땅콩을 먹이는 것에 대한 두려움을 극복하기 위해서는 입증된 과학적 연구가 아니라 본 지침을 따라 성공한 타인의 사례, 즉 스토리가 필요했다.

커뮤니케이션(텔링)

- 2018년 미국 땅콩위원회는 미국 알레르기, 천식, 면역학 전문의 협회 및 음식 알레르기, 과민증 협회와 파트너를 맺고, 영향력을 행사할 수 있는 인플루언서를 탐색하였다. '땅콩을 이긴 부모'라는 핵심 메시지 아래, 캠페인을 집행할 3명의 인플루언서를 선정했다.
- '실제 부모, 실화'라는 제목으로 타깃과 비슷한 실제 부모가 땅콩 알레르기 예방을 위한 권고를 따라 성공한 사례를 제공했으며, 부

모들의 행동을 촉구할 수 있는 다양한 정보를 제공했다.

• 선정된 3명의 인플루언서들은 땅콩 음식을 소개하는 경험적 이야기와 더불어 다양한 주제, 상황, 문화를 영상의 주제로 삼아 소통했다.

사례 6 미국농사개량동맹 · 미국농민연대: 농촌은 강하다! (2018)

전략(스토리)

• 미국농사개량동맹과 미국농민연대는 농촌지역 오피오이드 남용에 대한 사회적 배제와 혐오에 대응하여, 오피오이드 사용 경험을 수치스러워 하지 않아도 된다는 것을 강조하고, 이는 일종의 유행병과 같다고 스토리텔링하였다.

• '농촌은 강하다Farm Town Strong'라는 캐치프레이즈는 농촌지역은 아직도 강하고 우리의 힘으로 이 유행병을 극복할 수 있음을 강조했다. 오피오이드 중독은 도덕적 비난을 받을 개인 문제가 아니라 단순한 유행병임을 스토리 핵심으로 하였다.

커뮤니케이션(텔링)

• 오피오이드 남용에 대한 경계심을 강화하기 위해 전략 차원에서 다수의 대중매체를 타깃으로 삼아 퍼블리시티 활동을 하였다.

• 이 사례는 중독 문제에 대해 강제적인 방법보다 포용적인 방법이 상호 신뢰감도 쌓을 수 있고 소기의 효과도 볼 수 있음을 제시한

다. 또한, 중독자들을 혐오와 배제 대신에 지역사회 공동체 속에서 포용하여 수치감에서 벗어나도록 도와주는 것이 오히려 더 효과적임을 보여 준다.

사례 7 올스테이트: 보라색 지갑 (2014)

전략(스토리)

- 2011년 보험회사 올스테이트Allstate 회장 톰 윌슨Tom Wilson은 가정 폭력 예방을 위한 보라색 지갑Purple Purse 캠페인을 시작하여 커다란 반향을 일으켰다. 당시에 미국인 절반은 부부 폭력을 당하는 사람들을 어떻게 도와줄 수 있는지 몰랐다. 게다가 미국인 5명 중 3명은 이를 이야기하기 어려운 주제라고 판단하고 있었다.
- 일반적으로 사람들이 부부 폭력에 별로 신경 쓰지 않는 이유는 다른 이의 도움 없이 잘 해결할 수 있다고 믿기 때문이었다. 하지만 98%의 경우 경제적 학대가 발생하여 그렇게 쉽게 떠날 수 없었다. 이에 올스테이트의 사회공헌 재단은 경제적 학대에 초점을 맞춰 부부 폭력 이슈에 대한 인식을 높이고자 하였다.

커뮤니케이션(텔링)

- 배우인 케리 워싱턴Kerry Washington은 보라색 지갑 캠페인의 대변인 역할을 했을 뿐 아니라, 보라색 지갑 디자인까지 직접 했다.
- 부부 폭력에 대한 인식이 가장 낮은 젊은 층에 닿기 위해 페이스

북, 인스타그램, 트위터 그리고 블로그를 활용했다.

- 캐치프레이즈는 'Pass It On'으로, 이는 '상징적인 마법Charm을 다른 사람들에게 전달하라', '부부 폭력에 대해 이야기하라', '폭력 사이클을 끊어라', '보이지 않는 경제적 학대를 보이게 하라' 등의 의미를 담았다.
- 보라색 지갑은 여성의 경제적 영역의 중심을 대변하고, 사람에게 중요한 모든 것, 즉 열쇠, 휴대폰, 지갑 등도 상징한다.

5. 효과적인 스토리텔링을 위한 시사점과 원칙

1) 효과적인 스토리텔링을 위한 시사점

앞서 언급한 7개 기업 사례들은 스토리텔링을 통해 기업시민을 브랜딩하는 과정을 잘 보여 준다. 기업시민 커뮤니케이션이란 '기업이 국민에게 친근한 존재 또는 동료 시민으로서 그들의 사회적 가치 만족을 달성시켜 그들과 지속적으로 바람직한 관계를 형성하고 유지하는 스토리텔링 전략'이라고 정의할 수 있다. 이 사례들이 기업시민 커뮤니케이션에 시사하는 바를 8가지로 정리해 보면 다음과 같다.

① 기업시민활동 주제가 외형적 기부에서 정신적·의식적 개선으로 바뀌고 있다. 마약중독을 유행병으로 인식시켜 포용하기,

경제적 학대로 부부 폭력 이슈화하기, 외로움을 주요 질병으로 인식하기, 땅콩 알레르기 조기예방 방법 받아들이기 등이 그러한 예이다.

② 기업마다 대표 프로그램을 가지고 있으며, 강조점을 차별화하여 중장기적으로 실천하고 있다. 올스테이트의 부부 폭력 예방이나 조니 워커의 '계속 걷기' 사례를 예로 들 수 있다.

③ 시대상황에 맞는 특정 사회문제를 해결한다. 예를 들면, 보험회사 시그나는 정신건강 개선을 위해, 디지털 시대의 산물인 외로움을 주요 질병으로 인식하자는 캠페인을 하였다.

④ 조사 연구로 스토리를 개발하고 간단명료한 메시지를 도출하는 등 스토리 전략과 텔링 전략을 개발한다. 예를 들면, 시그나는 대규모 조사연구를 수행하여 외로움의 특성을 파악하였고, 마약 중독의 해결 지향점을 찾아 이를 커뮤니케이션 캠페인의 스토리와 텔링에 적용하였다.

⑤ 스토리를 인플루언서 중심으로 커뮤니케이션한다. '땅콩 알레르기 예방을 위해서는 유아기 때 먹여야 한다'는 연구결과를 알리기 위해 이런 경험을 한 유명인을 활용하였다.

⑥ 지역사회의 공동체 의식, 긍정적인 분위기를 자연스럽게 형성하기 위한 커뮤니케이션을 하였다. 여기에서 분석 사례로 제시하지는 않았지만, '버지니아 로터리'는 선생님께 감사하는 분위기 만들기 캠페인을 실시하고 있다. 농촌지역 마약중독 문제를 해결하기 위해(사례 6) 마약중독을 전염병과 같이 개인

이 아닌 사회가 공동으로 해결할 문제로 부각시켰다.

⑦ 복잡한 쟁점임에도 간단명료하며 색다른 메시지 또는 상징을 활용하여 커뮤니케이션 목적을 쉽게 이해하도록 하였다. 보라색 지갑 캠페인의 'Pass It On', 농촌지역 마약중독 문제 해결을 위한 캠페인의 'Farm Town Strong' 등이 그 예이다.

⑧ 참여 직원의 사기와 열의를 먼저 진작시켰다. IBM은 창립 100주년을 맞아 직원들과 브레인스토밍으로 캠페인을 기획하고 이들의 IBM 100주년 서비스에 대한 자부심을 높인 후에, 지역사회에 대한 사회공헌활동을 수행했다.

2) 효과적인 스토리텔링을 위한 원칙

시사점을 바탕으로 효과적이며 진정성을 담보할 수 있는 스토리텔링을 위한 원칙을 스토리 차원과 텔링 차원으로 나눠서 도출하면 다음과 같다. 우선 효과적인 스토리(전략)가 되기 위해서는 첫째, 흥미와 공감을 일으키는 내용을 담아야 한다. 콘텐츠의 일방적 전달을 넘어 이해관계자들이 필요로 하는 정보를 기반으로 진정성 있는 쌍방향 소통을 해야 비로소 흥미와 공감을 불러일으킬 수 있다. 둘째, 논리적이어야 한다. 셋째, 시대 및 지역 상황에 적합하면서 기업의 가치관과 일치해야 한다. 기업의 경영활동과 성과를 바탕으로 콘텐츠를 지속 발굴하고, 일관된 메시지를 담는 것이다.

아울러, 이러한 스토리가 효과적으로 텔링(커뮤니케이션) 되기 위해서는 첫째, 표현이 단순, 명료하고 이해하기 쉬워야 한다. 둘째, 콘텐츠의 속성, 타깃의 사이코그래픽스(라이프스타일, 정신적 지향점, 특정 이슈에 대한 생각, 태도, 행동 등)를 고려하여 채널과 메시지를 선정해야 한다. 셋째, 여기에 더해 스토리 디자인, 매체 선정 그리고 실행 등 커뮤니케이션 캠페인 전 과정의 조화와 일관성을 유지하여야 한다. 이런 가운데 진정한 기업시민 브랜드를 구축해 나갈 수 있다.

3) 기업시민 커뮤니케이션 미디어

사례에서 드러난 활용 매체들은 〈그림 9-2〉와 같이 4개 영역으로 대별할 수 있는데, 기업시민 실행에 있어서는 이 4개 미디어를 효과

〈그림 9-2〉 기업시민 브랜딩을 위한 커뮤니케이션 미디어

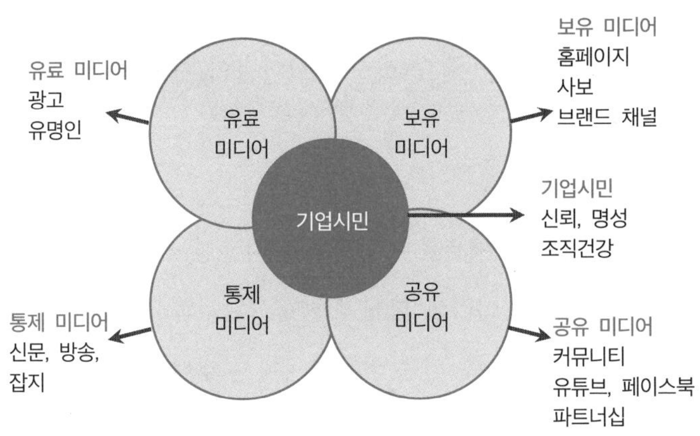

적으로 혼합mix하여 사용하여야 한다. 이 기업시민 미디어 커뮤니케이션 모델은 공중관계public relations와 마케팅 커뮤니케이션에서 자주 언급되는 PESO 모델(Dietrich, 2020)을 토대로 발전시켰다.

6. 기업시민 스토리텔링에 적용하기

1) 기업시민 사업 주제 및 스토리 전략

사례 1: 계속 걷기 조니 워커는 젊은이들과의 문화적 연결고리 형성을 위하여 '계속 걷기' 캠페인을 진행하였다. 이를 위하여 사람들의 다양성과 문화적 포괄성을 지지하는 발데라마 메시지를 담은 비디오 영상을 제작하였으며, 이를 캡처한 이미지를 언론매체에 퍼블리시티하여 히스패닉계의 관심을 불러일으킴과 동시에 소셜 커뮤니케이션에 활력을 불어넣었다. 이 사례와 같이 대중들의 흥을 유발하는 주제를 선택하고 이를 스토리화하여 사람들의 관심을 유도하는 것이 중요하다.

사례 2: 플라이베이비 제트블루 항공사는 저출산이라는 사회적 이슈를 해결하기 위하여 아이와 함께 비행을 하는 엄마와 아기에 대한 편견을 바꾸고 응원할 수 있는 커뮤니케이션 캠페인을 기획하였다. 이 사례와 같이 정치, 사회, 문화, 시대 상황에 적합한 쟁점을 선정하여 캠페인을 기획하는 것이 보다 효과적일 것이다.

사례 3: 외로움 극복하기 세계적인 보험회사 시그나는 정신적 행복 문제의 근본 원인인 '외로움'에 대한 국민적 관심을 불러일으키고 이를 이슈화하기 위하여 다각적인 캠페인을 기획하였다. 향후 우리나라에서도 큰 영향을 주는 정신건강을 주제로 광범위한 조사를 한 후, 뉴 노멀 시대의 기업시민활동 주제로 먼저 외로움 타파를 선정하고, 1년 단위로 다른 형태의 불안감 등 다른 사회병리현상을 대국민 캠페인 주제로 선정해야 할 것이다.

2) 전사적 대내 및 대외 커뮤니케이션 전략

사례 4: 서비스 100주년 IBM은 재직자뿐 아니라 은퇴자와 그 친척들까지 가족이라 칭하며 소속감을 형성하였으며, 100년의 성공을 사회에 되돌려 주는 기회를 함께하였다. 이와 같이 전사적으로 기업 구성원(사원, 퇴직자, 가족 등)을 참여하게 하여 사원들의 자부심을 높이고, 이를 바탕으로 국민으로부터 기업시민으로 인정받는 게 중요하다. 기업시민의 궁극적 목적인 온전한 직원, 건강한 조직 그리고 지속가능한 사회를 모색하는 데 길잡이 역할을 할 수 있기 때문이다.

3) 텔링(커뮤니케이션) 전략

사례 1: 계속 걷기 '계속 걷기'는 스토리를 영상 콘텐츠화하여 대중들의 흥과 관심을 전국적으로 유발한 사례이다. 이와 같이 대중들의 관심사를 파악하여 스토리를 영상 콘텐츠화한다면 보다 생생하게 메시지를 전달할 수 있을 것이다.

사례 5: 땅콩 알레르기 없는 세상 만들기 부모의 인식과 태도를 바꾸기 위해, 소구하고자 하는 메시지별로 인플루언서와 4개 미디어를 어떻게 믹스하여 적용할 수 있는지 보여 준 사례이다. 이 사례에서 볼 수 있듯이, 사전 조사를 통해 타깃과 소구 메시지를 개발하는 것이 중요하다.

사례 6: 농촌은 강하다 미국농사개량동맹과 미국농민연대는 '농촌은 강하다'라는 캐치프레이즈를 통해, 농촌지역은 아직도 강하고 그들의 힘으로 오피오이드 남용을 극복할 수 있음을 강조했다. 현재 한국사회가 정신적으로 허약한 상태이기 때문에, 한국경제 성장을 주도하여 온 대기업이 지닌 강한 정신력과 실체(예를 들면, 포스코의 우향우)를 함께 담아 '한국은 강하다' 캠페인도 가능할 것으로 보인다.

사례 7: 보라색 지갑 올스테이트 회장은 가정폭력 예방을 위한 보라색 지갑 캠페인을 시작하여 커다란 반향을 일으켰다. 이 사례를 통해 국민의 관심을 유발시키는 캐치프레이즈(Pass It On!), 대변인, 특별주간, 이벤트, 관련자 스토리, 다수 블로거 등을 효과적으로 활용하는 것이 중요함을 알 수 있다.

4) 성과 평가지표

기업시민은 기업의 무형자산이다. 따라서 성과는 커뮤니케이션을 통해 기업시민에 대한 이미지 또는 명성, 즉 무형자산을 얼마나 창출했는지를 측정하여야 한다. 기업시민에 있어서 커뮤니케이션이 중요한 것은 커뮤니케이션 결과(인지변화, 태도변화, 행동변화)가 향후 기업시민 성과를 측정하는 데 중요한 요소가 되기 때문이다.

예를 들면, 땅콩 알레르기 캠페인(사례 5)의 경우, 노출, 인식, 의도를 목표로 설정하고 이 결과를 평가해서 모든 부분에서 초과 달성하였음을 보여 줬다. 먼저 '노출' 차원에서, 인플루언서 저스틴의 영상이 인스타그램, 트위터, 페이스북을 통해 610만 건 이상의 노출횟수에 도달하였으며, 언론을 통해서는 1억 5,500만 건 이상에 도달하였다. '인식' 차원에서, 캠페인에 노출된 67%가 생후 12개월 이전의 아이에게 땅콩이 포함된 음식을 주는 것이 안전하다는 인식을 갖게 되었으며, 이는 목표치를 14% 초과 달성한 것이다. '의도' 차원에서, 캠페인에 노출된 56%가 12개월 이전의 아이에게 땅콩이 포함된 음식을 줄 의향이 있다고 응답했으며, 이는 목표치를 7% 초과한 결과이다.

농촌지역 대상 오피오이드 탈피를 위한 '농촌은 강하다' 캠페인(사례 6) 결과도 향후 성과 측정지표 설정에 도움을 주었다. '인지 변화' 차원에서, 이 캠페인이 끝나고 오피오이드 전염병이 대도시가 아닌 농촌사회에 영향을 미친다는 사실을 인지한 이가 농민과 농장 종사자 중에서 17%, 농촌 성인층에서도 8% 증가했음을 알 수 있었다. 그리고 '태도 변화' 차원에서 오피오이드 남용은 부끄러운 일이라고 답한 농민은 16% 줄었고, 가족 구성원에게 악명을 씌운다고 답한 사람도 11% 줄었다.

스토리는 일종의 향기다. 스토리를 가진 사람이 매력을 뿜듯이 스토리를 창출하는 기업은 고객에게 다가가 고객의 마음을 사로잡는다. 스토리는 허무맹랑한 이야기가 아니다. 기업이 스스로 지향하는 목적과 비전을 명시적 혹은 상징적으로 집약한 서사이다. 그 서사는 기업에 발전적 가치의 방향을 알려 줌과 동시에 고객에게도 동반과 동행을 격려하고 유도하는 공감의 깃발이 된다. 성공한 스토리텔링은 곧 좋은 사회로 나아가는 행진곡이다.

제 3 부

창의적 혁신과 기업성장의 길, 기업시민의 문화화

Editor's Notes

창의적 혁신과 기업성장의 길, 기업시민의 문화화

문형구

아버지와 아들, 딸이 암벽등반을 하다가 사고가 발생했다. 한 개의 캠에 연결된 줄 하나에 딸, 아들, 아버지 순으로 공중에 매달렸고, 더 이상 성인 3명의 무게를 감당하지 못하는 상황이다. 다른 캠과 연결하려는 시도가 허사로 끝난 뒤 맨 아래에 있던 아버지는 가운데에 있는 아들에게 줄을 끊으라고 말한다. 수많은 암벽등반 경험과 전문성을 가진 아버지의 단호한 요구다. 아들은 갈등하다 줄을 끊고

문형구

미국 미네소타대에서 박사학위를 받았으며, 현재 고려대 경영대학 명예교수로 있다. 한국비영리학회 이사장, 사회복지공동모금회 부회장, CSR포럼 이사장, 반부패협력대사 등으로 활동하고 있으며 조직행동론, 윤리경영 그리고 영리조직과 비영리조직의 관계 등이 주요 연구분야이다. 주요 저서로는 《기업과 비영리조직의 파트너십 구축》(공저, 2014), 《사회복지 윤리경영 교육 실천 매뉴얼》(편저, 2010) 등이 있다.

아버지의 추락과 죽음을 목도한다. 딸과 아들은 살아남았다. 필자가 MBA 과정에서 학생들과 윤리에 대해 토론할 때 활용하는 영화 〈버티칼 리미트*Vertical Limit*〉의 한 장면이다.

영화 속 아들의 선택이 옳았는가? 모두 죽을 가능성이 대단히 높음에도 불구하고 1초가 아쉬운 긴박한 순간에 함께 매달려서 기적을 바라고 있어야 했는가? 쉽게 판단하기 어렵다. 경영자들은 기업을 경영하면서 이런 종류의 딜레마 상황에서 결정을 내려야 하는 경우가 많을 것이다. 특히 최근 기업의 사회적 역할에 대한 논의가 진행되면서, 앞으로 기업이 추구하는 경제적 가치와 사회적 가치가 서로 대립할 때 무엇을 더 우선해야 하는지 혹은 바람직한 방안은 무엇인지 결정하기 어려운 상황에 처하게 될 것이다. 기업의 존재이유를 성찰하면서 기업시민의 필요성과 의미를 깊이 인식할 필요성이 여기에 있다.

글로벌 금융위기 이후 기업에 대한 사회의 불신이 커지면서, 기업 역할에 대한 재조명을 통해 경제적 가치뿐만 아니라 사회적 가치를 창출하는 것은 선택이 아닌 필수가 되었다. 이제 기업에 요구되는 것은 단순히 이윤 극대화가 아니라 사회에서 정당성을 획득하는 것이라고 할 수 있다. 과거 1960~1970년대 한국사회의 중요 가치는 '먹고사는 것'이었지만, "멀리 가려면 함께 가라"는 아프리카 속담처럼 지금은 '공존, 공생'이 강조된다. 점증하는 불평등, 환경파괴, 부패 등과 같은 사회적 문제의 해결에 기업이 적극적으로 나서야 하는 시대가 되었다. 이는 과거에는 자원봉사활동을 하는 사람들의 동기가 대부분 단순히 어려운 사람을 돕고자 하는 것이었으나, 이제는 사회적 문제를 해결하거나 사회적 변화를 일으키는 데 동참하고자 자원봉사활동을 시작한다는 사람들이 크게 늘었다는 시대적 흐름과 궤를 같이한다.

기업시민 실천의 주체인 임직원에 대한 공감과 존중

기업이 시민으로서 효과적으로 그리고 효율적으로 활동하기 위해서는 조직 구성원의 역할에 주목하여야 한다. 조직 구성원은 기업시민 활동의 실행 주체이면서 동시에 기업시민활동의 직접적인 이해대상자이기 때문이다.

기업시민활동이 직원에게 끼치는 긍정적 영향은 무엇일까? 여러 연구들에 따르면(최병권 · 문형구 · 주영란, 2017 참조) CSR 활동에 대한 인식이 조직 구성원의 정서, 태도, 행동 등에 긍정적 영향을 끼치는 것으로 나타났다. 뿐만 아니라 기업의 CSR 활동은 조직 내부의 기업시민 행동뿐만 아니라 기업 밖 일상생활에서도 사회적 시민행동(기부나 자원봉사활동)을 더 행하게 만든다(Lewin, Warren, & AlSuwaidi, 2020). 이는 기업을 벗어나면 모든 개인은 공동체의 구성원이라는 점을 잘 보여 준다. 또한 자신에게 기대되거나 혹은 행하고 있는 일역할work role이 CSR과 연관되어 이루어질 경우 조직에 대한 매력도가 높아질 수 있다(회사 지원자의 자원봉사 경험이 사회적 책임을 잘 수행하는 기업에 대한 매력도에 끼치는 영향을 분석한 Choi,

Moon, & Joo 참조).

기업시민을 추진하려는 기업들은 때때로 기입 내 임직원들로부터 "기업이 존재하는 이유는 이윤창출인데, 기업시민경영을 하다 보면 이윤을 희생해야 하는 것 아니냐"는 질문을 받을 수 있다. 기업시민의 실천 주체인 임직원들의 공감을 얻을 수 있는 노력이 필요하다. 이들의 참여 없이는 기업의 진정한 변화를 기대하기 어렵기 때문이다.

임직원의 공감을 얻기 위해서는 기업시민경영이 조직의 성과 창출에 도움이 된다는 인식이 확산될 필요가 있다. 특히 기업시민경영처럼 이해관계자에 대한 배려를 중시하는 등 윤리경영을 실천하면 기업 내 혁신이 활성화되고 재무적 성과로 이어진다는 연구결과들이 많다(Moon & Choi, 2014). 즉, 기업시민을 추구하는 것은 이윤을 희생하는 것이 아닌 창의적 혁신과 성장이라는 기업의 본질을 달성하기 위한 전략으로 연계될 수 있다. 초연결, 초지능 사회에서 임직원들이 사업 생태계 내의 협력사, 고객사 등 다양한 이해관계자들을 배려하고, 그들의 니즈를 해결하기 위해 노력하게 되면, 생태계 내 기업과 직원들 간의 협력이 촉진될 것이다. 소비자들도 협력사 직원들을 차별하지 않고 갑질하지 않는 기업의 제품과 서비스에 대한 소비를 높여 가고 있다. 이른바 '돈쭐내러 가자'(훌륭한 기업의 제품을 사러 가자)는 식으로 사회적으로 품격 있는 기업을 향한 가치소비가 하나의 트렌드로 자리 잡고 있다. 이는 생태계에서 일하는 여러 기업들의 전체 경쟁력으로 이어지고, 사회가 필요로 하는 제품, 기술, 서비스 혁신으로 성과 창출을 통해 지속적인 성장으로 연결될 수 있다.

조직 구성원들이 기업의 사회적 책임이나 기업시민으로서 역할을 제대로 수행하기 위해서 조직 내 인적자원개발은 어떻게 이루어져야 할까? 리더가 CSR에 대한 감수성을 높일 수 있는 리더십 개발, 조직 구성원에 대한 교육과 훈련, 기업문화의 창출과 유지, 인사제도에 대한 비판적 성찰 등이 필요하다(Jang & Ardichvili, 2020). 또한 CSR의 동기, 리더십 교육, CSR을 촉진하는 제도 등이 CSR 인식에 영향에 끼치는 것으로 나타났다(최병권 등, 2017). 조직 구성원이 기업의 기업시민활동을 제대로 인식할 수 있는 방안을 찾아야 한다. 예를 들어 조직이 회사의 가치·철학에 기반하여 이타적인 동기에 의해 CSR을 수행한다고 인식하는 경우와 조직이 외적 규제를 회피하기 위해, 또는 전략적, 경제적 이익을 취하기 위해 CSR을 수행한다고 인식하는 경우 임직원에게 끼치는 영향은 다를 수밖에 없다.

기업시민활동의 주체자로서 조직 구성원, 즉 임직원들은 기업시민 측면에서 가장 중요한 이해관계자 중 하나이기 때문에 배려와 존중의 대상(객체)이다. 따라서 기업시민은 조직 내 구성원들이 원하는 바가 무엇이며 누려야 할 권리가 무엇인지 관심을 갖게 마련이다. 특히 COVID-19와 저성장의 불안정한 환경 속에서 떠오르는 단어는 안전safety이다. 일터에서 신체적 위협을 느끼지 않고, 안전하고 쾌적하게 일할 수 있는 것은 임직원들의 가장 중요한 권리이다. 이는 생산현장뿐만 아니라 스트레스와 질병 등에 노출될 수 있는 사무실 근무자들까지도 모두 포함하여 고려해야 할 부분이다. 안전은 직원이 마땅히 누려야 할 권리일 뿐만 아니라 기업성과에도 기여한다. 예를 들면 직원들의 심리적 안정감은 학습, 혁신, 성장에 참여하는 원동력이 될 수 있다(Edmondson, 2019).

최근 일하는 방식에서는 워라벨Work-Life Balance을 넘어 워라하Work-Life Harmony, 워라블Work-Life Blending 등 일과 삶의 방식에 대한 다양한 생각들이 제시되고 있다. 특히 COVID-19로 인해 재택근무가 확산되면서 일과 삶을 분리하기보다는 어떻게 조화롭게 양립할 수 있을지, 즉 생활의 안정living safety에 대한 고민과 노력이 필요하다. 또한 최근 밀레니얼 세대가 사회변화의 추진자로 주목받고 있다는 점에서 그들이 갖고 있는 일과 삶에 대한 가치관을 이해하고 수용할 수 있는 다양한 제도적 장치도 기업 차원에서 고려할 필요가 있다.

이처럼 기업시민을 지향하는 기업들은 조직 구성원들에게 안정감을 줄 수 있는 다양한 노력이 필요하다. 이런 노력을 통해 조직 구성원들은 본인들이 기업시민의 구성원으로서 주체이며 객체임을 다시 한 번 인식하고, 진정성 있게 기업시민활동에 동참할 수 있게 될 것이다. 이것이 바로 기업시민을 문화화하는 길이다.

기업시민을 조직문화 속으로

3부에서는 기업시민경영이 기업 내 민주적 시민의식의 고양, 노동시장 및 노사관계에 끼치는 영향, 그리고 조직 내 협업의 토대로서 기업시민경영의 역할을 다루고 있다.

개방체계open system의 관점이 주목을 받은 1960년대를 거쳐 1980년대에 이르러 기업이 개방된 시스템 속에서 다른 하위 시스템과 어떤 관계를 맺어야 하는지, 그 관계의 양상을 다루는 이해관계자 이론이 대두되었다. 기업은 다양한 이해관계자들과 함께 가치를 창출하고 주고받기 때문에, 기업을 이해한다는 것은 바로 이러한 관계가 어떻게 작동하며 시간에 따라 어떻게 변화하는지 파악하는 것이다. 또한 이해관계자 이론은 자본주의 체제 안에서 기업이 어떻게 살아남고 성장하는지의 효율성 문제도 중요하지만, 기업의 활동은 그들의 가치와 선택이 다른 집단이나 개인에게 잠재적 해로움과 혜택을 주기 때문에 본질적으로 도덕적 측면을 갖는다고 강조한다(Parmar, Freeman, & Harrison, 2010). 김은미 교수의 글은 이해관계자들이 역동적으로 긴밀히 연결된 상황을 분석하면서 기업시민경영이 민주적 시민의식 고양에 기여함을 보여 준다.

인터넷을 매개로 한 초연결사회 속에서 개인 간, 조직 간 관계는 끊임없이 이어지고 또 단절된다. 이러한 지속적인 관계 맺기 과정 속에서 기업, 조직, 개인 등의 다양한 네트워크 주체들에게 기대하는 역할과 책임이 새롭게 만들어진다. 그리고 어쩌면 이러한 역할과 책임은 관계가 새롭게 만들어질 때마다 달라질 것이다. 이에 따라 민주적 시민성의 중요성이 더욱 부각된다. 민주적 시민성은 새로운 관계를 맺고자 하는 주체들이 갖춰야 할 기본자세이자 관계 속에서 자신의 역할을 찾아 나가는 기준이기 때문이다. 상호 간에 민주적 시민성이 담보되지 않은 연결 맺기는 소모적일 뿐이다.

그렇다면 민주적 시민의식은 어떻게 고취할 것인가? 김은미 교수는 기업시민경영에서 그 해답을 찾는다. 기업시민경영은 기업이 네트워크 주체로서 시민의 역할을 다하는 것뿐만 아니라 각 기업 구성원들의 민주적 시민성을 배양할 수 있는 인프라가 되어 준다. 그리고 이는 한 걸음 더 나아가 fun이 아닌 enjoy를 통해 자발적으로 참여하는 활동이 되어 초연결사회에 필요한 리더십과 팔로워십을 구축하고 다양성, 포용성 등의 조직문화를 조성하는 데 기여한다.

우리나라 노동시장의 이중구조는 대·중·소기업 간의 임금격차, 청년실업 등 그 부작용이 명확함에도 불구하고 오랜 기간 해결하기 어려운 난제로 남아 있다. 조준모 교수는 이러한 우리나라 노동시장 이중구조의 해결책으로 기업시민경영을 제시한다. 특히 기업시민경영을 통해 창출된 산업 생태계 차원의 공생가치는 중소기업을 포함한 생태계 전반의 생산성을 제고하고 이를 공정하게 분배하는 임금체계와 임금전략을 마련함으로써 4차 산업혁명으로 대변되는 미래사회형 노동시장 구조를 구축하는 데 기여한다.

또한 기업시민경영은 기업의 노사관계 측면에서도 중요한 시사점을 준다. 기업의 노사관계 불안정성은 상호 간의 불신에서 기인하는 사례가 빈번하다. 과거 우리나라 기업의 성장 역사에서 나타난 노사관계 불안정성 역시 이러한 요인으로부터 자유롭지 못했다. 이제는 미래지향적인 노사관계 구축이 필요하다. 이병훈 교수는 직원 대의기구와 협력적인 파트너 관계를 구축하는 것이 기업시민경영 정착의 핵심 동력이 될 것임을 강조하고, 이것이 기업시민경영과도 부합하는 방향임을 강조한다. 직원 대의기구 또한 자신의 이해관계만을 중시하는 수준을 넘어 사회적 가치 창출 책임을 새롭게 인식하고 함께 추구해 나가야 함을 강조한다.

기업이 지속적으로 성장하기 위해서는 자신의 이해관계를 위해 이루어지는 협동보다는 공동의 목표 달성을 위해 함께하는 협업이 중요하며, 이와 동시에 구성원의 전문성을 꾸준히 개발할 수 있는 문화적 인프라가 필수적이다. 윤정구 교수는 기업시민경영이야말로 이를 위해 회사가 제공할 수 있는 최고 수준의 경영이념임을 역설한다. 기업시민 경영이념은 미래를 위한 보편타당한 가치를 제공함으로써 구성원들이 협업하게 하는 공동목표라는 큰 울타리를 만든다. 또한 심리적 안정지대로 작용하여 도전적이고 변화를 두려워하지 않는 문화를 만든다.

기업시민 문화화를 위한 다양한 노력들

서울 대치동 포스코센터 벽에는 거대한 폭포가 흐른다. 높이 7.25미터에 달하는 이 폭포는 아시아를 대표하는 미디어아트 작가 이이남 씨의 작품 〈기업시민, 공존을 위한 빛〉이다. 기업시민을 경영이념으로 선언한 포스코의 기업시민헌장을 모티브로 '철의 사계'를 겸재 정선의 박연폭포와 함께 보여 준다. 포스코센터를 지나다니는 외부인과 임직원들은 작품을 볼 때마다 기업시민을 지향하는 의지를 자연스럽게 느낄 수 있을 것이다. 또한 사회적 가치를 강조하는

SK는 직원 행복을 강조하며, 최태원 회장이 직접 100회의 '행복토크'를 진행하는 등 임직원 행복을 측정하고 관리하기 위한 노력을 기울이고 있다.

향후 시민으로서 기업의 사회적 책임은 어떻게 되어야 할까? 기업시민의 역할은 단순히 사회의 법이나 규정을 지키는 것에 그치지 않는다. 사회가 중요하게 생각하는 가치나 규범에 순응하는 것에 국한되는 것도 아니다. 시민으로서 기업은 시민사회, 정부와 함께 기업의 사회적 책임과 관련된 의사결정에 참여하여야 하며(Moon & Knudsen, 2012), 더 나아가 우리 사회를 좀더 살기 좋은 곳으로 만들기 위해 필요한 사회적 의제agenda를 함께 개발하여야 한다.

나뭇가지 하나는 쉽게 부러지지만 한 묶음은 쉽게 부러지지 않는다. 기업시민을 문화화하는 것은 한 기업의 이슈가 아닌 기업시민에 공감하는 기업들이 모여서 함께 숲을 이루는 것이라 할 수 있다. 앞으로 이렇게 기업시민의 가치에 동참하는 기업들이 점차 늘어나 기업시민의 숲이 만들어질 때 임직원들과 사회 구성원 모두가 더 행복한 미래가 될 수 있을 것이다.

10

초연결사회 속의 기업시민

김은미

1. 초연결사회의 도래

초연결사회가 온다. 아니, 오래된 미래와도 같이 이미 우리 주변에 있다. 여기저기 변화나 전환이라는 말이 있는 곳에 탈권위, 수평성, 연결, 소통, 협력, 상생과 같은 키워드들이 따라다닌다. 전환의 시대, 기업은 생산의 중심기지라는 정체성에서 사회의 다층적인 연결고리라는 정체성으로의 변화를 맞이하게 되었다. 이는 단지 사회의

김은미

미국 노스웨스턴대에서 박사학위를 받았으며, 현재 서울대 언론정보학과와 연합전공 정보문화학 교수로 재직 중이다. 문화산업, 디지털 미디어와 사회, 미디어 리터러시 등에 관한 연구를 진행하고 있다. 주요 저서로는 《연결된 개인의 탄생》(2018), 《창조성의 원천》(공저, 2013), 《SNS혁명의 신화와 실제》(공저, 2011) 등이 있다.

변화가 이러한 기업의 모습을 기대하고 요구해서가 아니라, 기업의 지속적 성상을 위해서 대내외적으로 선택이 아닌 필수가 되었다.

초연결사회란 사전적으로는 인터넷, 통신기술 등의 발달에 따라 네트워크로 사람, 데이터, 사물 등 모든 것이 연결가능한 사회를 일컫는다. 기업을 포함하여 조직이란 무엇인가? 회사란 결국 사람들이 모인 곳이다. 구성원들은 서로의 역할로 연결되어 그 관계를 파악하고 있어야 협업이 가능하다. 하지만 초연결사회의 인프라와 문화(개인들의 마인드)가 퍼져 나갈수록 누구든 필요할 때 필요한 규모로 연결하면 되므로 늘 연결된 상태로 있지 않아도 된다. 항시 밀접하게 일정한 관계대형으로 모여 있어야 한다는 펀더멘털은 약해질 수밖에 없다.

COVID-19 이후에는 한 걸음 더 나아가 항상 물리적으로 같은 공간에 있을 필요성도 없다. 이상적으로는 필요할 때만 연결하고 아닐 때에는 또 다른 방식으로 연결하면 그만인 것이다. 'N잡러'들이 보편화되면서 한시적으로는 나의 동료가 또 다른 시기나 상황에서는 경쟁사의 일원이 되는 것도 이상한 일은 아니다. 연결 맺기와 끊기만 적절하고 매끄럽게 운영된다면 말이다. 이미 기업 내부의 많은 기능들이 외주화되었다는 점을 생각해 보면 고정적 관계의 와해라는 이러한 추세는 이미 장기적으로 일어나고 있었음을 알 수 있다.

조직 내부가 그렇다면 외부적으로는 어떤가. ICT를 기반으로 개인 간, 조직 간 유연한 연결이 가능해지면서 개인이나 소규모 조직들이 이러한 일시적 연결을 통해 기존의 대형 조직이나 기관, 제도가 하는 일들을 대신하고, 때로는 성과 면에서 이들을 능가하는 사례들이 점점 더 증가하고 있다. 새로운 연결과 뜻하지 않던 조합은 때로 기존의 대기업이나 공공기관에 위협이 될 정도로 엄청난 가치를 창출한다. 이것은 먼 나라나 실리콘밸리에 국한된 일이 아니다. 산업현장뿐 아니라 언론, 교육, 국방, 종교 등 실로 사회 전 영역에서 일어나고 있는 변화이다. 유튜버나 1인 방송이 거대 미디어와 어깨를 겨누고 이들 간의 다양한 콜라보를 통해 뉴스를 포함한 문화산업이 혁명적 변화를 보이며, 다양한 온라인 플랫폼이나 미네르바스쿨 같은 새로운 양식의 대안학교는 기존의 교육기관들을 넘어 교육개념을 다시 쓰는 시도를 한다. 또한 새로운 플랫폼은 신종 종교운동들을 탄생시켜 기존의 교단 문화를 위협하고 있다. 이들의 공통점은 거대하고 다면적인 관계망의 관리자가 되면서 서로 다른 조직이나 개인, 집단과의 유연한 접속과 탈접속으로 끊임없이 움직이는 모습을 보인다는 것이다. 권력은 한곳에 머무르지 않고 흐름 속에 있게 된다.

이 변화의 흐름 속에서 특히 기존에 권력이나 영향력을 가지고 있던 집단이나 개인은 더욱 그 입지를 지키기가 어려워진다. 스스로의 정체성과 움직이는 세상의 현실 사이에 엄청난 격차가 있음을 알게 된다. 어떻게 적응할 것인가에서 관건은 타이밍이다. 스스로 생각하는 자신의 위치와 현실 사이의 간극에 대한 자각이 빠르면 빠를수록 적응 가능성은 높아진다. 초연결사회의 개인이나 조직은 끊임없이 어떤 되어가기becoming의 상태로 존재한다(Kelly, 2017). 정체성은 어느 하나에서 다른 하나로 탈바꿈하는 것이기보다는 주어진 관계망, 상황과 조응하면서 상시 변화한다.

힘은 분산되고 있다. 역전되고 있다. 깜박하는 사이에 중심이 주변이 되고 주변은 중심이 된다. 오랫동안 끄떡없을 것이라고 믿었던 거인들이 나가떨어지기도 한다. 새롭고 작은 존재들이 나타나 판을 마구 휘젓기도 하고 거인들이 하지 못했던 일들을 해내기도 한다. 새롭고 가볍고 날쌘 조직들이라고 새 판을 짜는 용빼는 능력이 있어서가 아니라 새 판에 맞추어 유연하고 가볍게 태어났기 때문이다. 새로 만드는 것이 있는 것을 고치는 것보다 훨씬 빠르고 쉽기 때문이다. COVID-19에 문명세계가 무너지고, 인터넷 워리어들에게 밀려 독재자들이 물러나고, 굴지의 글로벌 기업이 스타트업에 밀린다. 모이제스 나임은 그의 저서 《권력의 종말*The End of Power*》을 통해 현대사회의 변화는 권력이 어떤 다른 방향으로 이동power shift하는 것이 아니라 아예 권력의 개념 자체가 와해되는 것power decay이라 선언하였다. 초연결사회에는 기존에 통했던 펀더멘털이 더 이상 통하지 않는다.

2. 초연결사회 속의 멘탈리티 혁명

조직이든 개인이든 다양한 역할에 열려 있는 상태가 되어야 한다. 늘 알아서 업데이트되는 스마트폰 운영체계처럼 상시 변화에 열려 있을 필요가 있다. 초연결사회에서 사람들은 한두 개의 고정적인 집단에 속한다기보다 유동적으로 여러 개의 관계망을 넘나든다. 이웃사촌이 전과 같지 않은 것도, 애사심이나 애국심이 때로 허망한 구호처럼 들리는 것도, 여러 개의 직장을 한꺼번에 다니는 N잡러의 확산이 놀랍지 않은 것도 모두 같은 현상이라고 볼 수 있다.

이동 가능하고 연결 가능한 세상을 디폴트로 생각하는 사람들에게는 개인 차원의 선택과 주도성에 대한 인식이 더 현저하다. 유동적인 사회구조와 개인의 주도성은 마치 컴퓨터에 다양한 소프트웨어가 깔리기 전에 이들을 바탕으로부터 관리하는 운영체계operating system와 같이 사회의 모습을 만드는 기초가 된다. 디지털 미디어인 인터넷과 모바일 미디어를 다중적으로 넘나들면서 온·오프라인 세계를 통해 다양한 관계망 안에서 살아가는 밀레니얼 세대에게는 더욱더 자연스러운 사회의 모습이기도 하다.

대학내일20대연구소가 발표한 서베이 조사결과에 따르면 "사회·타인에게 인정받을 수 있는 삶의 방식보다 나 자신에게 맞는 방식을 선택한다"에 그렇다고 답한 밀레니얼 세대는 53.6%로, 다른 세대들과 비교할 때 가장 높았다. 자발적인 참여는 디지털 게임세계의 가장 중요한 특징이기도 하다. 밀레니얼 세대는 고정적인 소속감보다는 자발적으로 선택한 관계망에의 소속감을 강하게 실천한다. 사적personal으로 경험하는 주도성, 자발성은 사회적social 혹은 직업적professional 차원으로도 연장되어, 이러한 감각을 주지 못하는 경험에는 잘 움직이지 않는다.

이것은 하나의 멘탈리티 혁명으로 보아야 한다. 사회 내에서 기업이 다른 조직이나 일반인들과 어떻게 관련을 맺을 것인가에 대한 기대에도 영향을 미친다. 외부의 기대는 조직의 정체성에 큰 영향을 미친다. 정부의 역할, 시민의 역할, 기업의 고유한 역할이 엄격하게 나뉘어 별도로 작동한다고 보기 어렵다. 공공의 역할을 기업에도 요구하고 때로는 정부가 사기업처럼 수익사업을 통해 자생력 있는 영역을 창출하기도 한다. 모든 조직들이 서로 다양하게 연결되면서 서로 경쟁하지만 동시에 수평적으로 상호작용한다. 각자의 이익을 추구하지만 동시에 공익에 일정 부분 기여하는 상생 원리는 어떤 문제에서든지 중시되는 매직 키워드가 되었다.

구성원의 이질성과 다양성을 바탕으로 여러 가지 관계와 만남이 지속적으로 발생하는 초연결사회에서는 정해진 목표나 과업을 중심으로 조직이 만들어지고 일을 하기보다는, 관계가 형성되고 그것이 느슨한 공동체 집단의 성격을 띠면서 그 안에서 무엇을 할 것인가, 어디로 나갈 것인가에 대한 합의가 만들어지기도 한다. 관계망의 형성이 먼저 가고 그 관계 속에 무엇을 담을 것인가는 끊임없이 변화한다. 정부와 기업사회인 시장과 시민사회의 구분은 뒤섞이게 되었고 그 안에서 모두가 일정 부분 공적인 정체성과 사적인 정체성을 함께 가지고 간다.

3. 밀레니얼: 소비자이자 조직 구성원

2018년 6월 영국의 〈파이낸셜타임스〉지는 밀레니얼의 시대가 도래했다("The millennial moment")는 시리즈 기획기사를 내면서 이들이 이미 전 세계 인구에서 가장 큰 비율을 차지하는 인구집단이 되었음을 강조하였다. 또한 이들이 기존 질서의 파괴자나 혁신자일 뿐 아니라 현실적으로 가장 큰 소비자 집단이자 노동자임을 주목해야 한다고 말한다. 앞으로 10년, 심지어 20년까지도 이들이 세상을 움직이는 주역이라는 것이다. 이들이 어떤 취향으로 어디에 돈을 쓸 것인지에 따라 산업이나 금융이 재편되고 이들의 선호가 일상문화와 예술에 영향을 미친다.

이들은 매우 참여적인 세대이기도 하다. 이들은 디지털 미디어를 껴안고 자라났다. 세대론적으로 밀레니얼 세대를 논의할 때 디지털 기술과의 친숙도가 반드시 특징으로 언급된다. 이들은 인터넷을 도구로 사용한다기보다 인터넷 안에서 성장했다. 초연결성, 유연성, 수평성 등 기술적으로 인터넷 망이 가진 특징은 이들이 당연하다고 여기고 요구하는 조직문화이다.

자기표현이 체화된 밀레니얼들은 광장에 모여 요구사항을 외쳐대며 집단행동의 힘을 경험하기도 했다. 이들은 게임세대이기도 하다. 게임의 세계를 움직이는 주요 원칙은 이들이 세상을 평가하는 잣대로 작용한다. 게임의 세계에서는 규칙이 엄격하고 공정하게 지켜지며 일정한 작업에는 엄격히 공개된 보상이 이루어진다. 자신이

한 모든 행동에는 피드백이 있으며 이를 통해 플레이어로서 성장하는 것을 확인할 수 있다.

딜로이트의 2017년 보고서에 따르면 밀레니얼 직장인의 44%가 기회가 주어진다면 현재의 직장을 떠날 것이라고 답했으며, 그 이유로는 리더십 계발기회 부족, 승진 제외, 일과 개인생활의 균형 부족, 추구하는 비즈니스 가치가 다름 등을 들었다. 가치를 언급한다는 것에 주목할 만하다. 제주도에서 창조경제혁신센터를 이끄는 전정환도 《밀레니얼의 반격》에서 한국의 밀레니얼들이 이익보다는 사람의 가치, 기업의 가치, 제품의 가치 등 보다 넓은 의미를 추구한다는 점에서 특징적이라고 지적하였다. 전 세계적으로 발견되는 밀레니얼 세대의 또 다른 특징은 삶에서 의미를 찾으려 하고 사회에 대해서도 의미 있는 영향력을 행사하고 싶어 한다는 것이다. '사회적 임팩트'는 이들을 움직이는 마법의 주문과도 같다.

사회적 의미나 임팩트를 존중하는 소비자-시민들이 증가할수록 기업을 향해 기업시민으로서의 정체성을 가지고 타 조직과의 관계에 있어 사회의 구심점이 되는 공인 역할을 해야 한다는 요청은 커질 것이다. 이러한 외부의 기대 속에서 겉으로만 이루어지는 변화는 의미가 없다. 조직 내부로부터의 정체성 변화가 수반되어야 한다.

4. 초연결시대와 기업시민: 사회공헌에서 정체성으로

이제 기업은 공공적 가치를 지향하는 책무를 부여받게 되었다. 초연결사회에 흩어져 있는 느슨한 공동체를 상호 연결하는 다양한 접점을 마련해 줄 수 있다는 점에서 기업시민으로의 정체성이 요구된다. 특히 대기업은 이들과 연결된 지역, 타 기업, 소비자, 노동자, 정부, 시민단체 등 여러 개의 조직에 접점을 가지고 있는, 즉 여러 개의 관계망들과 연결된 공통분모로서의 역할이 있다. 서로 다른 관계망을 연결하는 교량 역할에 충실한다면 사회 전체의 구심점이 된다. 초연결사회에서 공적public이라는 것은 모두가 추구해야 하는 하나의 공통가치의 의미이기보다 다양한 사람들의 연결, 상시 접촉 가능성과 개방성이라는 의미를 갖는다.

지속적인 대화와 교류, 관계 맺기의 실천만이 공동체를 유지시킨다. 공동체가 있어서 그 안에 교류가 일어나는 것이 아니라 어떤 연결이 이루어지고 교류가 일어나야 공동체가 만들어지는 것이다. 그렇다면 조직도 사람도 서로 다른 개체와 살아가기 위해서는 어떻게 다른 개체에게 말을 걸고 서로의 요구를 듣고 반응할 것인지가 핵심역량이 아닐 수 없다. 즉, 소통의 기술이 공통의 기반이 되는 규범의 실천보다 중요해진다. 소통의 기술은 기업시민이 실천적으로 가져야 할 핵심역량이다. 기업시민은 주변 조직들과의 소통을 통해 관계를 유지하고, 이를 통해 다양성의 수혜를 받고, 위기상황에서는 이러한 관계들이 기업시민을 지켜 주는 지지망이 되기도 한다.

〈표 10-1〉 CSR과 대비하여 던져 볼 수 있는 질문 예시

주제	기존 CSR 방식	기업시민으로서의 질문
누가 담당할 것인가?	회사 내 CSR 전담부서	참여의 범위를 어떻게 할 것인가?
		피드백과 모니터링은 누가 담당할 것인가?
활동의 기획은 어떻게 할 것인가?	주요 사업이 지정되어 내려오는 탑다운 방식	사업 기획의 제안과 결정을 어떤 방식으로 진행할 것인가?
		보텀업 방식이 좋은가?
		보텀업 방식의 문제점은 무엇인가?
		개인이나 단위조직의 자율성과 활동성을 어떻게 지원할 것인가?
		활동의 다양성은 어떻게 조율할 것인가?
외부 조직이나 단체와의 연결은 얼마나 장기적이어야 할까?	전담부서에서 선정하여 일시적 연계나 기부활동	일정 기준을 통해 공모한 단기적 활동과 장기적 관계를 가지고 가는 활동의 장단점은 무엇인가?
		특히 장기적인 관계를 가지고 가는 활동의 성과는 어떻게 유지할 것인가?

그렇다면 그동안 대기업 내에서 사회적, 공적 책무를 선남해 왔던 CSR 기능은 어떻게 기업시민으로서의 정체성 안에서 변화할 수 있을까. 〈표 10-1〉은 지금까지의 내용을 바탕으로 기업시민활동은 어떤 질문으로 시작할 수 있겠는가를 생각해 본 것이다.

CSR과 기업시민활동이 명백히 구분되는 지점은 다음과 같다. 첫째, 겉 다르고 속 다른 활동이 아니기를 지향한다. CSR은 대외활동 중심인 반면, 기업시민활동은 대내적인 변화를 동시에 강조한다. 둘째, 조직문화와 작업환경을 바꾸기 위한 대내적 활동과 조직 외부를 향한 대외적 활동의 시너지를 향하여 그 연결고리를 찾기를 지향한다. 대내외적인 기업시민활동을 통하여 기업 차원의 시민, 기업 구성원으로서의 시민, 글로벌 차원까지 포함하는 더 넓은 사회의 시

민이 하나의 싱크로를 이루는 것을 목표로 한다. 셋째, 이런 과정에서 만들어지는 성과는 '규모'보다는 '성장'을 키워드로 가져야 한다.

5. 기업시민의 역할: 조직문화의 겉과 속

기업시민으로서의 정체성 변화는 대외적 선언인 동시에 조직 내부를 향한 대내적 선언으로 작동할 수 있고, 그래야만 완결된다. 이를 계기로 대내적으로 현재의 일터와 그 문화를 돌아보는 일이 함께 가지 않는다면 사회적인 대외활동은 그야말로 보여 주기일 뿐이다.

조금 다른 이야기로 들릴 수 있겠지만, 광장에서의 민주적 시민성은 어떻게 길러질까 생각해 보자. 민주시민에 대한 교육을 통해서? 뉴스를 많이 읽고 사회적 이슈에 관심을 가져서? 책을 많이 읽어서? 사회과학 연구에 따르면, 시민성은 10대 성장기에 가정 내에서 혹은 학교나 외부단체 활동을 통해 민주적인 대화문화에 익숙해져야 길러진다. 이것은 무엇을 말하는가? 조직의 구성원들이 기업시민의 구성원으로서 개개인의 정체성을 가져야 진정성을 가지고 기업시민으로서 대외활동을 할 수 있고, 이것이 축적되어야 사회를 성장시키는 참 동력이 될 수 있다는 것이다.

자발적이지 않다면 재미있는 일이 못 된다(이는 게임세계의 기본이다!). 여기서의 재미는 fun이 아닌 enjoy의 개념이다. fun은 순간에 끝나고 말지만 enjoy는 지속적이다. fun은 계속 외부에서 자극이 주어져야 하지만 enjoy는 하는 사람이 만들어 내는 에너지이다. fun은 그래서 하고 끝나는, 닫혀 있는 개념이지만, enjoy는 열려 있다. 스스로 에너지가 만들어지면서 지속적으로 다른 가능성을 만들어 낼 수 있기 때문이다. 활동에 임하는 사람들의 자발적 참여가 떨어지고 enjoy하지 못하게 되면 기업시민과 관련된 대외활동은 또 하나의 탑다운식 지시사항의 하나가 되어 버려 지속가능하지 못한 일시적 운동으로 끝날 수 있다. 아니 간만 못한 길이 되어 버리는 것이다.

기업시민의 대내적 실행은 작업의 효율성이나 부서의 성과와 함께 구성원 상호 간에 서로의 웰빙을 챙기고 가고 싶은 일터를 만드는 과정을 정착시켜 나가는 일이라고 정리할 수 있겠다. 이 과정에서 서로의 성장을 위해서는 상호의존성이 필수적이라는 것을 비로소 확인하게 되는 것이 아닐까? 이는 이미 존재하는 어떤 조직 안에 안주하는 것이 아니라 모두 함께 조직의 모습과 가는 방향을 만들어 가는 과정에 동참한다는 의미가 아닐까?

그렇다면 어떻게 해야 대내적 활동과 대외적 활동의 선순환을 만들 수 있을까. 여기서 핵심은 두 가지라고 생각한다. 하나는 기업의 실질적 성과와 기업시민활동의 관련성이다. 다른 하나는 기업시민활동이 타인의 성장을 돕는 일이 아니라 결국 나의 성장을 도모하는 일이라는 점을 느껴야 한다는 것이다.

기업시민으로의 대내적 변화는 대외적 활동을 지속하고 발전하게 하는 핵심역량으로서 자연스러운 참여동력이 된다. 동시에 대외활동은 조직 내부에 활력을 더한다. 결국 대내적 활동과 대외적 활동은 서로 다른 활동영역이 아니라 끊임없는 선순환을 통해 서로가 에너지를 확보하는 거대한 생태계로 볼 수 있다.

6. 초연결시대의 리더십 변화: 기업시민활동을 통해 길러지는 연결적 리더십

궁극적으로 기업시민경영은 대내적으로도 조직문화 변화의 원동력이 될 수 있을 것이다. 조직 구성원들이 시민으로서 사내에서 서로 안정적인 관계를 맺고 일하고 참여할 때 '일'은 단지 금전적 보상을 받기 위한 일'자리'에 그치는 것이 아니라 어떤 철학을 지닌 가치적인 것으로 변모할 수 있지 않을까. 나는 기업시민활동을 통해 길러지는 시민적 자질과 역량이 연결적 리더십 개념으로 수렴될 수 있다고 본다. 그리고 리더와 구성원 간의 순환이 빈번해진 초연결시대에 리더십과 팔로워십은 동전의 양면과 같이 동일한 특성을 갖는다.

연결적 리더십 그리고 팔로워십은 나와 내 주변의 관계에 집중한다. 이는 인간이 상호의존적이라는 가장 기초적인 인식을 바탕으로 자기주도성, 자기주체성을 발휘하여 주변과 함께 성장하고자 하는 태도와 역량을 말한다. 연결적 리더십은 대내적, 대외적 기업시민활동을 통해 길러질 수 있다.

심리학자들은 사람들의 행동을 실질적으로 촉발하는 다양한 요인이 우리 의식이 감지하지 못하는 저 아래에 존재하고 있음을 오래전부터 알고 있었다. 우리 주변에 존재하는 환경적인 신호들은 우리가 미처 인식하지 못한 상태에서도 어떤 정체성을 가져야 하는지에 대해 끊임없이 자극을 준다. 기업시민으로서의 정체성 전환과 이에 수반하는 다양한 사회참여적 활동은 개인에게 연결적 존재로서의 정체성을 자극하는 환경이 될 수 있을 것이다. 활동 참여를 통해 성장을 경험한다면 자발성이 더욱 증진되는 선순환을 이룰 수 있을 것이다.

기업시민으로서의 정체성 변화는 내부적인 생각의 전환으로부터 시작하기도 하지만, 외부의 시선에 걸맞게 행동하다 보면 생기기도 한다("자리가 사람을 만든다!"). 결국 내가 나를 바라보는 시선과 외부에서 나를 바라보는 시선이 계속 만나면서 서로 조율하는 중간지대가 나의 정체성이고, 정체성은 고정되기보다는 늘 유동적이다. 만나서 연결하는 사람들이 다양하면 할수록 다양한 측면의 정체성이 길러진다.

인간은 주변 사람들, 혹은 주변 사람들이 만들어 내는 산물들과 상호작용하며 살아간다. 가장 많은 시간을 보내는 직장에서도 마찬가지다. 직장은 사람들이 상호작용하며 만들어 가는 하나의 세계이다. 우리는 직장에서 대부분 명시적으로 드러나지 않은 올바른 행동방식과 관련 규범을 기반으로 상호작용한다. 그 과정에서 특정한 방식으로 생각하고 느끼고 행동한다. 이러한 일상적인 상호작용은 명시적으로 지정된 제도 안에서 행해지고 만들어진다. 기업시민활동은 구성원들이 연결적 리더로서 주체성을 키우는 계기가 될 수 있을 것이다.

연결적 리더십은 모두가 서로 다른 역량과 전문성을 가지고 있다는 존중, 그리고 주어진 작업이나 새로운 일을 추진함에 있어서 이들을 연결하고 협력을 이끌어 내어 일할 수 있다는 믿음에 바탕을 둔 자기주도성이다. 서로에 대한 존중, 인정, 호기심, 다정함은 상호작용에 기본이 되며, 연결적 리더십을 지닌 시민으로서의 정체성을 만들 첫걸음에 해당한다.

국내 한 대기업에서 진행한 임직원 대상 조사결과에 따르면, 개선되어야 하는 내부문화로 가장 크게 지적된 것 세 가지는 서로 다른 근무형태 간 이해의 부족, 후배사원들의 존중 부족, 선배사원들의 배려 부족이다. 유사한 다른 대기업들도 이러한 내부적인 문제점들은 크게 다르지 않다고 본다.

이러한 상호작용 환경을 개선하는 것이 기업시민으로 연결적 리더십을 체득하는 데 가장 시급한 필요조건이다. 상호 존중과 인정이 있어야 서로 언제든지 새롭게 연결하고 협력할 수 있다는 믿음이 생기기 때문이다. 존중받지 못한다고 생각할 때 상대에게 다가가기 어려워진다. 존중받지 못한다고 생각할 때는 나다움을 유지하거나 고유의 목소리를 내기 어려워진다. 다양성을 가진 조직만이 살아남을 것이라는 많은 미래학자들의 예측을 생각해 볼 때 구성원 개개인이 자신의 잠재력을 충분히 발휘할 수 있게 다양성과 포용성이 존중되는 문화를 만들려는 노력은 그 어떤 기업시민활동에 앞서서 먼저 챙겨야 하는 출발점이라고 생각한다.

서로 다른 구성원들을 그저 '직장 동료'라고 추상적으로만 인식하지 않고 나와 같은 욕망과 감정을 가진 또 다른 사람임을 구체적으로 인식하는 것이 중요하다고 본다. 막연히 서로 친해져야 하는 사이나 공동체 의식을 가져야 하는 사이로 받아들이고 이러한 생각을 불러일으키려고 노력하는 것도 필요하다. 하지만 다른 구성원들의 인간적 면모를 알게 됨으로써 상호 이해와 인정, 존중이 도모될 수 있게 하는 것이 더 나은 상태라고 생각한다.

건축가 유현준은 중앙이 비워져 서로 다른 층까지 조망할 수 있는 구조의 건축물은 전 층에 있는 사람들이 시각적으로 서로를 바라볼 수 있도록 하여 조직문화 면에서 큰 이점이 있다고 주장한다. 서로가 서로를 마주하고 바라보는 것, 그것은 간단하지만 길게 가는 출발점이 될 수 있다.

연결이란 어떤 내용이나 목적을 지향하기보다는 연결이 지속되는 상태의 유지가 중요하다. 지속적인 관계를 가지고 함께 진화하는 것에 방점이 있다. 다시 말해, 기업시민경영이라는 게임의 목적은 정해진 어딘가에 도달하거나 일정한 성과를 내는 것보다는 게임을 지속하는 데 있다고 본다면 좀 다른 시각과 자세에서 성장할 수 있지 않을까.

11

노동시장 이중구조 해소와 기업시민경영

조준모

1. 노동시장 이중구조에 발목 잡힌 변화와 혁신

1) 대 · 중소기업 간 이중구조

한국의 대기업은 중소기업과 관계를 맺을 때 주로 원청의 지위에서 업무를 아웃소싱하여 중소기업에 하청을 준다. 그리고 하청의 지위에서 대기업의 업무 중 일부를 아웃소싱받은 중소기업은 또 다른 벤

조준모
미국 시카고대에서 박사학위를 받았으며, 현재 성균관대 경제학과 교수로 재직 중이다. 한국 노동경제학회와 고용노사관계학회 회장을 역임하였으며, 규제개혁위원회, 중앙노동위원회, 노사정위원회, 최저임금위원회, 고용보험위원회 등에 공익위원으로 참여하여 노동제도와 정부정책 설계에 학자로서 적극적인 조언을 해왔다.

더기업에게 재하청을 주는 대기업-중소기업-벤더 관계가 고착화되어 있다. 즉, 국내 노동시장은 대기업, 정규직, 유노조라는 조건의 핵심 노동시장과 중소기업, 비정규직, 무노조라는 조건의 주변 노동시장으로 나뉘어 있으며, 핵심 노동시장에서 주변 노동시장으로 하청을 주는 다단계 구조가 굳어졌다. 이러한 상황에서 원청과 하청이 협상을 할 때 협상력bargaining power은 주로 원청이 갖게 되며, 따라서 둘의 관계는 동등할 수 없다. 이것은 결국 임금 수준, 상여 및 보너스, 복리후생 등의 근로조건에서 원・하청 근로자 간의 격차를 벌리는 결과로 나타났다.

이중 노동시장 심화의 요인으로는 크게 두 가지를 꼽는다. 첫 번째는 국내 기업 대부분이 사용하는 임금체계인 호봉제이다. 호봉제는 생산성과는 무관하게 근속 년수에 따라 임금이 증가하는 제도로, 원청 근로자의 임금에 각종 수당과 보너스가 추가되어 임금 상승을 유발한다. 이로 인하여 원청은 증가한 근로자 임금만큼 부담을 느끼게 되며, 이러한 부담을 하청업체에 전가한다. 그리고 하청업체는 이렇게 늘어난 부담의 일부를 하청 근로자에게 넘긴다. 즉, 원청의 호봉제 유지로 인해 원・하청 근로자 간의 근로조건 격차가 심화된다. 이러한 문제는 임금뿐만 아니라 경직적인 단체협약, 관행, 인사관리, 장시간 근로 등에서도 뚜렷하게 나타난다.

둘째, 기업규모별 노동조합 조직 집중도의 차이도 이중 노동시장 심화에 영향을 주었다. 대기업과 공공부문은 노동조합 조직 집중도가 높아 핵심 노동시장 근로자들이 가지는 협상력은 상당히 크다.

이로 인해 근로자들에게 유리한 단체협약 조항, 임금상승률 조정 등 요구안이 상대적으로 쉽게 받아들여진다(조준모, 2019. 12. 31). 한편, 대기업에서 하청을 받는 중소기업의 경우 노동조합이 조직된 기업이 적을 뿐만 아니라 노동조합이 있어도 조직 집중도가 낮다.

또한, 대기업은 일이 많아지면 이미 숙련된 기존 근로자의 근로시간을 증가시켜 일을 처리한다. 대기업 내에서 기준 근로시간을 초과하는 장시간 근로는 초과근로에 대한 높은 임금 할증률로 인해 필연적으로 근로자들의 임금을 급상승시킨다. 한편, 중소기업은 인력난으로 인해 발생하는 문제를 대기업과 마찬가지로 기존 근로자의 장시간 근로를 통해 해결한다. 그러나 중소기업의 지급능력의 한계와 적은 초과근로 수당은 임금격차를 줄이지 못한다. 추가적으로 최저임금, 상여금, 보너스 등의 요소들은 근로자들의 임금격차를 벌리는 원인이 되고 있다. 이러한 제도는 변화할 때마다 정책 의도와 달리 국내 노동시장의 이중구조를 심화하는 데 일조하였다.

2) 세대 간 이중구조

이른바 386세대는 이중 노동시장 구조가 심화하는 과정의 중심에 있다. '386'세대라는 이름은 1990년대 286 PC에서 발전한 386 PC에서 따온 것으로, 1960년대에 출생하여 1980년대에 대학생활을 했고 1990년대 당시 30대였던 사람들을 의미한다.

386세대는 여러 세대 중 사회적으로 가장 입김이 세며 주목받는 세대였다(조준모, 2019). 이철승(2019)에 따르면, 386세대가 주목받게 된 데는 다양한 사회적, 시대적 원인이 있다. 첫째, 인구수를 기준으로 386세대(1960년대생)는 1950년대생(629만 명)에 비해 231만 명 많으며, 2000년대생(482만 명)에 비해서는 378만 명이나 많다. 둘째, 386세대는 능동적으로 민주화를 쟁취한 후 세계화에 발맞춰 자본주의, 민주주의, 정보화 사회에 적응하였다. 또한, 386세대가 대학에 입학한 시기인 1980년대에는 대학 관련 정책의 변화로 대학 졸업자가 양적으로 확대되며 고학력자가 양산되었다. 외환위기 당시 선배 세대들이 일자리에서 대거 퇴직하면서 이들은 사회·정치·경제 분야에서 영향력 있는 일자리들을 차지하게 되었다. 이렇게 공고해진 이들의 지위는 노동시장에서 기존 선배 세대의 재취업을 막고 후배 세대들의 시장진입을 억제한다. 더욱이 이들은 자신의 이익을 더욱 공고히 하기 위한 제도를 도입하였으며, 이는 결국 노동시장 이중구조화를 더욱 고착화했다. 이런 사회적, 정치적 상황과 맞물려 386세대를 역대 가장 강력한 이익 세대로 변모했다고 평가하기도 하였다(이철승, 2019).

〈그림 11-1〉은 세대별 소득점유율 추이를 나타낸 것이다. 이를 보면 386세대(1960년대생)가 소득점유율 면에서 1950년대생을 역전하는 데는 약 8년가량 걸렸지만, 1970년대생이 1960년대생을 역전하는 데는 20년 이상이 걸린 것을 확인할 수 있다(이철승, 2019). 이것은 386세대가 맞닥뜨린 경제·사회적 변화와 386세대가 겪었던 상황에서 만들어진 집단적 특성이 상호작용한 결과로 볼 수 있다.

〈그림 11-1〉 세대별 소득점유율 추이

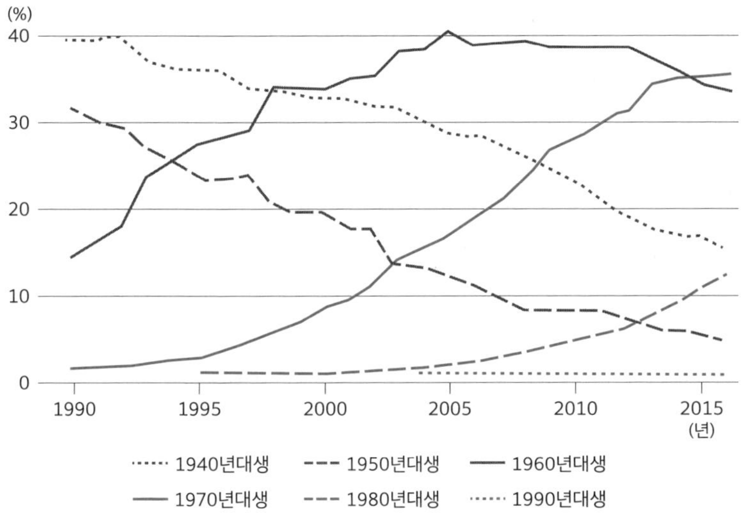

자료: 이철승 (2019).

세대는 태어난 해를 기준으로 베이비붐, X, 에코, N, 밀레니얼 등으로 구분할 수 있다. 세대별로 다르게 경험한 정치·기술 변화와 같은 외부상황은 각 집단에 영향을 줘 세대별로 서로 다른 특징을 갖게 한다는 것이 기존의 학계 이론으로 설명 가능하다.

청년 세대로 대표되는 1990년대생은 크게 1991년부터 1996년 사이에 태어난 N세대와 1997년부터 2000년 사이에 태어난 밀레니얼 세대로 나뉜다. 이들의 인구 비율은 N세대는 약 405만 명으로 전체 인구 중 약 8%를 차지하며, 밀레니얼 세대는 약 244만 명으로 약 5%를 차지한다. 청년 세대는 '88만 원 세대' 혹은 '아프니까 청춘 세대'로 불리고, 작은 것에서 행복을 얻는 소확행, 일과 삶의 균형이 필요한 워라밸을 중시하며, 컴퓨터, 스마트폰과 같은 전자기기에 익숙한 디지털 네이티브라는 특성을 갖는다.

1990년대생은 청소년기에 2007~2008년 리먼 브라더스 사태, 고용 없는 경제 성장기를 겪었다. 이러한 사건들은 1990년대생이 소확행과 워라밸을 중시하는 특성을 갖는 것과 연결지을 수 있다. 또한 세월호 사건, 촛불집회, 박근혜 대통령 탄핵과 같은 정치적 사건들은 1990년대생이 개인적 특권주의는 부인하며 자신에 대한 불공정에는 민감하게 반응하는 계기가 되었다. 또한 밀레니얼 세대는 자신이 납득하지 못하는 것을 행동으로 옮기려 하지 않는 행동적 특성을 갖는다. 직접 참여할 수 있는 참여형 민주주의를 선호하며 소통의 민주화를 중요시한다. 목적보다 수단의 정당성을 중시하는 성향을 가지며, 전체주의를 비판하고 개인의 주권을 매우 중시하는 특징을 보인다.

이러한 특징은 1990년대생이 취업 후 기업 내 근로자로 소속되어 업무를 처리하는 과정에서도 선배 세대들과 다른 행동, 다른 인식을 보이는 원천이 된다. 전국 만 19~59세 남성 3천 명을 대상으로 실시한 설문조사 결과를 보면 기업 내 근로자의 세대별 인식 차이를 명확히 알 수 있다. '힘든 일이 있어도 내색하지 말아야 한다'는 항목에 대해 50대 남성은 30.1%가 '동의', 25.8%가 '보통', 44.1%가 '비동의'라고 응답하였다. 한편, 20대 남성은 18.2%만이 '동의', 19.2%가 '보통'이라고 응답하였고 '비동의'라고 응답한 사람은 62.6%나 되었다. 또한 '상관에게 복종해야 한다'는 항목에 50대는

35.1%만 '비동의'라고 응답한 반면, 20대는 56.8%가 '비동의'하였다(마경희 외, 2018).

임홍택(2018)에 따르면, 회사에서 충성할 대상과 관련해, 1970년대생은 회사 그 자체를 충성의 대상으로 삼은 반면, 1990년대생은 자기 자신과 자신의 미래를 충성의 대상으로 삼았으며, 회사에 충성하면 결국 헌신짝이 될 수 있다고 인지하고 있다고 언급하였다.

이처럼 기업 내 386세대의 장기집권 아래 전혀 다른 행동지향 및 특징을 보유한 밀레니얼 세대의 노동시장 참여는 세대 간 갈등 심화를 비롯하여 여러 문제를 양산하고 있다. 따라서 다양성이 존중받을 수 있는 사회, 기업 내 세대 간 갈등은 줄이고 서로 다른 장점을 보유한 세대 간 화합으로 나아가기 위한 노력이 필요하다.

2. 기업시민경영, 노동시장 이중구조 해소에 대한 새로운 방향 제시

노동시장의 이중구조는 최근 새롭게 등장한 문제가 아니다. 오히려 복잡하게 얽힌 이해관계로 인해 오랜 기간 해결하지 못한 우리나라의 숙원사업 성격이 더 크다. 따라서 노동시장 이중구조 해소에 대한 굉장히 많은 논의와 다양한 관점의 해결방안들이 제시되어 왔다. 하지만 가시적으로 두드러진 효과가 나타나지 않았던 것도 사실이다. 어쩌면 새로운 시각에서 이 문제의 해법을 찾아봐야 할지도 모른다. 그래서 최근 새롭게 대두되는 기업시민경영이 이러한 노동시장 이중구조 해결의 단초가 되어 주길 기대한다. 기업시민은 자사의 이익뿐 아니라 협력사, 공급사, 고객사 등과 더불어 함께 미래를 그리며 지속가능한 성장과 강건한 산업생태계를 구축하는 과정에서 대·중소기업 간의 근로조건 격차를 자연스럽게 축소시킨다. 한 걸음 더 나아가 취업취약계층 등 사회적으로 어려움에 처한 계층을 지원하여 세대 간 소득격차를 해소하는 데 기여할 수도 있다. 마지막으로 구성원들이 시민의식에 기반한 성숙된 조직문화를 조성함으로써 세대 간 배려와 존중의 문화와 다양성diversity 관리가 자연스럽게 정착되도록 하는 것 역시 충분히 가능하다. 그렇다면 구체적으로 어떠한 메커니즘이 작동하는 것일까? 다음 장에서부터 이론적 논의와 실제 사례 등을 통해 이를 좀더 자세히 살펴보고자 한다.

1) 공생가치 창출을 통한 대·중소기업 간의 격차 해소

고용 가능성 제고는 우리나라의 경직된 노동시장 구조를 유연하게 해줄 방안 중 하나로 제시되고 있다. 그리고 고용 가능성을 제고하기 위해서는 현재 시혜성 성격이 강한 CSRCorporate Social Responsibility을 상생가치 창출로 전환하기 위한 플랫폼 리더로의 변화, 고용 가능성과 관련된 환경변화에 대한 적응력, 그리고 원·하청 사이의 상생경영을 위한 노력이 필요하다(권순원, 2017).

구체적으로, 협력업체에 플랫폼을 제공하여 협력업체들의 경쟁력 향상 및 선택 촉진을 유도해야 한다. 또한 근로자는 생산성에 상응하는 보상을 받아들이고 끊임없는 자기계발 활동과 경력관리에 힘써야 할 것이다. 따라서 기업 내에서뿐만 아니라 외부에서의 직무평가가 그들의 인사평가에 반영되어 스스로 자신의 고용가치를 높일 수 있도록 해야 한다. 이와 더불어 기업은 인력 운영에 관한 유연성 강화 및 선진형 임금체계를 통한 직무가치, 성과기여도에 기초한 보상제를 시행해야 한다(권순원, 2017).

〈그림 11-2〉는 대·중·소기업의 문제와 협력방향을 도식화한 그림이다. A 영역은 원·하청 거래에 있어 공정성 확보를 넘어서 하청업체들의 경쟁력을 확보하는 방향으로 패러다임을 전환한 것이다. 원·하청 거래에 있어 원청에 유리한 기존의 불공정 거래를 규제하고 기술탈취를 방지하기 위해 공정거래 감독, 감시체계 강화와 같은 방안은 늘 우선시되어 왔다.

B 영역은 대기업 원청 노조와 중소기업 하청 노조 간 연대방안이다. B 영역과 관련해서는 원·하청 근로자의 임금 및 복지 격차를 해소하기 위한 연대임금 전략을 검토할 수 있다.

C 영역은 기업의 CSR, CSVCreating Shared Value의 영역으로, ISO International Standardization Organization 26000에서는 원청에게 하청 근로자에 대한 노동기준의 덤핑을 방지하도록 하는 책임을 묻고 있다. 따라서 단순히 원청이 하청에 시혜성을 베푸는 것이 아니라 국제기준에 맞추어 해외시장을 개척하며 생산 가치사슬의 경쟁력을 확보하는 차원으로 넓게 가져갈 수 있는 영역이다(노광표, 2015).

〈그림 11-2〉 대 · 중 · 소기업 문제영역 및 협력방향

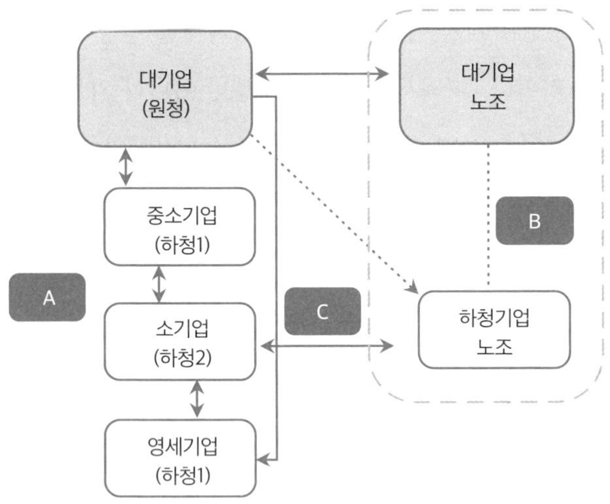

자료: 노광표 외 (2015).

원 · 하청(혹은 대 · 중 · 소기업) 상생협력은 이중구조 개선을 위한 비노동 해법으로, 하청기업, 학계와 정부뿐만 아니라 원청기업들의 이중구조에 대한 인식과 태도가 달라지고 있다. 특히 2차 산업의 대표기업 중 하나인 포스코의 경우 비즈니스 파트너와의 협력을 통해 원 · 하청 안팎의 문제를 함께 해결하고 더 나은 방향으로 발전해 나가기 위해 노력하고 있다.

포스코와 관련한 대표적 사례로는 크게 두 가지가 있다. 첫 번째는 성과공유제의 이용이다. 성과공유제는 대 · 중 · 소기업 상생협력 모델로, 양 사가 합의한 공동의 목표를 달성할 수 있도록 계약을 체결하고 그 성과를 공유하는 것이다. 이는 포스코의 대표적 동반성장활동 프로그램으로, 포스코는 중소기업의 문제를 공동의 문제로

인식하여 함께 해결해 나가려 노력하며, 그 과정에서 부정적 매출 증대가 있을 것을 고려하여 성과까지 함께 공유하려 노력하고 있다.

두 번째 사례는 포스코와 중소기업의 금전적 관계이다. 포스코건설은 최저가 낙찰제를 폐지하여 원·하청 거래조건을 개선하고자 노력하는 대표적 기업이다. 이는 대기업이 중소기업과의 관계에 있어 이익만 좇는 근시안적 시각 대신에 서로의 상황을 배려하며 상생의지를 갖고자 하는 사례라고 볼 수 있다.

이러한 대기업의 원·하청 상생을 위한 노력을 볼 때, 산업 생태계 조성 단계에서부터의 대·중·소기업 상생협력 방안 생성 및 시행을 통해 단순한 관계 개선, 성과 공유에서 한 걸음 더 나아가 대·중·소기업 간 자유로운 인적 교류까지도 가능할 것으로 기대할 수 있다(조준모 외, 2018). 더 나아가 민간 대기업/공기업의 임금체계를 직무급제로 개편하기 위한 지속적인 노력이 필요하다. 즉, 생산성에 부합하는 보상체계 구축을 위한 노사의 자율적 노력에 대한 지원이 필요하다.

최근 COVID-19 사태는 원청뿐만 아니라 하청업체까지 재정난에 시달리게 하고 있다. COVID-19가 풍토병endemics화됨에 따라 원·하청 생산 가치사슬이 무너지고 있다. 원·하청 기술보전을 위한 '노아의 방주'에 오를 하청기업들을 선별 지원하여 그들이 부도나지 않도록 하기 위한 원청 노아의 고민이 필요한 시점이다.

2) 소통·신뢰·창의의 기업시민경영에 기반한 존중 사회로 전환

특정 이념·이해집단에 휘둘리지 않고 다양한 구성원들, 특히 소외된 계층의 정책수요를 정확히 파악하고 맞춤형 정책을 실시하기 위해서는 개방성openness과 설명 책임accountability을 담보할 수 있어야 한다. 획일주의적인 발상으로는 국가 경제는 산업 4.0의 기술 파고를 넘을 수 없으며 플랫폼 경제에도 대비할 수 없다. 확실한 약자 집단에게는 집단 자치를, 보편적 개인에게는 자기 결정권을 강화하는 방향으로 개선되어야 한다.

이를 위해 먼저 다양한 정보가 투명하게 공개되어야 한다. 특히 취업을 준비하며 기업 내부 노동시장으로 처음 진입하고자 하는 청년계층에게 다양한 정보를 제공함으로써 구직에 대한 탐색비용search cost을 최소화하고 노동시장의 미스매치를 축소하는 것이 중요하다. 이를 통해 청년실업과 일자리의 질decent job에서부터 파생되는 세대간 소득격차를 해소해 나가는 데 기여할 수 있기 때문이다. 포스코가 기업시민경영을 실천하기 위해 진행하는 청년 취·창업 지원사업 '포유드림'은 이 문제에 대한 해법의 단초를 제공한다. 이 프로그램은 취업 희망자에게 기업이 필요로 하는 인성, 적성 등에 대한 정보와 이를 배양할 수 있는 교육 프로그램을 제공하고, 최근 기업의 수요가 급증하는 AI, 빅데이터 뉴칼라new collar 인재를 양성함으로써 일자리 미스매치를 해소하고자 한다. 또한 우수인재에 대해 포스코그룹뿐 아니라 포스코 협력사, 공급사, 고객사 등 우수한 중견기업

취업을 연계해 줌으로써 정보격차를 해소하고 기업과 구직자의 탐색비용을 줄일 수 있다. 이는 단순히 사회공헌 차원에서 진행되는 프로그램의 성격을 넘어, 포스코가 가진 인재양성 프로그램을 활용하여 우수인재를 육성하고 이러한 인재를 철강 관련 기업에게 공급함으로써 철강산업 생태계 차원에서 긍정적 영향을 주는 방향으로 발전해 나가고 있다.

밀레니얼 세대가 점차 노동시장으로 진입하고 있으며 이들이 곧 미래의 주역인 만큼 추상적인 공동체 가치보다 모든 제도를 내가 선택하고 참여하는 방식으로 창의적 설계가 가능하도록 국민이 설계하는 국가제도와 정책, 기업의 조직문화가 필요하다. 밀레니얼 세대에게 동기를 부여하기 위해서는 ① HR 제도의 다양화, ② 조직원 스스로 성장 가능하도록 복직자 프로그램, E-러닝 강좌 같은 학습체제 마련, ③ 수평적 조직문화를 바탕으로 한 쌍방향 의사소통, ④ 일의 의미를 명확하게 하는 것 등의 방법이 있다.

밀레니얼 세대로 인한 기업의 변신 사례로 크게 두 가지가 있다. 첫 번째로, 구글은 People Analytics Team을 설치하여 구글 검색방법과 동일하게 HR/노무관리를 진행하였다. 25명의 통계학·심리학 전문가, MBA 출신으로 구성된 이 팀은 직원과 관련된 모든 의사결정을 빅데이터를 활용해 주도하였다(엄동욱, 2013). 기업의 이러한 노력은 세대별 수평적 문화를 적응시키는 데 성공하였지만, 성인지性認知 경영에는 실패하였다는 평가를 받았다.

두 번째로, 셸Shell의 사례가 있다. 셸은 '다양성과 포용Diversity and

Inclusion 프로그램'을 활용하여 기업 내 세대 간 차이, 성별 차이, 문화 차이 등을 공유한다. 대표적으로 '다양성과 포용 인지역량Diversity and Inclusion Awareness Skills'(다양성과 포용정책의 기본에 대한 교육), '포용관리Managing Inclusion'(관리자들 대상 직원의 참여를 이끌어 내는 업무환경 조성에 대한 교육), '경계 초월Beyond Boundaries'(다양한 문화에서 온 직원들로 구성된 팀의 역량을 개발, 극대화), '성인지Gender Awareness'(성별 차이, 불합리한 관념 또는 직장에서의 제한에 대한 교육, 개선방안 논의), '여성 경력개발Women's Career Development'(여성이 진행하는 여성 근로자 경력관리 및 능력향상 교육), '점심학습Lunch & Learn'(각 사업장의 작업환경에 맞는 내용을 선정, 진행) 등의 프로그램이 있다.

밀레니얼 세대의 노동시장 진입에 따라 다양성 존중이 중요해지면서, 국내의 경우 대기업을 중심으로 세대 간, 성별 간 차이에 대해 소통하며 상호 학습하려는 노력이 나타나고 있다. 대표적 사례로 포스코의 'CEO 주재 영보드 간담회', '본부별 통통 커미티', '본부장 런천 미팅'을 들 수 있다. 이 사례들은 밀레니얼 세대를 중심으로 구성된 소통기구로서, 조직문화 개선을 위해 젊은 세대의 직원과 경영층이 직접 소통하는 자리를 만든 것이다.

각국 정부와 초일류기업 경영에 있어 다양성 관리diversity management가 화두인 젠더, 인종, 세대별 다양성 시대에 초일류기업들은 CDOChief Diversity Officer를 두어 사회갈등 해소를 위하여 노력하고 있다. CDO는 갈등을 사전에 예방하는 예방자인 동시에 다양성을 창의성으로 연결하기 위한 생산적 문화 창출자 역할을 한다. 〈포춘〉

500 기업의 20% 이상이 CDO를 두고 있지만, 우리나라의 대기업들에는 아직 CDO가 없다. 한국 또한 현재 다양성 존중에 대해 인지하고 있지만 아직 이에 대한 시각, 사회적 분위기, 기업과 정부의 노력은 부족함을 알 수 있다.

사회에 다양성이 점차 확산하는 것은 당연한 현실이기 때문에 기업은 조직과 사회문화의 다양성을 존중하는 세포 마케팅, 세포 인사관리가 필요하다. 소수집단의 창의적 의견도 채택되고 반영될 수 있는 개방형 관리체계하에서 집단자치 공간을 줄이고 개인자치 공간을 넓혀 나가야 한다.

12

기업시민과 사회적 책임의 노사관계

이병훈

1. 기업시민의 시대적 의의

서구의 선행연구에 따르면, 기업시민Corporate Citizenship은 사회의 영향력 큰 경제주체인 기업들이 시민권·사회권·정치권 등의 기본적 권리를 존중하며 이에 상응하는 사회적 역할을 다하는 것으로 정의된다(Dawkins, 2010; Matten & Crane, 2005; Wood & Logsdon, 2001). 이러한 정의에 따르면, 기업시민은 기업의 사회적 책임CSR

이병훈
미국 코넬대에서 박사학위를 받았으며, 현재 중앙대 사회학과 교수로 재직 중이다. 공공상생연대재단 이사장, 플랫폼노동 대안포럼과 공공기관위원회 위원장 등으로 활동하고 있으며, 노동사회학과 노사관계가 주요 연구분야이다. 주요 저서로는 《노동자연대》(2018), 《21세기 디지털 기술변동과 고용관계》(공저, 2017) 등이 있다.

이나 공유가치CSV와 마찬가지로 기업들이 수익 추구에만 몰두하기보다 시민사회의 구성원('시민')으로서 공동체적 연대를 지향하여 공익적 역할과 책임을 자임하며 사업 이윤과 사회적 후생을 동시에 성취하려는 착한 균형의 비즈니스 모델을 구현한다는 점에서 '기업의 시민 되기'로 이해할 수 있다(송호근 외, 2019).

기업시민이 갖는 시대적 의의를 확대해서 살펴보자면, 신자유주의 세계화 시대에 과도한 수익경영으로 노동·사회·환경 분야에 적잖은 폐해를 안겨 준 기업들이 정당성 위기에 봉착하여 자기 정체성을 재정립하고, 기업경영의 생태계 질서를 재구성하여 공공성 복원과 사회적 가치 확장에 이바지함으로써 호혜적인 지속발전 가능성을 도모하려는 '개명된enlightened' 경영이념의 추구로 정리된다(윤정구, 2019).

포스코가 1968년 설립 이후 성장해 온 50년의 역사적 궤적을 돌아보면, 설립기(1968~1992)·도약기(1993~2010)·성숙기(2011년 이후)의 시대적 단계에 따라 기업 안팎의 요구와 기대에 부응하여 경영이념을 적절하게 설정하여 구현해 왔다(Moon & Park, 2017). 대일청구권 자금으로 설립된 포항제철(포스코의 전신)의 초기 역사를 보면, '제철보국製鐵報國'의 기치를 내세우며 1970~1980년대 정부 주도의 경제개발정책에 따라 중화학공업 육성을 튼실하게 뒷받침하는 공기업으로서 혁혁한 역할을 담당하였다.

1990년대 들어서는 민영화를 거쳐 건실한 경영실적과 탁월한 기술수준으로 국내외 투자자로부터 높은 평가를 받으며 세계 철강산업의 새로운 강자로 발돋움하였으며, 해외 생산기지에 대한 적극적 투자로 글로벌 경영체제를 구축, 가동해 왔다. 2019년 7월에는 기업시민헌장을 선포하여 미래 50년에는 새롭게 포스코 차원의 사회적 가치 경영을 실천해 나갈 것을 공식화하였다.

이처럼, 포스코는 지난 50년 역사를 통해 후진국 경제로부터 도약하려는 정부 주도의 개발연대에서부터 국경 없는 치열한 시장경쟁의 세계화시대에 이르기까지 국가경제 발전에의 기여와 세계 철강업계에서의 위상 확보라는 경영목표를 성취하기 위해 당시에 강조되던 경제적 가치의 실현에 주력하며 괄목할 만한 성과를 거두었다.

최근 포스코가 재무성과 달성에만 안주하기보다 날로 심각해지는 사회 불평등, 공동체 해체, 환경문제 등과 같이 기업 울타리 밖에서 발생하는 위기 대처에 적극적 역할을 자임하겠다는 취지에서 기업시민 경영이념을 공식화하여 선언한 것은 새로운 시대적 소명에 부응하려는 포스코의 결단으로서 매우 주목할 만하다. 기업시민이 경제적 가치와 더불어 사회적 가치를 포용·존중해야 한다는 21세기의 시대정신을 구현하려는 포스코 차원의 미래지향적 경영이념을 재정립하는 것으로 이해되기 때문이다. 달리 말하자면, 기업시민 경영이념은 포스코가 창립 이래 자임해 온 '제철보국'의 국가적 책무 수행을 넘어서 '여민보국與民報國' 이라는 새로운 사회적 역할과 지향점을 재정립하는 것으로 볼 수 있다(송호근 외, 2019).

2. 기업시민경영을 위한 노사관계의 조건

기업시민경영의 온전한 실행을 위해서는 그룹 임직원, 특히 현업을 담당하는 직원들의 공감과 동참이 필수적으로 요구된다(송호근 외, 2019). 직원들이 협조적 동의와 적극적 역할로 뒷받침하지 않는 경우에는 기업시민 또는 여민보국과 같이 아무리 훌륭한 경영이념이라 하더라도 경영진의 '공염불'에 그칠 뿐, 새로운 경영으로 현실화될 수 없기 때문이다. 물론 기업시민 경영이념 중 People 영역에는 포스코그룹 임직원을 위한 주요 실천과제가 제시되어 있는데, 임직원들은 작업환경 · 인사관리 · 노사관계 · 근무체제 등에 있어 수혜 대상이기도 하지만 비즈니스 파트너와 사회 공동체에 대한 기업시민경영의 실행 주체라는 점을 분명히 유념할 필요가 있다. 그런 만큼, 기업시민경영이 제대로 구현되기 위한 핵심적 성공요인으로 그룹 임직원 모두가 새로운 경영이념의 자발적이며 능동적인 주체로 참여하고 실천하는 것이 요구된다.

특히 최근의 노사관계 여건하에서는 첫째, 노동조합과의 협력적 파트너십을 확립-발전시키는 조건과 둘째, 노조 스스로 사회적 책임의 실천을 공감하고 적극 동참하려는 의지를 갖고 있다는 조건, 두 가지를 모두 충족하는 경우에만 최고경영진이 내건 기업시민의 경영이념이 조직 차원의 단합된 추진력을 얻어 힘 있게 실행될 수 있다. 포스코 설립 이후 지난 50년 동안 제철보국의 국가적 미션을 달성하기 위해 임직원 모두가 '우향우' 정신으로 무장하여 경제적 가치와 산업적 책무의 실현을 뒷받침해 왔다면, 향후 50년에는 기업시민경영을 힘 있게 실행하기 위해서 현업 직원들과 그들의 대의조직인 노동조합이 그 경영이념에 동의하고 자발적 실천에 나서는 것이 요구되기 때문이다.

기업시민경영을 제대로 뒷받침하는 노사관계를 창출하기 위해 노사관계의 기본적 특성을 좀더 살펴보면, 우선 노사관계가 본질적으로 각축적 교환관계contested exchange relations에 기반해 있다는 점에 유의할 필요가 있다. 자본주의 노동시장에서 노동력이라는 상품을 사고파는 사용자와 노동자의 교환관계는 노동과정과 성과배분, 작업환경 등을 둘러싸고 대립적 이해관계를 수반하기 마련이다(Bowles & Gintis, 1990). 이 같은 각축적 교환관계 속에서 노동자들은 사용자에게 고용되어야 자신의 생계를 이어갈 수 있다는 점에서 인적·경제적 종속성을 갖는 비대칭적 고용관계asymmetric employment relations에 놓이면서, 그들의 권익을 집단적으로 대변하기 위해 자주적 결사체로 노동조합을 결성하는 것을 노동기본권으로 보장받는다.

경영진이 이러한 노사관계의 각축적 속성을 합리적으로 해결하려는 접근을 보이기보다 노조를 힘으로 억누르거나union suppression 회피하려는 경우union avoidance에는 적대적 노사관계를 초래하여 값비싼 갈등비용을 치를 뿐 아니라 기업경영 방침이 일선 현업에서 제대로 실행되지 못하는 모습을 국내외 많은 기업들에서 찾아볼 수 있다. 따라서 직원들의 자발적 결사체이자 대의기구인 노동조합이 경영진과 '더불어 함께' 협력하고 실천하는 공존·공생의 미래지향적 노사관계를 확립하여 성숙시켜야만 '더불어 함께 발전하는 기업시민'의 새로운 경영이념을 정착시켜 나가려는 경영진의 혁신 의지가 일터 현장에서 온전히 발현될 수 있다. 그런 만큼, 유노조 사업장 여건하에서 기업시민경영에 대한 현장직원들의 능동적인 실천을 도모함에 있어 노사관계 안정과 함께 가치 창출과 사회적 책임의 노사관계로 발전시켜 나갈 필요가 있다.

3. LG전자의 사회적 책임 노경관계

LG전자는 심각한 노사갈등 위기에 전략적으로 대응하여 가치 창출과 사회적 책임의 노경 파트너십을 구축하였을 뿐 아니라 노조가 나서서 사회적 책임의 실천을 공식 선언하며 경영진과 함께 실천해 온 모범 사례로 참조해 볼 만하다.

〈표 12-1〉은 LG전자 노사관계의 역사적 변화 흐름을 보여 준다. LG전자 노동조합은 1963년 설립되어 1987년까지 사측 주도의 안정적인 노사관계를 유지하였다. 그러나 1987년 정치 민주화 직후, 병영적 통제방식의 현장 노무관리와 사무관리직-생산기능직 간의 신분 차이 등으로 조합원들 사이에 쌓인 불만이 1987년 구미공장의 90일 파업과 1989년 창원공장의 37일 파업으로 폭발하였다. 두 번의 파업 모두 경찰 공권력의 투입으로 종식될 만큼 매우 격렬한 노사분규로 진행되었다. 당시 가전부문 시장점유율에서 삼성전자에게 추

월당한 LG전자는 심각한 노사분쟁을 겪으며 절체절명의 위기감을 느꼈다.

이에 파격적으로 전문경영인 이헌조 회장을 영입하여 노사관계의 전면 개편을 역점을 두어 추진하였다. 이헌조 회장을 필두로 한 신임 경영진은 '새로운 노사관계의 확립'이라는 경영방침을 공식화하며 노사관계 안정화에 역점을 두었으며, 특히 기존의 신분차별을 폐지하고 노조와의 정례 협의와 현장직원의 의사소통 채널을 대폭 확

〈표 12-1〉 LG전자 노사관계의 발전단계

	사측 주도 노사관계로부터 갈등적 노사관계로	관리적 노사관계로부터 가치 창출 노경관계로	사회적 책임 노경관계 (CSR & USR)
시기	1958년~1989년	1990년대 & 2000년대	2010년 이후
노무관리 방식	- 1987년 이전: 병영적 작업장 노무관리, 사무관리직-생산기능직 신분 차별 - 1987~1989년: 노사분쟁 대응	- HR 정책 전면 개편 & 차별적 작업장 관행 폐지 - 노경업무의 전략적 접근 (해외 우수 사례 벤치마킹) - 다층적 의사소통체계 구축-가동	- 노사의 사회적 책임 공동 협력 - 신뢰 기반의 노경관계 진화 - LGE 노경 파트너십 모델의 국내외 사업가치 창출
노동조합	- 1987년 이전: 순응적 집행부의 회사 협조 - 1987~1989년: 조합원들의 불만 표출과 과격 파업 전개	- 협력적 집행부의 지속 집권 - 노조 지도부의 학습활동	- 노조의 '사회적 책임 헌장' 선포 - 해외 LGE 사업장 노동자 대표들과의 교류/학습지원
외부환경	- 권위주의적 개발연대 정부의 경제성장 주력과 노동운동 통제 - 정치민주화와 노동운동 활성화	- 세계화에 따른 국내외 전자업계의 시장경쟁 가열화 - 정부의 신노사문화정책	- 기업의 사회적 책임에 대한 국제적 규범 강화 - 국내 사회 불평등 및 노동시장 이중구조 심화 - 국내외 시민행동 압력 증가

자료: Lee & Chung (2015).

충하였다. 또한, 현장 노무관리의 중요성을 강조하여 임원들의 생산현장 체험 및 직원들과의 스킨십(예: 작업상 청소와 출퇴근 인사하기 등) 확대와 더불어 관리자 고과 및 승진심사 시 노사협력 태도를 강조하였다. 이러한 경영진의 헌신적 노력에 힘입어 1990년대 중반에는 노사관계의 안정화를 이룰 수 있었다.

1990년대 중반에 LG전자는 이른바 '관리적 노사관계'로부터 '가치창출 노경관계'로의 전환을 선언하였다. '노조는 경영을 존중하고, 경영은 노조를 이해한다'는 공생의식에 기반하여 기업의 경쟁력과 임직원의 삶의 질을 함께 개선하는 데에 협력하는 호혜정신을 표방하면서 더 이상 노사 간의 대립을 지양하고 노동과 경영의 공동이익을 추구한다는 취지에서 '노경관계'라는 개념을 공식적으로 사용하기 시작한 것이다. 가치창출 노경관계를 통해 LG전자에서는 노조 대표와의 경영정보 공유와 정책협의를 정례화하였으며, 그에 화답하여 노조는 현장문제 해결과 구조조정 추진에 적극 협조해 주었다. 그 결과 LG전자의 노경 파트너십은 기업가치의 핵심요소로 자리매김하여 국내외 사업활동에 있어 높은 평판을 만들어 내는 데 크게 기여하기도 하였다.

2010년대에 들어서 LG전자의 노사관계는 사회적 가치에 대한 시대적 요구에 선제적으로 대응하여 '사회적 책임의 노경관계social responsible labor-management relations'로 진화하였다. 특히 2010년 LG전자 노조 집행부는 기업경영의 사회적 책임에 화답하여 국내 노조로서는 처음으로 "노조의 사회적 책임USR 헌장"을 공식 제정하여 ISO

26000의 7개 영역(지배구조, 인권, 환경, 노동, 공정/윤리운영, 소비자, 지역사회)에 대한 독자적 실천과제를 설정하여 관련 활동을 전개하고 정례적으로 평가보고 행사를 진행하였다(Kim et al., 2013).

이처럼 LG전자에서는 1980년대 말에 발생한 격렬한 노사분쟁을 계기로 노사관계의 중요성에 대한 경영진의 각성이 이뤄지면서 안정적 노사관계를 관리하는 차원을 넘어서 기업가치 창출에 적극 협력하고, 더 나아가 사회적 책임에 함께 나서는 모범적인 노경 파트너십을 전략적으로 발전시켜 온 점이 매우 주목할 만하다.

4. 노동조합의 사회적 책임

노동조합은 노동자들의 자주적 결사체라는 점에서 권익 대변과 보호의 범위를 어떻게 설정하는가에 따라 상이한 활동성향을 보이기 마련이다. 조합원들의 권익대변에만 치중하는 실리주의적 노조운동에서부터 노동자 계층의 권익보호를 지향하는 사회개혁적 노조운동에 이르기까지 그 성향은 다양하다.

최근에는 전 세계적으로 조직률이 하락하고 사회적 영향력이 크게 악화되는 상황 속에서 사회적 정당성을 강화하기 위해 노조의 사회적 책임이 강조되고 있다. 특히, 노조가 조직 내부자, 즉 조합원들의 기득권 지키기에 연연함에 따라 정당성 위기에 직면해 있음을 비판하며 일터인권 · 법규준수 · 노동참여 · 산업안전 등을 보장하는 작업장 민주주의workplace democracy와 더불어 취약노동계층의 권익대변을 지향하는 경세적 형평성economic equity과 사회정의social justice를 노조의 사회적 책임으로 구현해야 할 핵심 가치영역으로 설정하기도 한다(Dawkins, 2010).

우리나라 노동조합의 경우에는 기업별 노조활동 관행이 지배하다 보니 아무래도 조합원들의 권익대변에 치중하는 실리주의적 경향에 머물러 있는 경우가 많다. 실제로 대다수의 노동조합들이 기업별 노조 체계의 울타리 안에 안주하며 조직 내부자인 조합원들의 권익개선에만 열중할 뿐 노조 밖에 놓인 취약 노동자들의 형편에는 무관심하거나 외면하는 경우를 흔하게 찾아볼 수 있다. 그 결과, 노동조합들이 비정규직이나 하청 중소기업 노동자들의 열악한 근로조건이나 청년들의 구직난 문제를 방치한 채 조합원들의 실리, 즉 고용안정과 임금인상에 주력하는 활동에만 매몰됨으로써 결과적으로 조직-미조직 노동자들 간의 양극화 심화를 방조하여 연대성 위기의 나락에 빠져들었다는 따가운 비판을 받았다(이병훈, 2018). 서구의 노동조합 활동에 대해 조합원의 기득권 지키기에 머무르지 말고 사회 약자의 권익을 대변하는 '정의의 칼sword of justice'로서 사회적 책무의식을 강화해야 한다는 문제제기가 강조되기도 한다(Hyman, 1999).

그런 가운데 일부 노동조합들이 사회적 가치를 실천하려는 전향적 움직임을 보여 주어 세간의 큰 관심을 받기도 하였다. LG전자 노동조합의 USR 활동을 비롯해 보건의료 노동조합과 SK하이닉스 노동조합이 각각 비정규직과의 차별해소와 하청업체와의 임금공유를 실천하려는 상생적 연대의 노사협약을 체결한 것을 그 사례로 손꼽을 수 있다. 최근에는 노동조합들이 사회취약계층을 보듬어 돕기 위한 사회연대기금 설립에 적극 나서고 있다는 점이 특기할 만하다. 양 노총의 공공부문 노동조합들의 공공상생연대기금재단, 사무금융노조들의 우분투재단, 금융노조의 금융산업공익재단, 희망연대노조가 주도한 희망씨 사단법인 등이 그에 해당된다.

이러한 예와 같이, 기업시민경영이 성공하려면 직원들의 중추적인 대의기구로 위치하는 노동조합이 조합원들의 기득권이나 조직내부자의 실리 챙기기에 급급하기보다 사회 공동체와 비즈니스 파트너, 더 나아가 외부 약자들에 대한 사회적 책임을 추구하는 활동이념과 실천의지를 갖추는 것이 필요하다. 다시 말해, 노동조합이 스스로 사회적 가치의 선도적 실천주체이기를 자임할 때 비로소 기업시민경영이 상생적 파트너십에 기반하여 역동적인 도약을 이뤄낼 수 있다.

5. 사회적 책임의 노사관계 발전을 위한 제언

우리나라의 일부 기업들은 1987년 민주화 이전까지의 군대식 병영통제와 그 이후 노조탄압과 위계적 조직문화, 그리고 사측 주도의 무노조경영 등으로 인한 비판에서 자유롭지 못하다(이주환, 2020; 송호근, 2018). 눈부신 경제성장의 주역이라는 빛과 함께 노동통제의 그림자 또한 동시에 안고 있는 것이다.

그런 가운데, 기업시민 경영방침 선언에 의해서 노사관계는 중차대한 전환점에 놓여 있다. 조직과 업무에 대한 높은 충성·몰입도를 보이며 성장역사를 일궈 온 베이비붐 세대 직원 대부분이 단시일 내에 은퇴하고 밀레니얼 세대가 그 빈자리를 채우며 인력 구성의 다수를 차지할 것으로 예상되는 만큼, 이 같은 세대교체 흐름은 노사관계의 중대 변수로 등장하고 있다(조준모, 2019). 기업시민경영을 뒷받침하는 사회적 가치 창출의 노사관계로 발전시켜 나가기 위해 몇 가지 제언을 하고자 한다.

첫째, 노동조합이 기업시민경영에 대해 협력적인 실천의 주체로 나설지, 또는 조합원 실리에만 치중하는 방관자로 머무르거나 회사에 맞서는 대항조직으로 행동할지 여부는 노사관계에 대한 회사의 인식 태도에 달려 있음을 유념해야 한다. 대립적 노사관계가 조성되는 경우에는 기업시민경영이 현장 조합원들의 무관심과 비협조에 부딪쳐 공허한 캠페인에 그칠 가능성이 높다. 따라서 기업시민 경영이념이 조직문화와 사업관행으로 안착하여 발전적 성숙을 이뤄 가기 위해서는 노사관계의 안정화를 넘어서 기업경영의 핵심 이해당사자이자 실행주체인 노동조합을 협력적 파트너로 인정·존중하는 것이 필요하다.

둘째, 기업시민 경영이념에 맞추어 사회적 책임의 노사관계로 발전시켜 나갈 전략적 접근이 요망된다. 기업시민 경영이념을 구현하기 위해서는 노사관계의 관리적 안정화를 넘어서 사회적 가치 창출의 노사 파트너십으로 선진화해 나갈 필요가 있으며, 이를 현실화하기 위한 중장기 노사관계 발전전략 및 로드맵을 수립하는 것이 요망된다. 또한, 노사 파트너십의 전략적 중요성을 인식한다면, 노사관계 관련부서의 위상제고와 인재배치가 이루어져야 할 것이다.

셋째, 회사의 전향적 인식변화만으로는 기업시민경영을 위한 노사 파트너십이 성취될 수 없고, 결국 노조 지도부의 적극적 협조와 동참이 있어야 완성될 수 있다. 그런 만큼, 노조가 '우물 안'의 운동논리 또는 속 좁은 이해관계에 매몰되지 않도록 회사 경영이나 공생가치 등에 대한 폭넓은 정보공유와 일상 현안에 대한 노사협의를 충실히 수행함으로써 상호 신뢰관계를 지속적으로 쌓아 나가야 한다. 또한, 노조 지도부가 사회적 가치·책임에 대한 이해와 공감을 갖출 때 기업시민의 노사 공동실천에 적극 동참할 것이므로, 노조 간부들이 참여하는 사회적 가치와 책임에 대한 다양한 교육 기회의 마련·제공을 촉진·지원하는 것이 요망된다.

13

기업시민과 신뢰/화합 문화의 비밀

협업의 운동장

윤정구

SAS, 사우스웨스트항공Southwest Airlines, 넷플릭스Netflix, 자포스Zappos, UPS, 코스트코Costco, 컨테이너 스토어Container Store, 파타고니아Patagonia, 팀버랜드Timberland, 웨그맨스Wegmans, 홀 푸드Whole Food 등은 〈포춘〉 등에서 매년 발표하는 기업평가 결과 구성원 간 신뢰와 화합 점수가 매우 우수하며, 이를 바탕으로 우수한 경영성과를 창출하는 대표적인 기업들이다. 그렇다면 이들이 이렇게 우수한 성과를

윤정구
미국 아이오와대에서 박사학위를 받았으며, 현재 이화여대 경영대학 인사조직전략 교수로 재직 중이다. 대한리더십학회 학회장을 역임하였으며, 현재 한국조직경영개발학회 회장으로 활동 중이다. 조직이론, 변화, 리더십 분야를 연구하고 가르치고 있다. 주요 저서로는 《기업시민의 길》(공저, 2019), 《황금수도꼭지: 목적경영이 이끈 기적》(2018), 《100년 기업의 변화경영》(2010) 등이 있다.

창출해 낼 수 있는 기반은 무엇일까? 무엇보다도 이들은 기업의 목적이 분명하고, 구성원들이 목적을 실현하기 위해 모였다는 것이 회사와 구성원 간 심리적 계약으로 명시되어 있다. 이런 회사에서는 목적을 중재자와 매개자로 협업하는 시스템이 가동된다. 이런 회사는 실제 목적을 실현했던 긍정적 경험들이 구성원들 관계에 피드백되어 개인 간의 파트너십 강도도 높다.

많은 사람들이 혼동해서 쓰는 협동cooperation과 협업collaboration은 겉으로는 비슷해 보이지만 미래지향적 신뢰와 화합의 문화를 만드는 과정에서 전혀 다른 역할을 수행하는 다른 개념이다.

협동의 핵심은 자신의 이해를 충족시키는 것이다. 협동이란 자신의 이득을 실현하기 위해 서로 도움을 주고받는 행위이다. 당사자들은 이득을 충족시키는 한 서로 돕는다. 문제는 자신의 이득에 반할 때는 협동할 이유가 없다. 협동에서 좋은 신뢰와 화합은 서로에게 이득이 되는 관계가 얼마나 지속될 수 있는지에 의해 결정된다.

협업은 협동과는 달리 도움을 주고받는 당사자 사이에 공동 목표나 목적이라는 제 3의 요소가 중재자 및 매개자로 개입하는 경우를 의미한다. 이 목적과 목표를 실현하는 것이 협업의 주 목적이고, 성공적 실현은 참여자들 간 화합과 신뢰의 파트너십을 형성하게 도와준다. 협업에서 정한 목적을 실현하기 위해 구성원들은 자신의 전문성을 가지고 고유하게 기여한다. 협업에서 두 사람 사이의 관계를 매개해 주는 것은 제 3의 공유된 목표나 목적이다. 여기에 참여하는 사람들 간의 신뢰나 화합은 이 공동의 목적을 제대로 실현한 긍정적 결과가 피드백되어서 자연스럽게 만들어진다. 협동의 파트너십은 상대와의 관계에 대한 파트너십이지만, 협업에서 우선적으로 지향하는 파트너십은 공동의 목표나 목적에 대한 파트너십이고 관계에 대한 파트너십은 목적을 성공적으로 실현한 결과로 자연스럽게 따라온다.

조직에서 n개의 쌍대 관계적 파트너십이 형성되었다 하더라도 협동의 딜레마는 이것들의 방향이 항상 조직의 목적으로 정렬되어 있지 못하다는 점이다. 이들 n개의 파트너십의 총합이 크더라도 이를 이용해서 조직이 정한 공동의 목적을 달성하는 것은 또 다른 문제다. 개인의 이익이 중시되므로 조직이 설정한 목표의 내용에 따라 여기에 정렬되지 못한 대부분의 파트너들은 조직과의 파트너십에서 이탈한다. 또한 어떤 공동 목적을 실현하기 위해서 n개의 관계 조합들이 다시 짝을 지어서 협상을 벌여야 하고, 결국 이런 과정을 반복하다 보면 조직의 공동 목표나 목적이 아니라 힘 있는 사람들을 중심으로 한 정치적 연출에 의해서 방향이 왜곡된다.

협업에서는 공동의 목적이 독립적 집단의식이 되어 관계를 중재하고 매개하기 때문에 이런 정치적 연출이 개입할 소지가 적다. 협업에서는 공동의 목적이 제 3의 강력한 중재자로 구성원들의 기여를 매개해 주고 이들을 조정하는 역할을 수행한다. 협업의 결과 목적이 실현되면 여기에 참여한 구성원들은 서로에 대해 긍정적 체험을 공유하고 결국 긍정적 경험이 이들 관계에도 반영되어 구성원 대 구성원의 신뢰와 화합에 기여한다. 결국 협업은 공동의 목적 실현을 위해 우선적으로 작동하지만 협업의 성공은 협동을 불러들인다. 반대로 협동은 협업을 만드는 기제는 아니다. 협동에서는 포지션을 차지하는 사람들의 개인 이익이 우선하기 때문에 이들을 조율하기 위해 정치적 파워가 개입한다. 정치적 파워를 중재해 가며 구성원들을 공동의 목적에 협업하도록 참여시키는 것은 불가능에 가깝다.

실제로 윤정구 교수와 동료들의 2008년 연구(Lawler, Thye & Yoon, 2008)는 실험실에서 협동과 협업의 효과를 비교해서 협업이 협동을 이끌어 낸다는 사실을 증명했다. 협동을 대변하는 관계방식(협상거래, 호혜교환, 일반교환)과 협업을 대표하는 관계방식(생산적 교환)을 비교하는 실험을 통해 협업적 관계만이 구성원 간 신뢰와 화합을 만들어 낸다는 것을 밝혔다.

실험에서 협동을 증진하는 관계와 협업을 증진하는 관계를 다르게 설계했다. 협동은 개인의 이익을 충족시키기 위한 시장에서의 다양한 교환방식을 일컫는다. 즉, 내가 쌀을 가지고 있고 상대가 채소를 가지고 있을 때 내가 가진 쌀을 상대의 채소와 교환하는 방식이 전형적인 협동이다. 쌀과 채소를 그냥 맞바꿀 수 없으므로 채소 한 근당 쌀 얼마를 바꿔야 하는지 흥정을 해야 한다. 흥정이 필요하다고 해서 이것을 협상거래negotiated exchange라고 칭한다.

또한 사회도 시장이다. 상대가 어려운 일이 있을 때 내가 도와주고 반대로 내가 어려운 일이 있을 때 상대가 나를 도와준다. 내가 상을 당했을 때 친구들은 나를 도와주고 친구가 상을 당했을 때는 내가 도와준다. 이런 거래는 특정한 시기가 설정된 것도 아니고 정해진 가격도 없는 호혜거래reciprocal exchange라고 칭한다.

다른 협동방식이 일반교환generalized exchange이다. 협상거래와 호혜거래가 둘 사이의 협동의 문제라면 일반교환은 더 많은 사람들이 관련된 협동이다. 품앗이를 생각해 보면 된다. 동네에 벼 심기를 해야 하는데 모든 사람들이 각자의 집을 차례로 돌아가면서 벼 심기를 한다. 수재의연금을 모금하여 전달하거나 불우이웃돕기를 하는 거래도 다 일반교환에 속한다.

협상거래, 일반교환, 호혜거래 모두는 개인들이 이익을 충족하기 위한 협동방식이다. 자신의 개인적 욕구를 충족하지 못한다면 이런 교환의 형태는 자동적으로 소멸된다. 정치적 파당끼리의 협동관계가 서로 이해에 의해 어떻게 허무하게 사라지는지를 보면 된다. 협동은 필연적으로 힘 있는 사람이 자신의 이득을 위해 수단으로 이용하기 때문에, 조직을 정치화하고 힘을 중심으로 조직을 분열시키는 기제로 전락한다.

생산거래productive exchange는 협업방식의 교환이다. 생산거래에서는 개인의 이익보다는 집단의 공동이익을 실현하기 위해 개인들이 기여하고 개인의 이득은 집단의 이득을 실현했을 때 공정하게 나누는 방식을 사용한다. 이런 협업이 가능하기 위해서는 첫째로, 협업에 참여하는 사람들이 집단적으로 달성하려는 목적에 동의해야 한다. 둘째로, 이들이 자신이 가져온 고유한 기여를 다른 사람들의 기여와 씨줄과 날줄로 엮어서 새로운 맥락을 만들어 낼 수 있어야 한다. 셋째로, 이들이 협업을 통해 실현한 목적의 결과물은 개인들이 독립적으로 실현할 수 있는 것보다 커야 한다.

협업방식의 핵심은 목적을 기반으로 구성원들이 모여 새로운 맥락을 만들고 이 맥락을 실현해 더 나은 변화를 만드는 과정이다. 컨소시엄 형태의 개발이나 여러 학자가 모여 논문을 같이 쓰는 것은 다 협업의 형태인 생산거래에 해당한다. 협업은 평범한 사람들이 모여 시너지를 통해 비범함을 성취하는 것이다. 협업의 성공은 목적에 대한 믿음을 구성원들이 얼마나 잘 공유하는지에 의해서 결정된다. 구성원들이 목적에 대한 믿음을 공유할 때 목적이 개인의 목표를 조율하고 중재할 수 있기 때문이다.

다양성 경영을 통해 혁신을 만드는 것도 협동이 아니라 협업을 통해서다. 다양성이 성공하기 위해서는 다양한 배경을 가진 사람들이 모이고 이들이 새로운 맥락을 만들어, 이 맥락을 통해 개인이 생각할 수 있는 것보다 더 큰 목적을 실현할 수 있어야 한다. 스티브 잡스가 애플을 만든 방식도 협업을 통한 생산거래를 통해서였다. 핸드폰에 대한 개념이라는 새로운 스토리를 만들어서 이것을 구현할 수 있는 기술과 자금을 가진 사람들에게 비전으로 팔았고, 이 비전에 동의하는 사람들이 협업으로 모여서 핸드폰을 만들어 냈다. 지금까지 세상을 진화시킨 모든 것은 개인의 욕구를 충족하는 협동거래를 통해서라기보다는 더 큰 목적을 담은 집단의식을 매개로 사람들을 협업에 동원하는 데 성공했기 때문이다.

윤정구 교수 연구팀은 이 세 가지 협동방식과 생산거래라는 협업방식을 비교했을 때, 생산거래가 다른 세 가지 협동거래보다 조직이나 집단의 진화에 더 도움을 주었다는 것을 밝혔다. 생산거래에 참여한 사람들은 다른 협동방식에 참여한 사람들보다 자신의 집단에 자부심, 감사, 고양, 애착, 응집력을 더 많이 느꼈고, 다른 개인적 이득을 찾아 집단을 이탈하려는 성향도 적었고, 다양한 긍정적 정서를 많이 체험했으며, 구성원이 어려운 일을 당했을 때 더 적극적으로 도왔다. 협업에 참여한 사람들은 실험이 끝난 후에도 상대를 미래의 과제를 수행할 때 초대해야 할 파트너로 생각했다. 협업이 자동적으로 구성원 간 신뢰와 화합을 얻어 낸 것이다.

1. 협업의 힘

이스라엘은 1948년 5월 8일 독립국가를 선언한 나라이다. 모세의 지도로 이집트의 노예(아포리아) 상태에서 탈출한 후 근 2천 년간 디아스포라(이산)를 경험하고 가나안과 팔레스타인 땅에 이스라엘을 건국한 것이다. 그러나 서기 7세기 이래 팔레스타인 땅을 지배하던 아랍 무슬림을 쫓아내고 건국한 것이어서, 건국 후에도 이들과 수없는 전쟁을 치러야 했다. 그럼에도 불구하고 이스라엘은 어떻게 경제·정치·창의성의 강국이 될 수 있었을까?

국가적 수준에서 협업이 가동되었기 때문에 지금의 이스라엘이 가능했다. 협업은 울타리 안에서 운명을 공유하는 사람들이 사회 모든 곳에 광범위하게 뿌리를 내린 네트워크를 동원하는 기제이다. 협업이 작동하는 조건은 공동의 목적과 공동의 울타리가 존재할 때이다. 공동의 목적과 울타리가 부재하다면 네트워크의 각 포지션을 차지하는 사람들의 개인 목적만 존재하기 때문에 이들을 협업으로 참여시키는 것은 불가능에 가깝다. 개인적 목적에도 도움이 되는 범위 안에서 부분적으로 서로 돕는 협동만 가능하다.

이스라엘이 세계 각국에 뿌리를 내린 유대인들을 동원해서 초단기간에 나라를 세울 수 있었던 것도 가나안으로 돌아가야 한다는 운명을 구성원과 공유하고, 구성원을 운명을 실현하는 과정에 동원한 협업을 통해서이다. 지금과 같은 디지털 혁명을 이끈 것도 공동운명체의 실현이라는 운명을 실현하기 위해 자신들이 경험했던 디아스포라와 아포리아의 경험을 협업으로 동원하였기 때문에 가능했다. 이스라엘은 국가 자체가 사명의 울타리와 목적을 운명으로 공유한 협업국가이다. 어떤 국가적 프로젝트이든 협동이 아니라 협업이 가동된다. 외견상 보이는 협동은 협업의 결과물일 뿐이다.

초연결사회의 플랫폼 비즈니스의 성공은 이런 목적과 사명의 울타리를 기반으로 구성원들의 사회적 자본을 동원할 수 있는 네트워크 효과에 의해서 결정된다. 초연결 디지털 사회로 진보해 아무리 기술력이 뛰어나도 국가가 이런 네트워크 효과를 동원할 수 있을 정도의 신뢰와 명성을 쌓지 못한다면 결국 플랫폼을 만들 수 없어서 도태될 수밖에 없는 운명이다. 설사 뛰어난 기술로 플랫폼을 만들었다 해도 참여자들이 이 플랫폼을 설계한 주체의 사명과 목적에 대한 믿음을 잃는다면 누구도 참여하지 않아서 결국 국가가 설계한 플랫폼은 망할 수밖에 없다.

결국 이스라엘의 성공은 두 가지 요소에 의해서 결정되었다. 하나는 세계 각국에 뿌리를 내린 유대인 네트워크의 다양성이다. 다른 하나는 유대인들이 목적에 대한 운명공동체라는 믿음을 공유했다는 점이다. 이 공동운명체에 대한 믿음이 매개되어서 개별적으로 흩어져 있던 자본을 사회적 자본으로 동원할 수 있었다. 사회적 자본을 연구하는 학자들이 많이 놓치는 점이 바로 두 번째 요인이다. 목적에 대한 믿음의 공유는 사회적 자본이 협업으로 동원되는 결정적 촉매 역할을 수행한다. 다양한 네트워크가 필요조건이라면 목적에 대한 믿음의 공유는 사회적 자본이 성공적 협업으로 동원되기 위한 충분조건이다.

2. 경업락군

경업락군敬業樂群이란 동양고전《예기禮記》〈학기學記〉에 나오는 말이다. 경업敬業은 목적을 공유하고 이 목적을 실현할 수 있는 업을 모든 구성원이 협업으로 실현하는 과정을 의미하고, 락군樂群은 이런 집단적 협업에 대한 경험으로 일터가 업과 자신의 전문성이 신장되는 긍정적 체험으로 채워져 전문가들의 놀이터가 된 상태를 의미한다. 우리가 일상에서 맞닥뜨리는 일들이 점차 복잡해짐에 따라 스마트하게 일하고 지속적으로 학습하여 자신의 역량을 지속 개발하는 전문가와 그들이 자신의 역량을 거리낌 없이 펼칠 수 있는 일터를 만드는 경업락군의 중요성은 더욱 강조되고 있다.

경업락군이 제시하는 바는 목적을 공유하고 성공적 협업관계를 구축해 업을 실현하는 과정에서 조직 구성원 모두가 각 분야의 전문가로 지속 성장할 수 있어야 한다는 것이다. 업과 사명으로 서로 연결된 전문가가 함께 협업하며 자유롭게 시너지를 창출해 나가야 한다. 경업락군은 기업의 조직문화가 기업이 설정한 업을 실현하는 전문가들의 놀이터가 될 때 그 기업은 비로소 100년 기업의 기반을 다질 수 있다는 점을 가르쳐 준다.

이 놀이터는 펀fun 경영에서 이야기하는 어린이들의 놀이터와는 다르다. 전문가들의 놀이터에서는 오직 일과 사업을 통해서만 놀이경험을 체험한다. 전문가들의 놀이터는 자포스, 사우스웨스트항공, 파타고니아, 고어텍스 등 사명 지향의 역할조직에서 오래전부터 시행하는 원리이다.

전문가들의 놀이터의 핵심원리는 조직이 정한 사명과 목적에 대한 믿음으로 구성원이 자신이 하는 일을 업으로 수행한다는 것이다. 조직 구성원들이 사명과 목적에 기반을 두고 업에 몰입하는 한 구성원은 운명을 공유하는 식구다. 구성원은 이 울타리 안에서 조직의 보호 아래 심리적 안정감을 느끼며 일을 통해 마음껏 실험을 하고 실수를 하고 결국에는 일을 통해 성과를 내는 방법을 만들어 낸다.

전문가들의 놀이터를 운영하는 기업들은 구성원들을 어른 취급한다. 이 어른들은 조직이 정한 사명을 달성하기 위해 직무를 넘어서 자신이 수행해야 할 역할을 스스로 창안하여 수행한다. 일을 통한 전문성의 신장은 구성원들에게 성장 체험을 제공한다. 이 성장 체험은 공정한 보상과 더불어 전문가의 놀이터라는 발전소를 돌리는 연료이다. 보상이 밖에서 주어지는 연료라면 전문가로서의 성장 체험은 스스로 자가발전을 일으키는 연료이다. 전문가들의 놀이터를 운영하는 회사는 항상 활력이 넘친다. 구성원 몰입이나 열의에 대한 걱정은 남의 나라 이야기이다.

전문가들의 놀이터는 구성원들이 자신의 일을 업으로 승화시켜서 자발적으로 몰입한다면 많은 사람들이 행복한 최고의 상태를 만들 수 있다는 뜻이다. 어떻게 이런 일이 가능할까?

3명의 석공이 땀을 뻘뻘 흘리며 일을 하고 있다. 지나가는 나그네가 궁금해서 석공들에게 물어본다.

"왜 그렇게 열심히들 일하고 계세요."

첫째 석공 왈,

"강제 노동에 동원되어 왔어요. 틈만 나면 도망갈 겁니다."

둘째 석공도 비슷한 이야기를 한다.

"일당 5만 원짜리 일을 하고 있어요. 목구멍이 포도청이라 할 수 없이 해요."

셋째 석공은 앞의 두 석공과 달리 환한 웃음을 지어가며 정말 행복하게 일하고 있다. 아니나 다를까 이 석공의 대답은 다르다.

"일개 석공이어서 잘은 모르지만 성전을 복원하는 일을 하고 있다고 들었습니다. 성전이 성공적으로 복원되어서 믿음을 잃었던 사람들이 성전에 와서 믿음을 찾는 모습을 상상만 해도 내가 하는 일이 일개 석공의 일이 아니라는 생각이 들었어요. 정말로 소중한 일을 하고 있다는 생각이 들었습니다."

이들 중 세 번째 석공만이 자신의 일을 업으로 승화시켜 경업하는 석공이다. 설사 1억 원이 넘는 월급을 받는다 하더라도 경업하지 못한다면 1억 원짜리 일개 월급쟁이에 불과할 뿐이다. 경업하지 못하는 사람들이 모여 있는 회사는 어떤 방식으로든 모두가 즐거워할 수 있는 최적의 상태인 락군의 상태를 만들 수 없다. 직원들이 자신의 일을 업으로 승화시켜 일하는 경업의 상태가 조직을 최적화하여 모든 구성원들을 행복하게 할 수 있기 때문이다.

경업락군은 회사가 직원들에게 사명과 목적을 통해 달성할 수 있는 업의 울타리를 제공할 때 가능한 일이다. 직원들은 자신의 일을 업으로 받아들일 준비가 되어 있다 하더라도 회사가 사명의 울타리를 제공해 주지 못할 경우 구성원들의 노력은 밑 빠진 독에 물을 붓는 격이다.

단기적 성과를 아무리 어렵게 내도 이것이 장기적 성과로 이어지지 않는 이유는 회사가 경업락군의 조건을 만들지 못했기 때문이다. 이 경우 회사의 성과의 독은 밑이 깨진 상태이기 때문에 어렵게 단기적 성과를 위해서 고군분투하나 단지 생계의 수준만을 간신히 채울 뿐이다. 구성원들이 사명에 대한 믿음을 가지고 자신의 일을 업으로 승화시켜 책무성을 가지고 일할 때 모든 것들이 최적화되어서 모든 구성원들이 즐거워하는 락군의 상태가 만들어진다. 락군collective optimism이란 전체 수준에서 일이 최적화optimism된 상태를 말한다. 전체 수준에서 최적화된 상태가 만들어지면 혼돈과 과정손실로 몰아넣었던 조직의 엔트로피가 감소하고 책무성의 에너지가 증가하기 시작한다. 이 책무성의 에너지가 바로 모든 사람들이 즐겁게 일하게 만드는 원천이다.

경업락군의 원리는 혼다자동차를 창업한 혼다 소이치로, 마쓰시다전기와 마쓰시다정경숙의 설립자 마쓰시다 고노스케, 교세라 창업자이자 전 JAL 명예회장 이나모리 가즈오의 경영이념에도 잘 녹아 있다. 이들이 일본에서 3대 경영의 신으로 추앙받는 이유도 결국은 회사를 경업락군할 수 있는 전문가들의 놀이터로 만들어서 구성원들을 책무성을 갖출 수 있도록 변화시켰기 때문이다. 전문가들의 놀이터는 이들 회사에 산소가 무궁무진하게 뿜어져 나오는 커다란 숲과 같은 역할을 한다. 산소를 뿜어내는 숲을 가진 회사는 항상 활력이 넘쳐 시끌벅적하다. 경업락군하는 회사는 구성원들에게 어른으로서의 자율성을 최대한 보장해 준다. 경업락군하는 회사에서는 실패조차도 목적과 정렬되어 있다면 학습으로 규정하여 장려한다. 실패를 장려하는 학습 분위기는 구성원들의 전문성을 숙성시킨다. 최근 이렇게 전문가들의 놀이터로 성공해 매스컴에 부각되는 일본 회사로는 신칸센 청소대행 회사 텟세이, 세계 1위 계측기계 회사 호리바제작소 등을 들 수 있다.

3. 기업시민경영

회사가 100년 기업으로서 목적을 제대로 세우고 이를 실현하기 위해 구성원에게 전문가로 성장할 수 있는 심리적 울타리를 제공해 주지 못하면 구성원들은 나름의 안정지대를 마련하기 위해 토굴을 파고 숨는 성향이 있다. 토굴은 자신만의 심리적 안정감을 느낄 수 있는 장소로 선택해 스스로 만든 것이다. 회사 내에 구성원들이 토굴을 파고 숨어 버리면 조직의 과제의 성공을 위해 협업하는 것이 점점 더 불가능해진다. 개인들이 동굴을 만드는 것을 넘어서 각 부서들이 협동해서 동굴을 파고 숨어 있는 경우도 비일비재하다. 이런 회사는 사일로 현상Silo Effect이 극에 달해 동굴과 동굴이 속으로 연결된 정치적 연줄이 없으면 일이 되지 않는다.

기업시민경영은 회사가 제공할 수 있는 최고의 울타리이다. 이 울타리는 구성원에게 심리적 안정지대와 이들이 경업락군할 수 있는 전문가의 놀이터라는 운동장을 제공한다. 이 전문가의 놀이터에서 구성원들은 심리적 안정감을 가지고 다양성을 포용하며 신뢰와 창의의 조직문화를 만들어 나간다. 기업시민이란 사회와 산업생태계에서 장기적 관점으로 더불어 발전함을 추구함에 따라 미래를 위한 보편타당한 가치를 추구하는 사람들을 가족으로 초대해서 이들이 협업하게 하는 울타리이다.

기업시민은 같은 미래를 공유하는 사람들에게 혈연적 가족을 넘어 보편적 가족의 울타리를 제공한다. 기업시민의 울타리를 공유하는 사람들이 가족처럼 협업해 긍정적 체험을 만들고 이 긍정적 체험을 통해 신뢰와 화합이라는 문화를 생성한다. 신뢰와 화합은 그 자체로 목적이라기보다는 기업시민을 실현하는 과정에서 얻어진 덤인 셈이다. 기업시민의 이념이라는 울타리를 통해 구성원들을 협업하게 하고 이 협업을 통해 미래를 실현하는 긍정적 체험이 없다면 신뢰와 화합은 공허한 약속에 불과할 뿐이다.

기업시민이 제대로 작동되어 사명의 울타리가 둘러지면 구성원들은 자신들이 파놓았던 토굴에서 빠져나와 조직 내에 구성원들이 심리적으로 안정감을 가지고 마음껏 뛰어 놀 수 있는 놀이터를 만들어 낸다. 기업시민이라는 울타리가 만들어 준 심리적 안정지대는 자신과 세상 사이에 버퍼 역할을 한다. 사람들은 심리적 안정지대가 있어야 변화하는 세상에 그대로 벌거벗은 채 노출당하는 수모를 겪지 않는다고 생각한다. 그리고 이러한 공동의 목표를 지향하는 사업을 통해서 학습하고, 실패해 보고, 전문성을 높이고, 회사의 사명을 달성하며, 스스로 성장한다.

특히 포스코는 기업시민을 경영이념으로 새롭게 선포하고 100년 기업을 통해 후세에게 약속한 목적을 실현하기 위해 기업시민이라는 울타리를 만들었으며, 이 울타리를 공유하는 모든 구성원들이 자신의 전문성을 통해 이 목적을 실현하는 일에 협업하고 있다. 100년 기업을 완수해서 후세에게 물려준다는 목적이 여기에 속한 구성원들 간의 가능한 모든 교환과 거래를 조율하는 가장 강력한 집단의식으로 작용한다. 이런 협업은 부서 간, 구성원 간 자신에게 맡겨진 역할을 더 잘 수행하기 위해 여유가 되는 한에서 서로를 도와주는 협동의 개념을 넘어선다. 협업을 통해 더 나은 성과가 나오고, 여기에 참여하는 과정에서 공동으로 늘어난 전문성에 대한 체험은 여기에 참여한 모든 사람들을 서로 운명을 공유하는 파트너로 만들어 준다. 포스코가 신뢰와 화합의 문화를 성공적으로 구축했다는 것은 포스코가 설정한 기업의 목적을 실현하기 위해 둘러진 기업시민이라는 사명의 울타리를 구성원들이 공유하기 때문에 가능한 일이다.

이 사명의 울타리가 제대로만 둘러진다면 구성원을 감시하고 평가할 필요가 없어진다. 모든 구성원이 전략적 파트너로 서로를 신뢰해 가며 자신에게 맡겨진 역할의 책무성을 위해 노력하고 학습하기 때문이다. 기업시민의 울타리 속에서 구성원들은 자신의 역할을 협의하기 위해 항상 떠들썩하게 소통한다. 기업시민의 울타리가 제대로 작동된다면 구성원들은 심리적 안정지대를 전문가들이 모인 협업의 놀이터로 꾸민다. 전문가들의 놀이터는 구성원들이 일을 통해 안심하고 학습과 성장을 경험할 수 있는 일터를 은유한다. 일을 통해 자신의 전문성이 나날이 증가하는 것을 체험하는 성장체험의 공간이다.

포스코의 포스튜브는 이러한 변화를 불러일으킨 대표적인 사례이다. 포스튜브는 포스코 직원이 직접 자신의 직무 노하우를 영상으로 제작하고 이를 동료 직원과 공유하는 플랫폼으로, 주로 고근속자가 자신의 노하우를 소개하고 저직급 사원이 이를 촬영·편집하는 형태로 진행된다. 이러한 포스튜브는 암묵지를 형식지화하여 직원 간 직무 노하우를 전수하는 것에도 큰 의미가 있지만, 영상제작 과정에서 세대 간 협업이 자연스럽게 이루어지고 직원 스스로가 전문가로 성장하게 되는 놀이터를 만듦으로써 장기적으로 기업시민의 울타리 속에서 협업과 경업락군의 조직문화를 조성해 나가는 것에 더 큰 가치가 있다. 채널 개설 이후 8개월여 만에 약 1,700여 건의 노하우가 공유되었고 현장 직원의 75%가 이를 활용하고 있는데, 이는 포스코가 향후 100년 기업으로 지속 성장하기 위한 중요한 동력이 되어줄 것이다.

기업시민경영은 조직 구성원들이 이 앞마당과 울타리 내에서 본인이 할 수 있는 일을 통한 최고의 실험과 학습으로 최고의 성과를 내고, 이 성과를 통해 본인과 회사도 성장하는 것을 체험하게 되는 것이다.

특별기고

성공적인 기업시민을 위한 과제

캐서린 스미스

기업시민이란 무엇인가? 기업의 사회적 책임CSR, 기업의 지속가능성sustainability, 기업책임corporate responsibility 등 유사한 의미의 다양한 표현들이 있기는 하지만, 기업시민은 이윤을 창출하면서도 보다 도덕적이고 회복탄력성이 크고 지속가능하게 사업을 영위하는 것을 의미한다. 기업시민은 현대사회에 있어서 기업이 전 세계에 걸쳐 경제적 · 사회적 · 환경적 측면에서 어떻게 권리를 행사하고 책임을 지며 의무를 다해야 하는지에 대한 답을 제시한다.

캐서린 스미스 Katherine Smith

미국 보스턴칼리지 기업시민센터(BCCCC) 센터장으로 재직 중이다. 캐롤 경영대에서 '비즈니스와 사회'를 강의하며 BCCCC의 연구와 교육, 파트너십, 프로그램 전략을 이끌고 있다. 주요 저서로는 *21st Century Corporate Citizenship: A Practical Guide to Delivering Value to Society and to Your Business*(공저, 2017)가 있다.

수십 년간 사회과학자들은 환경·사회·지배구조ESG; Environmental, Social and Governance 성과와 재무적 성과CFP; Corporate Financial Performance의 상관관계를 연구했고, 사회적 책임을 다하는 기업이 성과도 좋다는 주장을 뒷받침하는 수많은 증거를 찾아냈다. 다수의 실증적 연구에 따르면, 기업이 사회적 책임을 다한다고 해서 손해를 보는 것이 아니라 오히려 장기적 관점에서 수혜를 얻는다.

지난 30년간 기업의 사회적 성과CSP; Corporate Social Performance와 재무적 성과CFP의 관계를 다룬 52개의 논문을 검토한 결과, CSP와 CFP는 일반적으로 양(+)의 상관관계를 가지는 것으로 나타났다(Orlitzky, Schmidt, & Rynes, 2003). 2015년에 나온 한 보고서에 따르면, 사회적 성과가 낮은 회사는 주식이 저평가되어 있더라도 매수 추천을 받을 가능성이 적었다(Luo, Wang, Raithel, & Zheng, 2015). 또한 35년간 214개의 연구를 메타분석(Margolis, Elfenbein, & Walsh, 2007)한 결과, CSP와 CFP 사이에는 양의 상관관계가 있으며, 특히 기업이 ESG 성과를 선제적으로 외부에 투명하게 알릴 경우 더욱 상관관계가 높았다. 즉, 기업이 환경과 사회를 위한 활동을 전략적으로 커뮤니케이션하면 더 큰 경제적·사회적 가치를 이끌어 낼 수 있는 것이다.

기업시민은 비즈니스의 모든 영역과 관련이 깊다. 글로벌 경제하에서 운영되는 기업들은 지역사회, 직원, 고객, 주주, 정부 등 다양한 이해관계자들의 요구에 점점 민감하게 대응하고 있다. 정보의 자유화와 디지털 트랜스포메이션 및 소셜 커뮤니케이션 확대 등의 요인들이 이러한 트렌드 형성에 기여하고 있다. 국내외에서 더 많은 사람들이 기업과 소통하고 기업에 대해 이야기할 수 있게 되면서 기업은 과거 어느 때보다 더 많은 이해관계자로부터 책임을 요구받게 되었다. 그 결과 기업들은 자신들이 미칠 영향을 선제적으로 관리하려고 노력하고 있다.

B2B 기업, 특히 소재기업들은 ESG 측면에서 복합적인 어려움에 처해 있다. 철강사를 포함한 소재기업들은 후방산업에 속해 있는데, 최종 제조업체들은 이들 소재 공급업체에 더 높은 환경효율성을 요구해 자사의 ESG 수준을 끌어올리려 하기 때문이다. 설계부터 재사용과 재활용에 이르기까지 라이프사이클 회계를 장려하는 정책적 개입 없이는 철강사와 같은 소재기업들은 최종제품의 환경적 영향에 대해 과도한 책임을 떠안게 된다(worldsteel, 2018). 현재 철강을 대체할 만한 산업소재는 없다. 전문가들은 환경친화적 투자green investment를 통해 한국 소재산업도 전반적인 산업효율성을 향상시킬 수 있다고 본다(Choi, Yu, & Lee, 2018).

지난 50년간 기업들의 에너지 효율은 비약적으로 상승했다. 하지만 에너지 효율은 아직도 개선될 여지가 있다. 가장 효율적인 공장은 반드시 최신 장비를 갖춘 곳은 아니며, 오히려 최적의 운영지식과 정보기술을 보유한 곳이었다(worldsteel, 2018). 이는 적합한 능력과 기술을 갖춘 직원을 얼마나 보유하였느냐와 관련이 깊다. 예를 들어 철강업의 경우, 수소환원제철법이나 이산화탄소 포집 및 저장(또는 활용) 또는 전기분해 등 신기술을 일정 비율로 적용해 이산화탄소 배출을 줄일 수 있는 기회가 많다(*Ibid.*). 그러나 이런 기회는 사람에 대한 투자와 규제당국과의 효과적인 관계, 사업장이 위치한 지역사회의 지원 없이는 현실화될 수 없다.

이를 현실화하기 위해서는 기업시민과 ESG 관련 투자가 기업의 사업전략과 상호 긴밀하게 연계되어야 하며, 이를 뒷받침하는 방향으로 전개되어야 한다. 이때 회사의 우선순위와 성장계획, 사업장 위치, 전문성, 환경적 영향, 자원 제약, 그리고 지역사회의 니즈를 충분히 고려해야 한다. 연구에 따르면, 이러한 연계와 통합이 다음의 목표를 가진 기업의 성공에 도움이 된다.

- 브랜드를 강화하고, 고객(Gardberg &Fombrun, 2006)과 직원(Vitaliano, 2010)의 참여를 확대한다.
- 비즈니스에 부정적 영향을 미칠 수 있는 환경 및 사회 이슈에 대응한다(Simmons & Becker-Olsen, 2006).
- 기업의 무형가치 창출에 기여하는 기업의 평판 관련 자산을 형성하면서(KPMG AG Wirtschaftsprüfungsgesellschaft, 2010) 공공선common good에 기여한다(Raithel, Wilczynski, Schloderer, & Schwaiger, 2010).
- 자선활동과 기타 기업시민 이니셔티브가 사업 목적에 논리적으로 연계된 결과임을 신뢰성 있게 보인다(Thomas, Fraedrich, & Mullen, 2011).

기업시민 프로그램을 차별화하는 방법

글로벌 수준의 한국 기업들은 R&D 인력이나 일부 제품 경쟁력 면에서 최고 수준일 것이다. 이런 것들이 바로 회사의 핵심역량이다. 즉, 기업이 특별하게 잘하는 것이나 경쟁사들과 차별화하는 것들이다. 사업 목적과 역량이 하나로 결합되면 가치명제value proposition가 결정된다. 사업의 목적처럼, 기업은 내부구성원 누구든지 이해할 수 있도록 가치명제를 더 독특하고 설득력 있는 방법으로 설명할 수 있어야 한다.

경쟁자라고 하면 동일한 제품이나 서비스 분야에서 경쟁하는 회사들을 생각하겠지만, 경쟁할 수 있는 방법은 다양하게 존재한다. 특히 비즈니스에서는 핵심 리스크와 사업 기회에 따라 경쟁관계를 정의하는 것이 중요하다. 기업시민을 전혀 고려하지 않고 비즈니스 측면에서만 보면, 거의 모든 기업들과 경쟁하고 있다고 볼 수 있다. 따라서 최고의 인재를 채용하기 원한다면 일하기 좋고 영감을 불어넣어 주는 매력적인 일터로 만들 필요가 있다. 회사 내에서 다른 직원들과 경쟁할 수 있을 뿐만 아니라, 훌륭한 역량을 가진 직원을 채용하려는 다른 회사와 경쟁하기 때문이다. 다양한 이해관계자들이 누구를 경쟁자로 보는지를 이해하는 것은 매우 중요하다.

이해관계자는 기업시민 프로그램의 출발점이자 구심점

이해관계자는 생태계 내 위계관계hierarchy 속에 존재한다. 가장 잘 정립되었다고 인식되는 지속가능성 의사결정 프레임워크는 이러한 위계관계를 잘 대변한다. 예를 들어, 건강한 사회를 위해서는 건강한 환경이 필요하고, 건강한 경제를 위해서는 건강한 사회가 필요하다.[1] 기업시민 프로그램에서는 이해관계자를 하나의 구심점이면서 기업시민 프로그램을 위한 환경으로 생각해야 한다. 모든 것이 이해관계자로부터 시작된다. 이해관계자는 개인뿐 아니라 우리가 살고 있는 환경 및 생태계 서비스이자 사회의 다양한 부문이며, 고객과 직원 그리고 성공적인 비즈니스 유지를 위해 의존하는 수많은 사람들을 포함한다. 그렇다면 기업에게 이해관계자는 구체적으로 누구를 의미할까? 공급사, 고객, 직원과 같은 집단이다. 경쟁사나 기업이 속한 지역사회 구성원, 가치기반 투자자, 특정이슈 지지자, 규제당국, 활동단체, 정책입안자 등 외부 집단이 포함될 수도 있다.

대부분의 대기업은 다양한 유형의 옹호단체들과 사회활동가들, 가치기반 투자자들을 이해관계자로 끌어들인다. 최근 이들의 주된 관심분야 중 하나가 ESG인데, 역사적으로 적어도 미국에서는 기업가들이 ESG에 대해 우려를 가진 이해관계자들을 시장의 힘과 중요

1 EPA Sustainability Concepts in Decision-Making: Tools and Approaches for the US Environmental Protection Agency 2012, 26.

성을 모르는 반기업적·반시장적·반진보주의적 사회주의자라고 여기고 무시하는 경향이 있었다. 이러한 반응은 비재무적 이해관계자들로부터 배울 수 있는 기회를 상실하는 것을 의미한다. 시민 저널리즘과 소셜 미디어가 중심이 된 오늘날의 세계에서 기업에게 책임감을 가지라고 요구하는 사람들을 비주류라고 생각하는 것은 더 이상 현실적이지 않다. 이들 이해관계자들은 빠르게 관심과 지지를 얻을 수 있기 때문이다.

그렇다면 개별 이해관계자들에게 가장 중요한 이슈가 무엇일까? 기업은 아마도 시장에서 가장 중요한 이슈가 무엇인지 잘 알고 있을 것이다. 그러나 서로 다른 이해관계자들은 저마다 다른 우선순위를 가지고 있다. 우리가 일반적으로 대의명분을 위해 일하는 사회활동가나 옹호단체로 생각하는 집단들은 대부분 한 가지 이슈에만 관심이 많다. 기업은 기업시민의 관점에서 다양한 문제를 관리하고자 하지만, 이해관계자 집단은 자신들이 관심을 갖는 문제 하나에만 집중하려고 노력한다. 이러한 이해관계자 집단은 수년간 그 한 가지 주제와 관련해 기업과 관계를 맺어 왔을 것이다. 간혹 그들과 협력하기 어려울 때도 있지만 그들은 관련 이슈가 비즈니스에 장기적으로 어떤 영향을 미칠지를 파악하는 데는 가장 큰 도움을 줄 수 있다. 이는 대화를 통해 손쉽게 얻을 수 있다.

기업시민의 리더가 되려면 이 프로세스를 관리만 해서는 안 된다. 이를 활용할 필요가 있으며 그렇게 해야 해당 산업분야에서, 나아가 세계에서 최고가 될 수 있다. 또한 다른 기업에게는 골칫거리로 여겨지는 문제에서 경쟁우위를 만들어 낼 필요가 있다. 이해관계자들과 협력한다면 지속가능한 소비와 기후변화 등과 같은 복잡한 사회 및 환경 문제를 해결하기 위한 업무규범과 관행, 표준을 수립하는 등 회사 또는 산업협회가 하는 업무를 향상시킬 수 있다.

차별화할 수 없다면 경쟁사와 협력하라

철강사가 제공하는 제품과 서비스는 실제 사용되는 범위보다 사회에 더 큰 영향을 미친다. 이런 영향은 제품의 환경적·인류적·사회적 영향 등 실제 영향력부터 고객과 소비자 관점에서 인식되거나 실현된 영향력까지 광범위하다. 수십 년간 기업시민과 관련된 규제들은 어떤 물질을 많이 배출하거나 버리면 안 된다는 등 주로 '이러이러한 것은 하면 안 된다'는 내용이었다. 그러나 최근의 규제나 자발적 기준은 선제적으로 이슈를 관리하고 정보를 공개하는 방향으로 바뀌었다. 경쟁력을 강화하려면 기업은 고객이나 일반 대중이 구매나 영향력을 행사하기 위한 의사결정을 할 수 있도록 정보를 제공해야 한다. 모든 회사에게 '극도의 투명성radical transparency'을 요구하는 시대가 도래했다.

때로는 자원이나 전문성 또는 임원들의 합의가 부족하여 홀로 주도하기가 쉽지 않고 합리적이지 않을 때가 있다. 이런 경우에는 자발적 기준voluntary standards이나 행동강령, 공급업체 대상 교육 등을 통해 동종업계 내 다른 기업들과 협력하는 것이 문제해결을 위해 나을 수도 있다. 이를 경쟁 전pre-competitive '협력collabotition'이라고 하는데, 이는 공동의 목표를 달성하기 위해 경쟁자들과 협업하는 방식을 의미한다.

행동강령과 행동지침을 활용하라

무엇이 윤리적이면서 책임 있는 일이고 무엇이 그렇지 않은지를 규정하는 규칙에 관한 행동강령은 많다. 이는 다른 누군가가 특정 분야에서 리스크 평가와 우선순위 선정 작업을 해놓았다는 것을 의미하며, 기업에게는 도움이 된다. 이러한 행동강령을 이해하면 비즈니스 내 공급사슬에 윤리적으로 접근하는 방식을 만드는 데 도움이 된다. 통상적인 기업이라면 우선 회사와 구매팀에게 필요할 것으로 보이는 행동지침에 담긴 기존의 행동강령을 활용할 필요가 있다.

행동강령이란 기본적으로 회사가 사업을 영위하고 공급사를 관리할 목적으로 — 하청업체인 그 공급사가 재하청업체를 어떻게 관리하는지를 포함하여 — 규정해 놓은 규칙들이다. 행동강령은 복잡하긴 하지만 기업이 리스크를 잘 관리하기 위해서는 필수불가결하다. 어떤 회사는 이 모든 행동강령을 한 사람이 관리할 수도 있지만, 회사가 준수해야 할 행동강령들이 많이 있을 가능성이 더 높다. 이는 회사가 직접 작성한 행동강령에 제 3자가 규정한 행동강령까지 포함되기 때문이다. 이를 잘 조율한다면 효율적인 접근방법을 알 수 있을 뿐 아니라 성과에 대해 회사 내외부의 이해관계자와 어떻게 소통해야 하는지 결정하는 데 도움이 될 것이다.

그런 측면에서 포스코의 '기업시민헌장' 제정은 기업시민을 향한 첫걸음이자 토대이므로 상당히 의미가 있다. 기업시민 프로그램을 구축하는 첫걸음은 그것을 하겠다고 선언하는 것이다. 기업시민헌장의 제정과 공개적인 선언은 포스코의 고객사들, 공급사들, 그리고 직원들에게 기업의 기대와 서약을 알리는 것을 의미한다.

그 다음 단계는 목표를 설정하는 것이다. 즉, 구체적으로 얼마의 기간 동안 측정 가능한 개선효과를 얼마나 나타낼지에 대한 목표를 세워야 한다. 목표를 설정해야 성과를 이끌어 낼 수 있고, 측정되어야 관리될 수 있기 때문이다. 그러한 목표를 세우면, 가치사슬에 있는 모든 사람들이 회사가 어떤 기대치를 갖고 있는지 알 수 있고, 또한 그것이 성과로 연결될 것이다.

성공적인 기업시민 프로그램을 만들기 위해서는

이해관계자로부터 좋은 것을 얻을 기회뿐만 아니라 그들을 위해 좋은 일을 베풀 수 있는 기회도 항상 찾아보는 노력을 할 필요가 있다. 단기적으로는 성과가 없을지 몰라도, 장기적으로 사업을 운영하는 과정에서 좋은 일을 베풀 수 있는 기회를 자연스럽게 제공하는 방법은 많다. 이는 장기적으로 기업의 평판이나 고객과 관심 있는 다른 이해관계자와의 관계에 도움이 될 것이다.

지역사회 활동, 공유가치, 임팩트 투자, 집합적 임팩트collective

impact, 전략적 자선활동 등 회사의 기부corporate giving를 일컫는 용어들은 많다. 어떻게 부르든 기업의 문화와 가치를 잘 대변하는 용어들을 선택하면 된다. 회사의 기부를 전략적으로 관리하면 사회에 가치를 더하고 회사의 경영상황을 개선할 수 있다. 가장 효과적인 회사 기부 프로그램은 지역사회와 임직원, 고객, 그리고 경영에 관여하는 다른 이해관계자들이 중요시하는 명분과 이슈에 대해 투자하는 것이다.

이해관계자 중 특히 직원들과 지역사회와의 관계가 중요하다. 회사의 가치를 지키면서 동시에 직원들이 추구하는 가치에 맞는 일을 일터에서 할 수 있도록 허락해 줄 때 직원들은 더욱 적극적으로 일하게 된다. 따라서 직원들의 가치 추구에 관심을 갖고 노력해야 한다. 또한 기업에게 지역사회가 중요한 것은 지역사회가 '보험'과 같은 보호막 역할을 해줄 수 있기 때문이다. 더욱이 기업이 좋은 시민이었다면, 지역사회와 좋은 관계가 형성되었을 것이다. 이러한 좋은 관계는 기업이 위기에 처했을 때 더욱 중요한 역할을 하게 된다. 과거에 좋은 협업관계에 있었다면, 위기 시에 지역사회는 그 회사를 믿어 주고 위기 극복을 위해 함께 노력하기도 한다.

회사의 기부전략과 사업전략 사이에는 명백하고 논리적인 연결고리가 있어야 한다. 회사가 어째서 특정 목적에는 투자하고 다른 목적에는 투자하지 않는지 이해관계자들이 분명히 알 수 있어야 한다. 만약 사업전략과도 연계되어 있다면, 회사는 지역사회 비영리단체나 이사회 등의 이해관계자에게 자사의 기부 프로그램을 명확하고 이해하기 쉬운 방법으로 설명할 수 있을 것이다. 즉, 회사가 누구를 위해서, 누구를 통해 이루고자 하는 것이 무엇인지를 명확히 해야 한다.

기부 프로그램 운영을 통해 성과를 거둔 기업들은 공통적인 트렌드를 보여 주는데, 이를 통해 다음과 같은 몇 가지 시사점들을 얻을 수 있다. 첫째, 다양한 직급의 직원에게 활동 기회를 제공해야 한다. 직급과 단계가 각기 다른 직원들은 저마다 다른 동기로 자선활동과 자원봉사 프로그램에 참여한다. 이러한 점을 감안해서 기업들은 프로그램에 대한 더 많은 선택지를 제공한다. 예를 들어, 리더십 트랙을 밟는 직원이라면 인정을 받고 임원들과 접하고 리더가 되기 위해 회사의 자선활동 전략에 참여하려는 경향을 보인다. 주니어급 직원들은 직원들이 주도하는 활동에 더 많은 시간을 할애하고 참여하기를 원할 것이다.

둘째, 직원들의 기부 참여를 독려하기 위해서는 기술technology을 적극 활용할 필요가 있다. 다양한 선택지를 제공하는 기부 플랫폼을 구축하면 회사와 직원이 공유하는 가치를 표현할 기회가 많아진다. 자원봉사 프로그램과 유사하게, 직장 기부도 회사를 대하는 직원들의 태도에 긍정적으로 영향을 미칠 수 있다. 2008년 시행한 한 연구에 따르면, 기부 프로그램에 참여한 직원이 조직을 보다 전반적으로 이해하려고 하였고, 회사에 대한 헌신과 충성도가 높은 것으로 드러났다(Grant, Dutton, & Rosso, 2008).

마지막으로, 성공적인 성과를 달성하고 그것을 활용하는 것이 중요하다. 전략적인 기업시민은 모든 수준에서 기업을 변화시킬 수 있는 잠재력이 있다. 포괄적인 기업시민 프로그램을 실행하기로 했다면, 다음 단계는 시간이 경과하면서 이 전략이 체계적으로 진화하고 향상된 성과를 낼 수 있도록 하는 것이다. 즉, 사업이 발전하고 확대됨에 따라, 통합과 적용이 가능한 관리 및 보고 시스템을 개발해야 한다. 이것이 매우 중요한 이유는 이러한 작업이 제대로 이루어진다면 시스템을 통해 사업을 개선할 수 있고, 다른 사람들이 보고를 활용해 사업성과를 이야기할 수 있을 뿐만 아니라 향후 성과를 관리할 수 있기 때문이다.

에필로그

기업시민경영, 미래 경영의 뉴 노멀

염재호

뉴 노멀과 새로운 기업경영

21세기 새로운 시대를 맞아 뉴 노멀이 나타나고 있다. 20세기 대량생산체제를 바탕으로 한 제조업 중심의 산업구조가 획기적으로 바뀌고, 로봇, AI 등 새로운 생산방식이 산업을 바꾸고 있다. 생산방식과 산업의 변화뿐 아니라 자본주의 경영에 대한 근본적 인식의 변

염재호

미국 스탠퍼드대에서 박사학위를 받았으며, 고려대 제19대 총장을 역임했다. 현재 SK(주) 이사회 의장과 SH미래도시포럼 대표로 활동하고 있으며, 외교통상부 정책자문위원회 위원장, 한일미래포럼 대표, 기획재정부 공공기관경영평가단장, SK행복나눔재단 이사를 역임했다. 주요 저서로는 《개척하는 지성》(2018), 《따뜻한 기술》(2015), 《탈 20세기 대화록》(2006) 등이 있다.

화가 나타난다. 효율성과 경제성을 최우선 가치로 삼던 소비자들의 소비 인식과 패턴이 바뀌고 있다. 경제적 가치보다 사회적 가치를 우선하는 현상들이 소비행태에서도 잘 드러난다.

소비자들은 이제는 기업이 일방적으로 공급자 입장에서 만들어 파는 제품에 만족하지 않는다. 젊은이들은 '가성비'가 아니라 '가심비'를 우선하고, 자신의 이익뿐 아니라 사회, 환경 등에 미치는 영향까지 고려해 소비하기 시작했다. 광고를 하지 않는 노브랜드나 무인양품無印良品 같은 제품이 소비자들의 선호를 자극한다. 사회적 가치, 윤리 등도 기업에서 중요하게 고려해야 하는 개념으로 등장하기 시작했다. 이윤을 우선시하지 않는 사회적 기업이 나타나고 사회혁신가의 길을 걷고자 하는 젊은이들이 늘어나고 있다.

투자에 있어서도 단순히 경제적 이익보다 사회적 가치를 강조하기 시작했다. 단기적, 경제적 이익을 내세우기보다 사회적 가치를 존중하게 되면 장기적으로는 경제적 이익을 가져다준다는 판단이다. 세계 최대 투자회사 블랙록은 기업의 사회적 가치와 책무성을 중요한 투자조건으로 삼는다. J. P. 모건도 탄소를 배출하는 화석연료와 연관된 회사에는 더 이상 투자하지 않겠다고 2020년 초 선언했다. 마이크로소프트는 자신의 기업활동을 유엔의 지속가능목표인 SDGs 지표별로 평가하여 매년 발표한다. 최근 열린 '2020 〈포브스〉 저스트 100' 가상 정상회담에 강연자로 나선 사티아 나델라 Satya Nadella 마이크로소프트 최고경영자는 기업은 단순한 수익으로 평가를 받아선 안 되며 일자리 제공과 같은 사회와의 공감을 통해 사회에 주는 이익도 고려해야 한다고 말했다.

이러한 현상은 우리나라의 앞서가는 기업들에서도 나타나고 있다. 포스코는 사회공동체 일원으로서 경제적 이윤창출을 넘어 사회 문제 해결에 동참하는 기업시민이 되겠다고 선언했다. 기업시민헌장을 제정하고 업무 수행과정에서 구체적으로 무엇을 해나갈지에 대한 가이드라인도 마련했다. 2019년에는 철강회사 최초로 6천억 원에 달하는 ESG(환경, 사회, 지배구조) 채권을 발행하여 사회적 책임투자에 한발 앞서고 있다. SK도 사회적 가치를 추구하는 다양한 집단들을 연결하고 이들과 공감하는 SOVACSocial Value Connect 행사를 매년 주관한다. SPCSocial Progress Credit를 통해 사회적 기업의 사회적 가치를 평가하여 이들을 지원하는 인센티브 제도도 시행하고 있다.

이러한 변화는 21세기에 뉴 노멀이 등장하고 있고, 기업도 이러한 뉴 노멀에 적응하기 위해 새로운 시대정신에 민감하게 대응해야 한다는 것을 의미한다. 21세기 초반까지 이어진 탐욕적 자본주의가 월가의 비도덕성으로 세계금융위기를 초래한 현상으로 이제 새로운 자본주의의 등장을 기대하고 있다. 그러면 지금 기업과 시장에는 어떤 뉴 노멀과 시대정신이 요구되는가?

모든 사회나 조직, 그리고 개인은 시대정신을 바르게 읽어 내야 한다. 독일 역사철학자 요한 고트프리트 헤르더Johann Gottfried Herder가 1769년에 처음 사용한 '시대정신Zeitgeist'이라는 말은 특정한 시기에 한 사회 구성원들의 행위를 이끌어 내는 문화적 동질성을 의미한다. 마이케 왜르겔Maike Oergel 교수는《시대정신: 어떻게 이념은 움직이는가*Zeitgeist: How Ideas Travel*》라는 책에서 시대정신을 사회적 영향력, 넓은 의미의 문화, 일체감 형성으로 설명했다. 기업의 가치에도 이러한 시대정신이 영향을 주기 때문에 기업의 운영에도 시대정신을 잘 반영하는 것이 중요하다.

COVID-19 바이러스의 팬데믹 현상으로 21세기 인류문명 패러다임의 대전환은 아주 빠르게 진행되고 있다. 오프라인의 사회관계가 온라인으로 빠르게 변화하고, 이전에는 당연하게 여기던 사회적 가치들이 심각한 변화의 도전에 직면해 있다. 국가가 개인의 사적 영역까지 깊이 관여하여 모임이나 종교활동까지 영향을 미치고 있다. 공동선을 위해 개인이나 기업이 어디까지 희생해야 하는지 고민하게 되었다.

새로운 삶의 방식인 뉴 노멀은 필연으로 다가오는 반면 두려움의 대상이다. 급변하는 사회에서 뉴 노멀에 적응하기는 쉽지 않다. 뉴 노멀 시대에 성공하기 위해서 개인은 20세기형 기능적 전문인이 아니라 끊임없이 도전하고 개척하는 지성인이 되어야 한다.

기업과 같은 조직도 변화하는 뉴 노멀에서 무엇이 필요한지 고민해야 한다. 더불어 사는 사회에서 장기적인 관점에서 생존하고 발전하기 위해서는 조직의 새로운 패러다임 변화가 필요하다. 기업도 지속적으로 혁신하고 진화하지 않으면 쇠퇴의 길을 밟고 궁극적으로는 소멸하게 될 것이다. 이러한 뉴 노멀에서 강조되어야 하는 조건들은 공감 능력, 문제해결과 디자인 능력과 같은 것이다.

공감 능력

공감 능력을 키우기 위해서는 어떻게 해야 하는가? 인간에 대한 이해가 선행되어야 한다. 인간이 어떻게 생각하고, 어떻게 행동하고, 어떻게 표현하고, 어떻게 살아왔는가를 이해해야 한다. 요즘 인문학의 중요성이 부각되는 것도 인문학은 인간에 대한 이해를 궁극적으로 추구하기 때문이다.

제러미 리프킨Jeremy Rifkin은 《공감의 시대*The Empathic Civilization*》에서 20세기식 경쟁에 의한 적자생존과 부의 집중화를 초래하는 경제 패러다임은 더 이상 유효하지 않다고 주장한다. 더불어 사는 사회의 중요성을 강조하며, 산업사회의 치열한 경쟁상태에서 벗어나 서로를 이해하고 공동체의 질서를 존중할 것을 요구한다. 자신의 이익만을 추구하면 지금 우리가 겪는 기후변화의 위기처럼 공멸하는 길을 걷게 된다는 것이다. 자기중심적 사고에서 벗어나 상대편의 감정에 공감하고 다른 사람의 이익과 자신의 이익의 조화를 추구할 때 문제가 해결되고 공동선은 증진된다. 이러한 변화는 기업 환경에서도 이미 나타나고 있다.

필자는 고려대 총장으로 재직 시에 학생들에게도 사회와의 연대감, 공감 능력을 키우기 위해 학교 내에 '개척마을'이라는 공동체의 공간을 만들어 주었다. 영어 pioneer village의 준말인 '파이빌'은 총예산 30억 원을 투입해 오대양 육대주를 200여 차례 이상 항해한 낡은 컨테이너 박스 38개를 쌓아 올리는 파격적인 방식으로 지어졌다.

파이빌에는 학생들이 직접 운영에 참여할 수 있는 카페, 교수와 학생들이 모여 24시간 자유롭게 창업 아이디어에 대해 토론할 수 있는 '오픈플랜 스튜디오', 명사초청 특강 등의 문화행사를 열 수 있는 '다목적 렉처홀' 등이 있다. 특히 좋은 아이디어를 가진 학생들이 창업 활동을 할 수 있도록 아이디어 공모를 거쳐 파이빌 스튜디오를 장기간 배정하고 창업비용 일부를 학교가 직접 지원하는 특전도 제공했다. 또한 파이빌에서 만들어진 창업 아이템 시제품을 학생들에게 시범 판매해 시장 성공 가능성을 미리 가늠해 보는 등 다양한 활동도 펼쳤다. 학생들은 취업에 매몰돼 각자도생하는 경향이 강한데, 아이디어를 공유하고 연대함으로써 새로운 가치를 개척해 내게 한 것이다. 이러한 성과로 파이빌은 2020년 문체부장관상인 대한민국 공간문화대상 두레나눔상을 수상했다.

오늘날 우리 사회가 직면한 많은 문제들은 복잡 다양하고 영향이 광범위하기 때문에 개인, 기업, 국가 등 모든 주체들이 유기적으로 협력하여 풀어 나가야 한다. 이제 기업도 경제적 이익뿐 아니라 사회적 가치를 고민해야 한다. 대기업은 제품을 통해 소비자들을 만족시키는 것을 넘어 중소기업 협력업체와 상생해야 하고, 구성원들의 행복을 추구해야 하며, 더 나아가 사회 전체의 공동선을 위해 노력해야 한다. 이것이 뉴 노멀에 적응하기 위한 기업들에게 필요한 공감 능력일 것이다.

문제해결과 디자인 능력

기업은 사회의 다양한 문제를 해결하기 위해 사회혁신가의 역할도 감당해야 한다. 사회혁신가란 진보적 이념을 갖고 사회를 바꾸어 나가는 사람만을 의미하지 않는다. 보다 넓게는, 사회의 많은 문제들을 현재 존재하는 해결방법이 아닌 더 나은 방법으로 풀어내기 위해서 고민하고 해결방안을 제시하는 사람을 의미한다. 복잡한 문제를 치밀하게 분석하고 창의적인 아이디어를 내는 디자인 능력이 필요한 것이다. 기업에서도 사회적 가치를 높이기 위해 기존에 실행하던 봉사활동이나 기부, 나눔활동 수준을 넘어 새로운 방식으로 아이디어를 디자인하여 사회문제를 해결해야 한다.

브라질의 쿠리치바시에는 '지혜의 등대'라는 독특한 등대가 도시 곳곳에 마련되어 있다. 등대는 어두운 곳을 밝혀 길을 안내해 주는 길잡이 역할을 한다. 다소 치안이 불안한 브라질에서는 여기에 착안해 지혜의 등대를 마련했다. 이 등대는 마을의 가난한 사람들에게 교육 기회를 제공하기도 하고 도서관 역할도 한다. 공립학교 교문에서 30미터 이내에 설치가 원칙이며, 운영인력도 교사뿐 아니라 경찰, 소방관, 컴퓨터 강사 등 다양하다. 지혜의 등대 안에는 다양한 서적들이 구비된 도서관과 컴퓨터 교육 등을 받을 수 있는 공간이 별도로 마련되어 있다. 높은 등대는 외향적으로는 마을의 치안 유지 역할을 하면서도, 내부적으로는 저소득층 시민들의 삶의 질을 높여 나가는 교육공간으로서의 역할도 하는 셈이다. 이처럼 지혜의 등대는 사회문제 해결과 교육문화 서비스 제공을 동시에 하는 혁신적인 사례로, 매년 전 세계인들이 이곳을 벤치마킹하기 위해 꾸준히 방문한다.

동일한 복지정책이라고 하더라도 어려운 사람에게 단순히 돈을 나누어 주는 것과 그들이 자활하여 새로운 경제적 가치를 창출할 수 있게 지원하는 정책을 설계하는 것은 차이가 있다. 정교하게 디자인된 정책은 단순한 분배정책보다 수십 배의 가치를 창출할 수 있다.

문제해결과 디자인 능력은 인식능력이 아니라 판단능력이고, 문제를 해결하기 위한 실천능력이다. 같은 산을 등산해도 가는 길은 다를 수 있듯이, 같은 목적지를 향해 갈 때도 그곳까지 가는 길과 수단은 다양할 수 있다. 이를 최적화하기 위한 문제해결 방법을 찾는 것이 바로 디자인, 즉 설계에 해당된다. 브라질의 사례에서 보듯 동일한 사회문제를 풀더라도 디자인을 잘하면 열 배 이상의 효과를 얻을 수 있다.

포스코는 철을 생산하면서 발생되는 부산물을 활용해 어초를 만들어 바다 속에 투하하였다. 이를 통해 바닷속 갯녹음이 없어지고 오히려 해조류가 더 풍부해져 바닷속 환경이 개선되고 어민들의 소득증대에도 영향을 주었다. 또 이 부산물로 비료를 만들어 논에 뿌렸더니 쌀의 수확량이 늘고 맛도 좋아지는 효과가 있어, 이 쌀로 만든 막걸리가 요새 인기다. 이는 포스코가 단순히 어민과 농민들을 지원하는 것을 넘어서, 자신들의 기술력에 아이디어를 더해서 오랜 시간 문제해결을 위해 노력하고 디자인 능력을 발휘한 결과라고 볼 수 있다.

일을 잘하는 사람은 디자인을 잘하는 사람이다. 디자인이라고 하면 건축물, 제품 디자인을 떠올리거나 모양을 멋지게 하는 것만 생각하기 쉽다. 하지만 사회문제에서도 좋은 정책 디자인은 뛰어난 정책 효과를 낳는다. 사회의 모든 문제들을 잘 해결하기 위해서는 남들과 달리 심미적으로 뛰어날 뿐만 아니라 효율적이고 실현 가능한 디자인, 즉 정교한 설계가 필요하다. 검증된 지식과 독창적인 아이디어를 적절하게 활용해서 문제를 해결하는 설계능력은 개인이나 조직 모두에게 필요하다.

상상력을 발휘하라

한국에 오래 살며 한국을 관찰해 온 영국인 기자 마이클 브린Michael Breen은 《한국, 한국인》에서 한국이 경제발전 기적과 정치민주화 기적을 동시에 이룩한 유일한 국가라고 했다. 앞으로 제 3의 기적이 가능한지에 대한 물음에 그는 문화에서라면 가능할지 모른다고 했다. 한국은 K-팝, K-드라마, K-뷰티를 넘어 예술적 감각이 내재된 가전제품, 스마트폰, 조직문화, 교육의 탁월함으로 세계를 휩쓸고 있다.

이번에 코로나 사태로 한국 의료체계 및 의료인들의 우수성과 헌신이 또 다시 온 세계의 주목을 받았다. '빨리빨리'를 외치며 뛰어난 문제 해결능력을 보인 것에 세계인들은 감탄했다. 이러한 성과에는 음악, 예술, 스포츠만이 아니고 사회문제 해결능력도 포함될 수 있다. 마이클 브린처럼, 한국의 3번째 기적은 바로 이런 뛰어난 상상력과 빠른 문제 해결능력에서 나올 것이라고 외국인들은 생각한다.

복잡한 사회문제 해결의 창의적 아이디어는 국가보다는 개인, 정부보다는 기업에서 나올 수 있다. 포항과 광양에는 포스코그룹 직원 자녀뿐만 아니라 협력사 직원 자녀들도 함께 다니는 어린이집이 있다. 어린이집 실내에는 특이하게 제주도에서 공수해 온 바나나나무가 있다. 아침마다 부모와 떨어지기 싫어하는 아이들을 선생님들은 바나나 나무로 데리고 가서 노랗게 바나나가 익어 가는 이야기를 들려주고, 원숭이 인형도 나무 여기저기에 직접 매달아 준다. 아직 초록색인 바나나는 언젠가 아이들이 바라는 것처럼 노랗게 익을 것이다. 옆에 있는 레몬나무에도 레몬이 주렁주렁 달려 있다. 이 나무들은 친환경적 요소일 뿐 아니라 아이들의 상상력을 키워 주는 교육효과도 보여 준다.

서울주택도시공사(SH공사)가 도로 위에 공공주택과 공원, 보육시설, 업무단지를 조성하겠다고 발표했다. 이른바 '도로 위의 아파트' 프로젝트다. 북부간선도로 약 500미터 구간 상부에 인공대지를 조성하고 도로 양옆 150미터를 더한 총 7만 4,675제곱미터(약 2만 2,500평) 부지에 주거, 여가, 상업 단지가 포함된 '콤팩트 시티'(작은 도시)를 만들겠다는 계획이다. 도로 상부를 활용해 주택을 지은 독일의 '슐랑켄바더 슈트라세Schlangenbader straße', 유휴부지에 혁신적 건축물을 짓는 프랑스의 '리인벤터 파리Réinventer Paris' 같이 신개념 공공주택을 짓는 것이다. 천편일률적인 아파트 문화를 넘어 도심 안에서 토지비용이 거의 들지 않아 주택가격도 상대적으로 낮아지는 효과를 얻는다. 게다가 도로를 사이에 둔 지역은 자연스럽게 연결되어 도시공간 재창조 효과도 보게 된다.

기업에게 뉴 노멀은 항상 도전이다. 뉴 노멀은 끝없이 새로운 가치와 제도, 문화와 사상을 만들어 낸다. 익숙한 길이라고 기존의 노멀만을 강조하면 뉴 노멀로 가는 길에서 낙오되고 도태되기 쉽다. 기존의 노멀 사회에서 성공을 보장해 주던 길은 어느 순간 막다른 길이 되고, 그 길을 질주하던 기업들은 방황하게 된다. 그렇다고 누군가 안내해 줄 것을 기대하고 무턱대고 기다리기만 해서도 안 된다. 기업 스스로가 뉴 노멀을 향해 항해할 수 있도록 멋진 배를 만들어 떠나지 않으면 안 되는 시기가 되었다. 멋진 배의 이름은 사회적 가치 창출호號라고 붙여도 좋고, 기업시민호라고 붙여도 좋고, 요즘 말로 공생호라고 붙여도 좋다.

이제 제조업은 단순히 공장에서 제품만 만드는 것이 아니라 4차 산업혁명을 통해 새로운 가치를 창출해야 한다. 기업의 역량과 자원을 정부, 시민사회와 공유해서 다양한 사회문제를 해결하는 뉴 노멀의 시대가 도래했다. 새로운 삶의 방식, 새로운 경영의 방식으로 이 뉴 노멀을 향해 선도적으로 리딩해 나가야 우리는 또 하나의 기적을 만들어 낼 수 있다. 포스코의 기업시민경영이 이런 뉴 노멀 경영의 선도적 가치가 될 수 있다.

참고문헌

총론 — 기업시민: 21세기 기업의 새로운 좌표

김수영 외(2020), 〈기업, 이제 시민이 되다: 전략과 실행의 지침서〉, 포스텍 기업시민연구소.

송호근(2018), 《혁신의 용광로》, 나남.

송호근 외(2019), 《기업시민의 길: 되기와 만들기》, 나남.

신한금융그룹(2019), 〈2019 신한금융그룹 사회책임보고서〉.

최병권 · 문형구 · 주영란(2017), "CSR 인식의 국내 연구동향과 향후 연구방향: '종업원의 CSR 인식' 연구를 중심으로", 〈경영학연구〉 46권 5호, 1247~1302.

포스텍 기업시민연구소, 기업시민리서치 Vol. 1~7,

KB금융그룹(2019), 〈2019 KB금융그룹 지속가능경영보고서〉.

Blank, Arthur(2020), *GOOD Company*, HarperCollins.

Henderson, Rebecca(2020), *Reimagining Capitalism in a World on Fire*, Public Affairs.

Kanter, Rosabeth M. (2011), *How Great Companies Think Differently*, Harvard Business Review.

Matten, Dirk & Crane, Andrew(2005), "Corporate citizenship: Toward an extended theoretical conceptualization", *Academy of Management Review*, *30*, pp. 166~179.

Mayer, Colin(2018), *Prosperity: Better Business Makes the Greater Good*, Oxford University Press

POSCO(2020), *CCMS Handbook*.

Reich, Robert (2020), *The System: Who Rigged It, How We Fix It*, Knopf Publishing.

Scherer, Andreas Georg & Palazzo, Guido (Eds.) (2008), *Handbook of Global Corporate Citizenship*, Cheltenham.

Stangis, Dave & Smith, Katherine Valvoda (2017), *21st Century Corporate Citizenship: A Practical Guide to Delivering Value to Society and your Business*, Emerald Publishing.

1장 — 전략경영의 관점에서 본 기업시민

Gupta, Sunil (2018), *Driving Digital Strategy: A Guide to Reimagining Your Business*, Boston, MA., Harvard Business Review Press.

2장 — 디지털 트랜스포메이션 시대 기업시민 전략

김경준 (2017), "격변의 패턴: 4차 산업혁명 시대를 여는 딜로이트의 대담한 제언", *Deloitte Anjin Review*, *8*.

김승택 (2017), "4차 산업혁명 도래에 대한 시각", *Deloitte Anjin Review*, *9*.

김용진 (2010), "제품-서비스 통합, 'How'와 'Where'에 집중하라", 〈동아 비즈니스 리뷰〉 *63* (2).

______ (2020), 《온디맨드 비즈니스 혁명: 오직 한 사람에게로》, 샘앤파커스.

Deimler, Michael, Lesser, Richard, Rhodes, David, Sinha, Janmejaya (2013), *Own the Future: 50 Ways to Win from The Boston Consulting Group*, NY: Wiley.

Kavadias, Stelios, Ladas, Kostas, & Loch, Christoph (2016), "The transformative business model: How to tell if you have one", *Harvard Business Review*, October.

Powell, Walter W. (2004), "The knowledge economy".

Reeves, Martin, & Deimler, Mike (2013), "Adaptability: The new competitive advantage", *Harvard Business Review*, July-August.

3장 — 기업시민활동 유형분석을 통한 기업가치 창출전략

KOTRA(2013), "기업에 공유가치를 입혀라", Global Market Report 13-046.

Gunther, Marc(2015), "The good, the bad and the ugly: Sustainability at Nespresso", *The Guardian*, 2015. 5. 27.

Hills, Jonathan, & Welford, Richard(2005), "Coca Cola and water in India", *Corporate Social Responsibility and Environmental Management*, *12*(3), 168~177.

Jelassi, Tawfik, & Ludwig, Stephanie(2016), *Digital Business Transformation in Silicon Savannah: How M-PESA Changed Safaricom(Kenya)*, Harvard Business School Case.

Porter, Michael E., Kramer, Mark R., Ramirez-Vallejo, Jorge, & Herman, Kerry(2014), *Yara International: Africa Strategy*, Harvard Business School Case.

4장 — 국내외 ESG 트렌드와 기업의 대응

박혜진(2020), "국내 ESG 펀드의 ESG 수준에 대한 분석과 시사점", 〈자본시장포커스〉 2020-19호.

Accounting for Sustainability(2020), Sumit 2016 Event Report.

Berg, Florian, Kölbel, Julian F., & Rigobon, Roberto(2019), "Aggregate confusion: The divergence of ESG ratings", MIT Sloan School Working Paper 5822-19.

Chen, Clara Xiaoling, Pesch, Heather L., & Wang, Laura W.(2020), "Selection benefits of below-market pay in social-mission organizations: Effects on individual performance and team cooperation", *Accounting Review*, *95*(1).

Dhaliwal, Dan S., Li, Oliver Zhen, Tsang, Albert & Yang, Yong George (2011), "Voluntary nonfinancial disclosure and the cost of equity capital: The initiation of corporate social responsibility reporting", *The Accounting Review*, *86*(1).

Dhaliwal, Dan S., Radhakrishnan, Suresh, Tsang, Albert, & Yang, Yong George(2012), "Nonfinancial disclosure and analyst forecast accuracy: International evidence on corporate social responsibility disclosure", *The Accounting Review*, *87*(3).

Dimson, Elroy, Karakas, Oguzhan, & Li, Xi(2015), "Active ownership", *Review of Financial Studies*, *28*.

Eccles, Robert G., Strine, Leo E., & Youmans, Timothy(2020), "3 Ways to put your corporate purpose into action", *HBR*, May 13.

Ernst & Young(2020. 7.), "How will ESG performance shape your future?".

Freiberg, David, Park, DG, Serafeim, George, & Zochowski, Rob(2020), "Corporate environmental impact: Measurement, data and information", Harvard Business School Working paper 20-098.

Glow, Detlef(2020), "Monday morning memo: Are ESG funds outperformers during the corona crisis?", *Refiniive*, April 2020.

Jackson-Moore, Will, Case, Phil, Bobin, Emilie, & Janssen, Joukje(2019), "Older and wiser: Is reponsible investment coming of age?", PWC.

King, Mervyn, & Atkins, Jill(2016), *Chief Value Officer: Accountants Can Save the Planet*, Greenleaf Publishing Limited.

Lins, Karl V., Servaes, Henri, & Tamayo, Ane(2017), "Social capital, trust, and firm performance: The value of corporate social responsibility during the financial crisis", *Journal of Finance*, *72*(4).

Serafeim, George, Zochowski, T. Robert, & Downing, Jen(2019), "Impact weighted financial accounts: The missing piece for an impact economy", *HBR*, Impact Weighted Accounts Project.

SustainAbility(2019. 2.), Rate the Raters 2019: Expert Views on ESG Ratings.

Value Balancing Alliance(2020. 8. 27.), Webinar: Making Social and Environmental Impact Count in Decisions.

Welch, Kyle, & Yoon, Aaron(2020), "Corporate sustainability and stock returns: Evidence from employee satisfaction", Northwestern University working paper.

Wolrd Economic Forum(2020. 9.), "Measuring stakeholder capitalism:

Towards common metrics and consistent reporting of sustainable value creation", White paper.

5장 — 기업시민 실행의 제도적 기반

박경서(2010), "국내기업의 지배구조현황과 개선방향", 한국세무학회 춘계학술대회.

박영규(2017), "ESG 투자전략의 성과분석", *Journal of The Korean Data Analysis Society*, 제 19권 4호, 한국자료분석학회.

이호·박경원(2014), "사회책임투자: 금융소비자의 대체투자수단으로서 성과와 특성", 〈산업경제연구〉 제 27권 4호, 한국산업경제학회.

Alchian, Armen A., & Demsetz, Harold(1972), "Production, information costs and economic organization", *American Economic Review*, 62, 777~, and in Putterman(1986).

Benson, Karen L., Brailsford, Timothy J., & Humphrey, Jacquelyn E. (2006), "Do socially responsible fund managers really invest differently", *Journal of Business Ethics*, *65*, 337~357.

Berle, Adolf, & Means, Gardiner(1932), *The Modern Corporation and Private Property*, Commerce Clearing House, New York.

Byun, Hee Sub, Lee, Ji Hye, & Park, Kyung Suh(2015), "Impact of controlling shareholders on corporate social responsibility under external financial constraints", *Seoul Journal of Business*, *21*.

______(2018), "Product market competition and corporate social responsibility activities: Perspectives from an emerging economy", *Pacific Basin Finance Journal*, *49*.

Coase, Ronald(1937), *The Nature of the Firm*, *Econometrica*, 4, 386~, and in Putterman(1986).

Chandler, Alfred D. (1977), *The Visible Hand: The Managerial Revolution in American Business*, Harvard University Press, excerpted in Putterman (1986).

Dowell, Glen, Hart, Stuart, & Yeung, Bernard(2000), "Do corporate global environmental standards create or destroy market value?", *Management Science*, *46*(8), 1059~1074.

Dowell, Glen, Kang, J., & Low, B. (2013), "Corporate social responsibility and stakeholder value maximization: Evidence from mergers", *Journal of Financial Economics*, *110*(1).

Ferrell, Allen, Liang, Hao, & Renneboog, Luc(2016), "Socially responsible firms", *Journal of Financial Economics*, *122*, 585~606.

Fisman, Raymond, & Love, Inessa(2007), "Financial dependence and growth revisited", *Journal of the European Economic Association*, *5*(2-3), 470~479, 04~05.

Flammer, Caroline(2016), "Does corporate social responsibility lead to superior financial performance?: A regression discontinuity approach", *Management Science*, *61*, 2549~2568.

Flammer, Caroline, & Kacperczyk, Aleksandra(2015), "The impact of stakeholder orientation on innovation: Evidence from a natural experiment", *Management Science*, *62*(7).

Fukuyama, Francis(1996), *Trust: The Social Virtues and The Creation of Prosperity*, Free Press.

______(2001), "Social capital, civil society and development", *Journal of Third World Quarterly*, 22(1).

Greenfield, Kent(1998), "The place of workers in corporate law", *Boston College Law Review*, *39*(2).

Hong, Harrison, Kubik, Jeffrey, & Scheinkman, Jose(2012), "Financial constraints and corporate goodness", NBER Working paper No. 18476.

Kruger, Philipp(2015), "Corporate goodness and shareholder wealth", *Journal of Financial Economics*, *115*, 304~329.

Liang, Hao, & Renneboog, Luc(2017), "On the foundation of corporate social responsibility", *Journal of Finance*, *72*, 853~909.

Rajan, Raghuram G., & Zingales, Luigi(1998), "Financial dependence and growth", *American Economic Review*, 88(3), 559~586.

Renneboog, Luc, Horst, Jenke, & Zhang, Chendi(2008), "The price of ethics and stakeholder governance: The performance of socially responsible mutual funds", *Journal of Corporate Finance*, 14, 302~322.

Statman, Meir, & Glushkov, Denys(2009), "The wage of social responsibility", *Financial Analysts Journal*, 65, 33~46.

UNPRI(2016), A Practical Guide to ESG Integration for Equity Investing.

Williamson, Oliver(1985), *The Economic Institutions of Capitalism*, The Free Press.

6장 — 기업시민활동의 유형화 분석과 함의

노부호(2000), "기업윤리: 사회적 책임과 역할", 〈철학과 현실〉 2000년 가을호.

송호근(2019), 《기업시민의 길: 되기와 만들기》, 나남.

이상민·최인철(2002), 《재인식되는 기업의 사회적 책임》, 삼성경제연구소.

주성수(2003), 《기업시민정신과 NGO》, 아르케.

7장 — 기업시민과 경쟁우위

김태영·도현명(2019), 《넥스트 챔피언》, 흐름.

박상효(2017), "포스코, 꿈의 철강 소재 '기가스틸' 개발… 차 강판 분야 새 지평", 〈EBN〉.

송호근(2018), 《혁신의 용광로》, 나남.

양원준(2019), "기업시민 포스코, 경영이념 의미와 추진방향", *Asian Steel Watch*.

윤남희(2019), "임팩트 평가 사례 분석: 수퍼빈", 〈DBR〉.

이덕주(2017), "포스코의 미래 '신소재 高망간강'이 책임진다", 〈매일경제〉.

이선목(2019), "포스코, 모든 철강 제품군 '환경성적표지' 인증 획득", 〈조선비즈〉.

최동용(2007), "철강 산업의 산업연관효과 분석", 〈POSRI경영연구〉 7권 1호.

최은석(2019), "포스코, '기가스틸·하이퍼 전기 강판'… '친환경 프리미엄'으로 앞서간다", 〈한경비즈니스〉 1230호.

포스코(2018), 〈기업시민보고서〉.

______(2015~2017), 〈포스코리포트〉.

______(2014~2019), 〈포스코 사업보고서〉.

포스코 뉴스룸(2018), “포스프레임(PosFrame)으로 스마트인더스트리 주도한다”, 포스코.
______(2019), “영하 196°C를 견뎌라! 꿈의 신소재 극저온용 고망간강 세계 시장 진출”. 포스코.
______(2019), “포스코, 세계 철강업체 수익성 1위에 올라”, 포스코.
환경부(2016), “바로 알면 보인다. 미세먼지, 도대체 뭘까?”, 환경부.

ArcelorMittal(2019), *Climate Action Report 2019*, ArcelorMittal.
Baowu steel(2018), *CSR report 2018*, Baowu steel.
Nippon Steel(2019), *Sustainability report 2019*, Nippon Steel.

9장 — 기업시민과 전략 커뮤니케이션

전국경제인연합회(2018), 〈2018년 사회공헌백서〉.
______(2019), 〈2019 주요 기업의 사회적 가치 보고서〉.

Allen, Karen Neuman, & Wozniak, Danielle F. (2014), “The integration of healing rituals in group treatment for women survivors of domestic violence”, *Social Work in Mental Health*, 12(1), 52~68.
Dietrich, Gini(2020). PR Pros Must Embrace the PESO Model. https://spinsucks.com/communication/pr-pros-must-embrace-the-peso-model/#:~:text=PR%20is%20marketing%20and%20sales,It%20can%20attract%20new%20donors.
Fuertes, Al(2012), “Storytelling and its transformative impact in the Philippines”, *Conflict Resolution Quarterly*, 29, 333~348.
Lederman, Linda C., & Menegatos, Lisa M. (2011), “Sustainable recovery: The self-transformative power of storytelling in Alcoholics Anonymous”, *Journal of Groups in Addiction & Recovery*, 6(3), 206~227.
Public Relations Society of America. Silver Anvil Awards Cases. https://apps.prsa.org/Awards/SilverAnvil/Search.

3부 Editor's Notes — 창의적 혁신과 기업성장의 길, 기업시민의 문화화
최병권 · 문형구 · 주영란(2017), "CSR 인식의 국내 연구동향과 향후 연구방향: '종업원의 CSR 인식' 연구를 중심으로", 〈경영학연구〉 46권 5호, 1247~1302.

Choi, Byoung Kwon, Moon, Hyoung Koo, & Joo, Young Ran (In Press), "Who is attracted to socially responsible organizations? Roles of job applicants' volunteer experience and motives", *Baltic Journal of Management.*

Edmondson, Amy (2019), *Fearless Organization*, NJ: John Wiley & Sons.

Jang, Soebin, & Ardichvili, Alexandre (2020), "Examining the link between corporate social responsibility and human resources: Implications for HRD research and practice", *Human Resource Development Review*, *19* (2), 183~211.

Lewin, Lisa D., Warren, Danielle E., & AlSuwaidi, Mohammed (2020), "Does CSR make better citizens?: The influence of employee CSR programs on employee societal citizenship behavior outside of work", *Business & Society Review*, *125*, 271~288.

Matten, Dirk, & Crane, Andrew (2005), "Corporate citizenship: Toward an extended theoretical conceptualization", *Academy of Management Review*, *30*, 166~179.

Moon, Jeremy, & Knudsen, Jette S. (2012), "Corporate social responsibility as mutual governance: International interactions of government, civil society and business", Academy of Management Proceedings.

Moon, Hyoung Koo, & Choi, Byoung Kwon (2014), "How an organization's ethical climate contributes to customer satisfaction and financial performance: Perceived organizational innovation perspective", *European Journal of Innovation Management*, *17* (1), 85~106.

Parmar, Bidhan L., Freeman, R. Edward, & Harrison, Jeffrey S. (2010), "Stakeholder theory: The state of the art", *Academy of Management Annals*, *3* (1), 403~445.

10장 — 초연결사회 속의 기업시민

유현준(2018), 《어디서 살 것인가》, 을유문화사.

전정환(2019), 《밀레니얼의 반격》, 더퀘스트.

Deloitte Consulting(2017), "Deloitte Millennial Survey". https://www2.deloitte.com/content/dam/Deloitte/global/Documents/About-Deloitte/gx-deloitte-millennial-survey-2017-executive-summary.pdf

Kelly, Kevin 저, 이한음 역(2017), 《인에비터블 미래의 정체》, 청림출판.

Naim, Moises(2013), *The End of Power: From Boardrooms and Battlefields and Churches to States Why Being in Charge Isn't What It Used to Be*, NY, NY: Basic Books, 김병순 역(2015), 《권력의 종말》, 책읽는수요일.

11장 — 노동시장 이중구조 해소와 기업시민경영

권순원 외(2017. 10), 〈노동시장 이중구조 해소 방안〉, 고용노동부.

노광표 · 권순원 · 박지순 · 권혁 · 김동배 · 박희준 · 윤희숙 · 이승욱 · 이정 · 이정민 · 조용만 · 조준모(2015), 〈노동시장 구조개선방안과 실행전략〉, 고용노동부.

마경희 외(2018), 〈성불평등과 남성의 삶의 질에 관한 연구〉, 한국여성정책연구원.

박지순(2018. 6.), "4차 산업혁명과 노동법의 과제", 〈강원법학〉 54호, 161~208.

박지순 · 조준모 · 김용근 · 박선규 · 이수정(2018), 〈ICT분야 일자리 변화에 대비한 노동법 개편방향 연구〉, 4차산업혁명위원회.

심상우(2019), "4차 산업혁명시대의 한 · 중 노동관계법 연구", 석사학위논문, 경희대학교 법무대학원, 서울.

안주엽(2017), 〈비정규직 관리목표 달성을 위한 정책 패키지 연구〉, 고용노동부.

엄동욱(2013. 9. 16.), "〔인적자원관리〕 구글의 인사혁신, 핵심은 '빅데이터'", 〈중소기업뉴스〉.

이철승(2019), 《불평등의 세대》, 서울: 문학과 지성사.

임홍택(2018), 《90년생이 온다》, 서울: 웨일북.

조준모(2018), 〈노동시장 환경 변화에 따른 노인일자리 창출방안 연구〉, 한국노인인력개발원.
______(2019. 2. 19.), “〔경제시평 - 조준모〕 사회적 대화, 거품 빼자”, 〈국민일보〉.
______(2019. 12. 31.), “〔2020전망〕 좌파는 왜 노동개혁에 침묵하는가?”. https://www.ifs.or.kr/bbs/board.php?bo_table=News&wr_id=2657
조준모 외(2018), 〈신소재(고부가 경량금속 중심) 산업 육성을 위한 전문인력 양성 방안〉, 한국노동연구원.

12장 — 기업시민과 사회적 책임의 노사관계

송호근(2018), 《혁신의 용광로: 벽찬 미래를 달구는 포스코 스토리》, 나남.
송호근 · 조준모 · 이재열 · 윤정구 · 한준(2019), 《기업시민의 길: 되기와 만들기》, 나남.
윤정구(2019), “기업생태계 공진화를 위한 비밀코드: 기업시민운동”, 송호근 외, 《기업시민의 길: 되기와 만들기》, 나남, pp. 192~245.
이병훈(2018), 《노동자연대: 불안정고용시대 노동약자들의 승리전략》, 한울아카데미.
이주환(2020), “대립적 조직화전략과 무노조 경영방침: 금속노조 포스코지회 건설사례”(미발표원고).
조준모(2019), “Millennials People with POSCO”, POSCO 포럼 People 분과 발표문.

Bowles, Samuel, & Gintis, Herbert(1990), “Contested exchange: New micro foundations for the political economy of capitalism”, *Politics & Society*, *18*(2), 165~222.
Dawkins, Cedric(2010), “Beyond wages and working conditions: A conceptualization of labor union social responsibility”, *Journal of Business Ethics*, *95*, 129~143.
Hyman, Richard(1999), “Imagined solidarity: Can trade unions regist globalization?”, in Leisink, Peter(ed.), *Globalization and Labour Relations*, London: Edward Elgar Publishing.

Kim, Young-Kee, Bae, Sangho, & Kwon, Soonwon(2013), *Union Social Responsibility: Turning a Great Idea into Action in a Labor Society*, Seoul: Nanam.

Lee, Byoung-Hoon, & Chung, Sun-wook(2015), "Diffusion of a Korean labor-management partnership model across Asia: The case of LG Electronics", in D'Costa, Anthony(ed.), *After-Development Dynamics: South Korea's Contemporary Engagement with Asia*, New York: Oxford University Press.

Matten, Dirk, & Crane, Andrew(2005), "Corporate citizenship: Toward an extended theoretical conceptualization", *Academy of Management Review*, *30*, 166~183.

Moon, Sung-Hoo, & Park, Young-Ryeol(2017), "POSCO's growth history and stakeholders' interests", 〈경영사학〉, 26집 3호, 463~488.

Wood, Donna, & Logsdon, Jeane(2001), "Theorizing business citizenship", in Andriof, Jörg and McIntosh, Malcolm(eds.), *Perspectives on Corporate Citizenship*, Sheffield, UK: Greenleaf.

13장 — 기업시민과 신뢰/화합 문화의 비밀: 협업의 운동장

Lawler, Edward J., Thye, Shane R., & Yoon, Jeongkoo(2008), "Social exchange and micro social order", *American Sociological Review*, *73*(4), 519~542.

특별기고 — 성공적인 기업시민을 위한 과제

Choi, Yongrok, Yu, Yanni, & Lee, Hyoung Seok(2018), "A study on the sustainable performance of the steel industry in Korea based on SBM-DEA", *Sustainability*, *10*(1), 173.

Gardberg, Naomi, & Fombrun, Charles(2006), "Corporate citizenship: Creating intangible assets across institutional environments", *Academy of Management Review*, *31*(2), 329~346.

Grant, Adam M., Dutton, Jane E., & Rosso, Brent D. (2008), "Giving commitment: Employee support programs and the prosocial sense-making process", *Academy of Management Journal*, *51*(5), 898~918.

KPMG AG Wirtschaftsprüfungsgesellschaft(2010), "Intangible assets and goodwill in the context of business combinations: An industry study", Advisory, KPMG AG Wirtschaftsprüfungsgesellschaft, a subsidiary of KPMG Europe LLP and a member firm of the KPMG network.

Luo, Xueming, Wang, Heli, Raithel, Sascha, & Zheng, Qinqin(2015), "Corporate social performance, analyst stock recommendations, and firm future returns", *Strategic Management Journal*, *36*(1), 123~136.

Margolis, Joshua D., Elfenbein, Hillary A., & Walsh, James P. (2007), "Does it pay to be good? A meta-analysis and redirection of research on the relationship between corporate social and financial performance", Ann Arbor, 1001, 48109-1234.

Orlitzky, Marc, Schmidt, Frank L., & Rynes, Sara L. (2003), "Corporate social and financial performance: A meta-analysis", *Organization Studies*, *24*(3), 403~441.

Raithel, Sascha, Wilczynski, Petra, Schloderer, Matthias P., & Schwaiger, Manfred(2010), "The value-relevance of corporate reputation during the financial crisis", *Journal of Product and Brand Managemen*t, 389~400.

Simmons, Carolyn J., & Becker-Olsen, Karen L. (2006), "Achieving marketing objectives through social sponsorships", *Journal of Marketing*, *70*(4), 154~169.

Thomas, Michael L., Fraedrich, J. P., & Mullen, Linda G. (2011), "Successful cause-related marketing partnering as a means to aligning corporate and philanthropic goals: An empirical study", *Academy of Marketing Studies Journal*, 15(2), 389~401.

Vitaliano, Donald(2010), "Corporate social responsibility and labor turnover", *Corporate Governance*, *10*(5), 563~573.

worldsteel(2018), "Steel's contribution to a low carbon future and climate resilient societies, worldsteel position paper", ISBN 978-2-930069-83-8.

에필로그 — 기업시민경영, 미래 경영의 뉴 노멀

염재호(2018), 《개척하는 지성: 21세기 뉴 노멀 사회의 도전》, 나남.

______(2020. 4. 22.), "〔염재호 칼럼〕 다양성의 '시대정신'과 새로운 정치", 〈중앙일보〉.

______(2020. 5. 20.), "〔염재호 칼럼〕 두려움의 사회와 민주정치의 위기", 〈중앙일보〉.

______(2020. 6. 17.), "〔염재호 칼럼〕 새로운 좌표축과 또 하나의 기적", 〈중앙일보〉.

______(2020. 9. 9.), "〔염재호 칼럼〕 국가의 품격과 성숙한 민주주의", 〈중앙일보〉.

______(2020. 10. 7.), "〔염재호 칼럼〕 아토피 정치와 공감의 시대", 〈중앙일보〉.

______(2020), 포스코포럼 기업시민세션 기조강연, "팬데믹 이후 지속가능한 기업의 역할".

Breen, Michael 저, 장영재 역(2018), 《한국, 한국인》, 실레북스.

Oergel, Maike(2019), *Zeitgeist: How Ideas Travel*, De Gruyter.

Rifkin, Jeremy 저, 이경남 역(2010), 《공감의 시대》, 민음사.